珍藏本

纪念版

汉译世界学术名著丛书

工业区位论

〔德〕阿尔弗雷德·韦伯 著

李刚剑 陈志人 张英保 译

朱立新 校

2017年·北京

Alfred Weber

THEORY OF THE LOCATION OF INDUSTRIES

Translated with an introduction and notes

by Carl J. Friedrich

The University of Chicago Press, Chicago & London, 1965

根据芝加哥大学出版社 1965 年英文版译出

汉译世界学术名著丛书
（120年纪念版·珍藏本）
出版说明

2017年2月11日，商务印书馆迎来120岁的生日。120年前，商务印书馆前贤怀揣文化救国的理想，抱持"昌明教育，开启民智"的使命，立足本土，放眼寰宇，以出版为津梁，沟通中西，为中国、为世界提供最富智慧的思想文化成果。无论世事白云苍狗，潮流左右激荡，甚至战火硝烟弥漫，始终践行学术报国之志，无改初心。

迻译世界各国学术名著，即其一端。早在20世纪初年便出版《原富》《天演论》等影响至今的代表性著作，1950年代后更致力于外国哲学和社会科学经典的译介，及至1980年代，辑为"汉译世界学术名著丛书"，汇涓为流，蔚为大观。丛书自1981年开始出版，历时三十余年，迄今已推出七百种，是我国现代出版史上规模最大、最为重要的学术翻译工程。

丛书所选之书，立场观点不囿于一派，学科领域不限于一门，皆为文明开启以来，各时代、各国家、各民族的思想与文化精粹，代表着人类已经到达过的精神境界。丛书系统译介世界学术经典，引领时代思想，为本土原创学术的发展提供丰富的文化滋养，为推动中国现代学术和现代化进程做出了突出的贡献。

为纪念商务印书馆成立120周年，我们整体推出“汉译世界学术名著丛书”120年纪念版的珍藏本，寄望既利于文化积累，又便于研读查考，同时向长期支持丛书出版的译者、编者和读者致以敬意。

两甲子后的今天，商务印书馆又站在了一个新的历史时间节点上。我们不仅要铭记先辈的身影和足迹，更须让我们的步伐充满新的时代精神。这是商务人代代相传的事业，更是与国家和民族的命运始终紧密相连的事业。我们责无旁贷，必须做好我们这代人的传承与创造，让我们的努力和成果不仅凝聚成民族文化的记忆，还能成为后来人可以接续的事业。唯此，才能不负前贤，无愧来者。

商务印书馆编辑部

2017年10月

译者前言

阿尔弗雷德·韦伯(Alfred Weber)是德国经济学家、社会学家,他第一个全面而系统地论述了工业区位,是现代工业区位的奠基人。他在德国的影响实际上不仅仅在区位论方面的贡献,更多的是作为社会学家和政治家所赢得的。其弟马克斯·韦伯也是著名的社会学家。

1868 年,韦伯生于埃尔富特,一直生活在柏林。他的父亲曾就任柏林市长,因此,从年轻时开始,他就频繁接触一些著名的自由党政治家和学者,这为他成为全国自由党政治家和普鲁士众议员及从事其他一切政治社会活动产生了深刻的影响。后入柏林大学,他是古斯塔夫·施莫勒(1839~1917 年德国经济学家"新历史学派"的创始人)的学生,主修"纯理性的社会主义",但他热衷于社会学思想。1895 年获博士学位。四年后他开始在柏林大学执教经济学,1904 年转入布拉格(美国)大学,1907 年又来到海德堡大学在这里他开始了他的教学生涯。1909 年,《工业区位纯理论》第一部出版,遗憾的是他的第二部即"现实理论"始终未竟。第一次世界大战期间,韦伯就任财政部官员。德国战败后,他积极活动问鼎新民主党领导人,但不幸受挫。这次失败标志着韦伯短暂的政治生涯从此结束。

政治上的失败使韦伯对实际事务包括理论与实际的结合上洞察和理解更加深刻。他的兴趣完全投向社会学领域研究中。实际上早在一战时期，研究社会学的时尚颇为清淡时，韦伯就对“文明问题”著述和宣讲，韦伯对社会学的贡献是多方面的，他创建了“纲要社会学”，同他弟弟的系统的和理性的研究方法完全不同。《德国和欧洲的文化危机》(1924)和《欧洲现代国家思想危机》两书确立了他在政治社会学中的地位。1931 年他研究了政治变化问题，特别是议会民主、社会领导等问题。在文化社会学方面的成就是建立在他对欧洲、德国历史的博约精深的基础上的，他深邃地洞察了人类的变化和人类文明的成就。他强调历史、文化、文明的动态方面，其实质是“运动的”、“主动的”、“增长的”。在当时历史条件下，韦伯长期受到纳粹的排挤和压制，但他同纳粹作了不妥协的斗争。1933 年韦伯要求退休。退休后，他处在完全孤独的生活中，他仍笔耕不辍，其中《悲剧与历史》(1934)是韦伯最重要的著作。纳粹垮台后，韦伯已 80 高龄了，但他又重返教坛。他的新作以及被纳粹压制的著作相继得以问世。其中重要的有《永别了，欧洲史或征服虚无主义》(1946)、《第三者或第四者》(1953)，等等。1958 年韦伯逝世，在此之前韦伯的声望和影响达到了巅峰，美国人尊称他为“伟大的海德堡老人”。E.萨林是这样说的，他“不仅作为一个政治家，特别是作为新社会民主党和新工会的领导者，而且更是作为一位学者而受到人们的普遍尊敬。”[①]

① 见《国际社会科学百科全书》(*International Encyclopedia of the Social Science*“Alfred Weber” of artical)。

综观《工业区位论》一书，韦伯系统地建立了一系列概念、原则、公式（定理）并完成一般区位理论，其中，包含着严谨的逻辑思辨，结构清晰、完整，从内容到方法都是开拓性的，对以后区位理论、经济地理、区域经济研究和发展都产生深远的影响。我们抽取主要方面详细阐述韦伯的理论贡献和方法论上的贡献。

一、韦伯为了研究作了一系列假设前提，使孤立研究方法系统化。

一切经济活动怎样进行和在什么地方进行都应受一定规律的支配。因此，经济活动的方式和经济活动的区位应当是经济学研究的对象，但政治经济学已经忽视了这个问题。韦伯认为，在上述经济活动中，生产活动尤为重要，而生产活动中特别重要的是工业或制造业的生产活动。韦伯不想描述近代资本主义社会工业区位的移动情况，而是要寻找工业区位移动规律的纯理论，纯理论是脱离社会制度、历史文化因素适应于一切经济制度的理论。也因此经济原因成为影响工业区位的研究对象。

那么，影响工业区位的因素可分为两类：一类是影响工业分布于各个区域的“区域性因素”，另一类是在工业的区域分布之中，把工业集中于某地而不是其他地方的“集聚因素”。不论是区域性因素还是集聚因素，都可分为影响一切工业的一般因素和影响某些特定工业的特殊因素。

韦伯对“区域因素”进行了层层剖析，以至于最后只剩下运输成本因素和劳动力成本因素两大类。其中，贯穿着韦伯的孤立研究方法和严密的论证。关于区域因素中的特殊因素，韦伯认为不属于纯理论研究范畴，特殊要素在工业产生集中倾向的情况下才发生作用。构成“区域要素”的主要是成本构成要素，主要有以下七大类：(1)地价；(2)厂房机器设备和其他固定资产成本；(3)原材料、动力和燃料成本；(4)劳动力成本；(5)运输成本；(6)利率；(7)固定资产折旧率。

固定资产折旧率完全与区位无关，只有气候因素会影响机器使用寿命，可以看作是特殊因素。利率，韦伯假定经济均衡的社会(经济一体化)，利率不因地区不同而变化。但国与国之间，以及国家内部地区之间因管理、企业性质等产生利率的差异，这可在上述假定中消除了。地价是地方集聚程度而变化的，不是区域性起作用的因素。而且，地价常常在产品成本中没有多大比重。厂房、机器设备和其他固定资产的成本不因区位的变化而有重大变化。显然，成本构成中这四项要素不是区域因素中的一般要素。

运输成本和劳动力成本才是区域因素，原材料、动力和燃料成本可以通过价格表达运输成本。显然，原料类成本存在运输成本问题，距离越远，运输成本越高，同时，原料类也存在产品的价格问题，价格高的产品可以看成是距生产地远，运输成本高的原料。这样，韦伯形成了区位因素的理论，即运输成本首先在运费最低的区位形成区位单元，然后，劳动力成本和集聚因素作为一种“改变力”同运输成本基本网络竞争。

为了进一步分析区位因素的运行和形成区位规则，韦伯做了以下假设：

(1)分析孤立的生产过程，它是单个生产的过程。在此，他建立了“区位单元”的概念即同种质量的产品才构成“纯”区位单元。

(2)原料产地、消费地、劳动力也是分离的。假定原料产地是给定的；假定产品的消费地的位置和规模是给定的；假定劳动力是不可流动的，每一个可能产生的工业都有给定的劳动力供给地，而且各种工业的工资是固定的，因此在该工资水平上劳动力无限供给。

(3)所有“自然力量”不进入单个工业生产过程。正如前面所做的假设，只要我们需要，所有的原料都是给定的。实际上，许多自然力量都不能独立于生产过程，甚至影响生产过程。韦伯的研究方法是，把这些自然力量的影响都作为“纯”理论的补充、修正，它们“略微修正了我们的一般规则”。

二、从区位图解方法建立运输指向的基本网络。

第一，韦伯认为运距和运量是决定运输成本唯有的因素。和上述分析区域因素方法一样，他首先开列影响运输成本一系列名单：(1)运输重量(包括原料、产品)；(2)运输的距离(原料产地到生产地，生产地到消费地)；(3)运输工具的类型和使用范围；(4)地区的自然状况和道路级别；(5)货物本身的属性。

韦伯首先假定了一个统一的运输体系，即以主要运输方式铁路为基础，这样就排除了不同运输方式所带来的区位影响。当然，不同路段、不同路面、不同运送量、不同货物属性等所造成的影响都可以由运输距离和运输重量来表达。如某一路段运价高，可以表示为标准运价运输距离的延长，反之，则缩短运输距离。某些笨大物资运价本身就低，那么可以“假想”成运送重量增加了，等等。因而，除运距和运量之外不存在独立影响工业区位的纯区位因素了。那么用吨公里表达运输成本是完全可行的、合理的。

第二，韦伯对劳恩哈特(又称龙赫德)的区位三角形进行补充和扩展。运输成本包含运量和运距两个因素，过去都把运量的绝对量视为区位要素来考虑了，显然是不大合理的，韦伯认为绝对重量固然重要，但原料重量和成品重量之间的比例关系非常重要，从此，韦伯建立了“原料指数”和“区位重”的概念。

韦伯区位划分了两对重要概念。地方原料和广布原料，前者指只产生于某些确定的地方，后者指到处都可得到的原料。广布原料不能认为它是随处可取的，那么对区位不起作用，实际上从运量最小来看，广布原料都是倾向于区位消费地的力量。不论是广布原料还是地方原料都有可能又是“纯原料”和“失重原料”。纯原料是指经过加工后，全部重量都完全转移于产品之中的原料。失重原料是指在生产过程中损失部分重量或全部重量。失重原料显然具有区位原料地的倾向。那么原料指数 MI 就是需要运输的“地方原料”和产品重量之比。显然，纯原料的原料指数是 1，失重原料的原料指数大于 1，如果生产过程中还使用了广布原料，那么需要运输的原料重量可能小于产品重量，原料指数可能小于 1。这样的话，失重越大，广布原料使用越少，原料指数越大，区位倾向于原料地的程度越强，反之，区位倾向于消费地的程度越强，严格地说，原料指数大于 1，区位倾向原料地，原料指数小于 1，区位倾向于消费地。

运输单位产品的总重量称为区位量 LW 如果生产只使用广布原料，这时 MI=0，LW =1 为最小值，区位重随原料指数增加而增加，这种平行变化的关系似乎削弱了区位重概念的重要性，但是区位重把广布原料进入产品的程度和失重原料的程度反映出来了。二者的重量关系为：LW=1+MI。

第三，韦伯还进一步指出未来变化对运输指向的影响。人口集中化会减少广布原料的使用分量，从而区位向地方原料地倾向；随着人们对自然控制过程的深入，生产过程中越来越多使提取或制造的原料，这一进步过程意味着失重总量越来越大，并因机械化过程失重普遍增长，从而区位也倾向原料地分量。

三、劳动力指向及其对运输指向基础产生偏差。

在运输指向的基础上，区位还要受到劳动力成本的影响，区位也倾向于劳动力指向。那么区位是选择最小运输成本点还是劳动力成本最低点呢？韦伯的判断如下：运输指向的区位同劳动力指向的区位相比，如果迁到劳动力成本最低点所节省的劳动力成本大于因迁移所增加的运输成本，劳动力指向的区位是合理的，反之就是不合理的。

需要指出的是，劳动力成本的地方差异才是区域性区位因素。因为地方劳动力成本的差异影响区位的区域分布，不同的效率水平和工资水平所决定的。而劳动力成本的区域差异虽然具有较好的实际基础，但很不精确，而且与纯理论研究的“地方”目标差别太大，因此，劳动力成本是按“地方”而有所不同。另外，劳动力成本与工资存在一定的平行关系，但受到效率的干扰，高工资和高效率有时并行出现，从而劳动力成本按“区域”发生变化，但不很符合实际。

韦伯建立了等运费线概念来表达区位选择的结果。围绕运输成本最小点总能找到运费相同的点构成等运费线，不同运费可以形成等运费线系列。劳动力区位总位在某条等运费线上。我们总能找到一条追加的运输成本和劳动力成本节约相等的线，称之为临界等运费线。在该线之内，节约的劳动力成本大于追加的运输成本,区位迁向劳动力区位是合理的;在临界等运费线之外就是不合理的。

劳动力指向除受劳动力成本影响之外,还受到工业特性和环境条件的影响。工业的特性在这里主要是区位重或原料指数劳动力成本指数。区位重影响等运费线的距离和形状。区位重小,每吨产品要运输的原料少,等运费线间的距离大,那么临界等运费线就可伸展很远。同时区位重也影响等运费线的形状,围绕最小值点引起区位偏离的力在各个方向可能相同,也可能不同,从而使等运费线系列在各个方向疏密程度不同,形成不同的形状。

劳动力成本指数所引起劳动力指向变化的影响是很明显的,劳动力成本指数高,可压缩性大,其潜在劳动力成本节约指数大,临界等运费线就高,劳动力区位指向越强烈。反之,劳动力区位指向就越弱。

综合区位重、劳动力成本指数,韦伯又以劳动力系数表达其区位影响,即移动一吨区位重将节约多少劳动力成本。韦伯做出结论"工业的劳动力指向就其依赖于工业一般特性而言决定于劳动力系数"。

环境条件主要包括三个因素。(1)根据运输成本这一单项因素所决定的区位与根据劳动力成本所决定的区位相距的远近。如果相隔的距离较近,工业区位迁移的机会较多;如果相隔的距离较远,则迁移的机会较少。(2)运价下降,劳动力成本的影响就会增加;反之,运输成本的影响将增大。(3)人口密度。如果人口稀疏,各地工人劳动生产率相差不会太大,因此劳动力成本对偏禽最小值点区位的影响较小;反之,如果人口稠密,劳动力成本对区位偏离影响就增大。

四、韦伯对集聚因素及其对运输指向基础的偏离影响的研究。

韦伯首次建立了有关集聚的一套规则和概念：

1.除了区域要素(运输成本和劳动力成本)之外，影响工业地方性积累和分布的所有其他要素统归入集聚要素和分散要素之中。韦伯很敏感地认识到，分散要素无非是集聚的相反倾向而已，工业在一个地方集聚与否可以看成是集聚力与分散力平衡后的最终结果。所谓集聚要素是使在某一地点集中产生优势，或成本降低的集聚，而分散要素则是使生产分散化产生优势的要素。

集聚可分两个阶段，第一阶段，仅通过企业自身的扩大，发展而产生集聚优势，这是初级阶段；第二阶段是各个企业通过相互联系的组织而地方集中化，这也是最重要的高级集聚阶段。高级集聚阶段的基本要素有以下四个方面：技术设备的发展使生产过程专业化，专业化的生产部门更要求工业的集聚；劳动力的高度分工要求完善的灵活的劳动力组织，劳动力组织有利于集聚的发生；集聚可以产生广泛的市场化，批量购买和销售降低了生产的成本，提高了效率；正是上述原因，集中化可使基础设施，如煤气、自来水管道、街道等共享，从而降低"一般性开支"，同时一般开支的降低还会进一步的集中化。

分散要素，韦伯明确指出，"任何集聚都能引起相反的倾向……增加支出"[①]。分散要素的强弱是同步于集聚规模的大小。正是因为集聚引起地租的上涨，集聚规模越大，地租上涨越快，因

① 见后文第132页(中文版第136页)。

而分散倾向越强烈。

2.集聚因素和分散因素相互作用的最终结果产生了单位产品一定数量的成本节约。不同的集聚规模就产生不同的节约指数，这样对于每一集中化阶段的节约指数构成集聚经济函数。由于技术发展，组织发展以及市场化等因素对集聚规模不断增长的作用越来越小，而地租的增长越来越大，那么集聚经济函数“像半边抛物线，越来越慢趋近最大值”[①]。

3.在运输指向的基础上，如果有若干个生产单元，它们都有将生产集结的倾向，那么集聚如何发生呢？韦伯的规律是：

(1)这些生产单元具有一条临界等运费线，生产单元从运输成本最小点移到集聚单元上，所需运费成本等于或小于集聚单元的节约，才可以产生集聚。那么若干条临界等运费线交叉部分对各个生产单元都是合理的集聚。只要相交叉的各个生产单元的生产总量达到了一定的集聚规模，那么在这个交叉部分就产生集聚。但是很显然，在这个交叉部分中每个点都是可能发生集聚的点。集聚点可以由各生产单元(具有不同的生产量)移到集聚点产生运输成本最小而确定出来。还有一个问题是，生产单元要选择哪种规模的集聚单元。生产单元的临界等运费线同其他生产单元的临界等运费线交叉形成的公共部分不止一个(可能的)，那么生产单元倾向于集聚点到最小值点距离最近的公共部分集聚。而且倾向于最小的生产量追加就能满足集聚单元必需获得的总量要求的交叉部。这样的话，生产单元的集聚首先吸引最小生产单元(刚能满

① 见后文第133页(中文版第137页)。

足集聚规模要求的生产量),而后吸引较大的生产单元。

(2)集聚规模不断扩大,节约增长也越大。那么不同规模的集聚中的哪一个集聚单元能真正发生集聚呢?从单个生产单元看,较大规模的集聚单元临界等运费线比较低规模的集聚单元的临界等运费线伸展更远,等运费线相交的生产单元可能更多一些,但也需较大生产量。那么竞争单元将依据集聚经济与运输成本附加相比较而选择集聚单元。集聚单元实际所处的等运费线可以表示集聚产生的运输成本追加,生产单元的临界等运费线表示集聚的节约。那么从生产单元看,集聚点到临界等运费线间的距离哪一个大,哪一个交叉部分发生集聚。如果生产量假定充足的话,哪一个交叉部分产生集聚。那么,围绕最小值点的临界等运费线,较高单元的比较低单元的距离越大,有可能集结了所要求的生产量和形成较大的交叉部分,高级集聚单元发生集聚。如果这个距离增加不大,低级集聚单元更有利些。

(3)发生集聚依赖四个条件:前面已经说明了集聚依赖于临界等运费线相互间的距离,即等运费线间的排列密集程度。临界等运费线排列密集,即它们之间的距离小,集聚倾向于较高的集聚单元;那么,区位重和运输成本降低的话,等运费线就会扩张,反之,等运费线就会收缩。当然收缩的情况下有利于低级单元集聚;生产单元之间的距离也有相同的影响,距离越大,等运费线相互交叉的机会越少,有利于低级集聚单元;生产单元的生产量增长有助于集聚,一方面不曾满足较高级集聚单元生产量的,现在却可以发生集聚了,另一方面,过去已经发生的集聚,现在又可加强了的集聚的程度。

五、上述讨论都是假定一个孤立的生产过程不可分离的情况下进行的，实际上生产过程大多是可分离为许多部分，每一个部分都有特定的区位。在这种情况下，韦伯提出生产过程何时发生分离以及各生产阶段的区位确定方法。

在运输成本因素的影响下，导致生产过程的分离的唯一原因是分离引起运输成本降低，否则就不会发生分离了。每个生产阶段都构成一个区位图，当前一阶段区位图的区位与其消费地一致时，或当后一阶段区位图的区位与半成品（前一阶段的生产地）重合时，就不发生分离了。实际上，技术上可分离的生产过程是大量存在的，生产可分离为多个区位，而单个生产区位则是特殊情形。根据作图法确定区位（只有两种原料），如果各阶段的圆相交，而且确定区位的直线穿过两圆的交叉部分，则区位不发生分离（参见数学附录Ⅰ，§11 以及图 39）。各阶段区位的确定通过上述数学方法是易确定的。

如果加进劳动力指向和集聚，影响分离的生产阶段的区位图，那么只要影响某一阶段的区位，则会各阶段的区位。但这个影响过程以及所造成的复杂情况都没有超出韦伯建立的指向规则。

如果孤立的生产过程现在被放置于复杂的工业体系中，各种生产过程发生相互作用，其区位问题就是韦伯所研究的整体指向问题。独立生产过程有三种类型：一是不同产品（不同的生产过程）出于一家企业，二是不同生产过程共用原料产地和消费地，三是一个生产过程的产品是另一个生产过程的原材料（即通过市场）。在相互作用的过程中，劳动力指向和集聚指向对最小值点的改变不出现新情况。

上述对韦伯《工业区位论》的主要贡献（具体内容和方法）做了

较为详细的说明。韦伯建立系统的工业区位理论也是在前人(包括W.罗雪儿、A. B. F.舍费尔、W.劳恩哈特、冯·蒂南等)研究成果的基础上的,特别是借鉴了杜能的农业区位的研究方法,这为后来区位论理论由勒施、克里斯塔勒等的大发展奠定了基础。应当看到,韦伯的区位理论还有许多理论缺陷。

1.关于区位指向规律适用性问题。韦伯一直声称他研究的是“纯理论”,是脱离一切社会制度、社会、文化、历史因素的“纯”,因此,它有广泛的适用性。显然,这种规律既不是“纯”的,也不是“一般的”,理论自始至终同资源、能源(煤、水电)密切相联,这些资源条件难以预测,也就将降低了韦伯的规律的适用性。但不可否认,韦伯的“纯理论”出于经济原因的分析多多少少适用于不同的社会制度和不同的国家。我们也应当承认一定存在适用于不同社会经济制度下的普遍的区位规律。经济制度的差别或许改变了一般区位规律的作用程度或影响方式,但不改变规律行为本身。

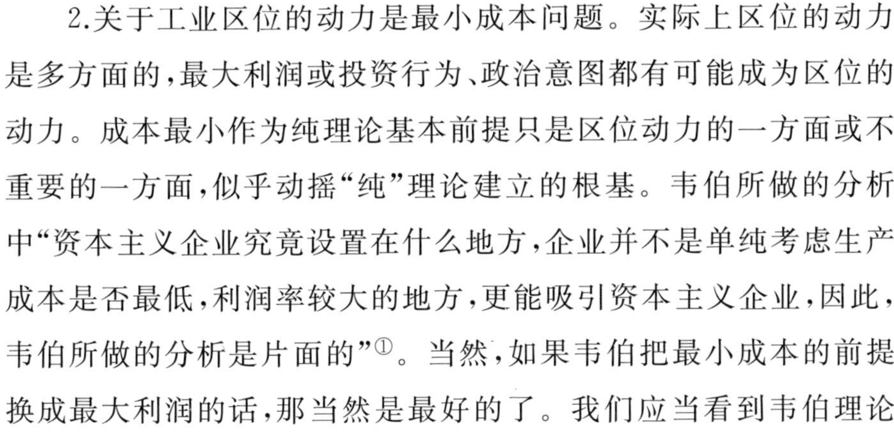

2.关于工业区位的动力是最小成本问题。实际上区位的动力是多方面的,最大利润或投资行为、政治意图都有可能成为区位的动力。成本最小作为纯理论基本前提只是区位动力的一方面或不重要的一方面,似乎动摇“纯”理论建立的根基。韦伯所做的分析中“资本主义企业究竟设置在什么地方,企业并不是单纯考虑生产成本是否最低,利润率较大的地方,更能吸引资本主义企业,因此,韦伯所做的分析是片面的”[①]。当然,如果韦伯把最小成本的前提换成最大利润的话,那当然是最好的了。我们应当看到韦伯理论

① 陈振汉、厉以宁:《工业区位理论》,人民出版社,1982年,第147页。

合理的一面。最小运输成本和最大利润从本质趋势上是一致的，当然二者相互背离的现象是存在的，可以说二者相一致的条件下，韦伯的理论是合理的。

3.关于局部均衡的区位论问题。韦伯是分析单个独立生产过程，甚至是单个工厂为对象的，很少对宏观问题进行研究，即使研究了很少在方法和内容上有所建树。韦伯一书多处涉及同实际结合问题，以及最后第六章“整体指向”的讨论，但都过于简略。关于宏观区位问题这是一大难点，即使后来区域经济学等发展起来，但都避开了这个问题的讨论。

4.关于研究的理论基础问题，一些学者认为，韦伯的研究缺乏一般经济理论基础。普雷德尔指出，韦伯的区位理论只是就生产过程本身讨论的，缺乏一般经济理论基础，因而缺少普遍的经济意义[①]。登尼森(S. R. Denison)认为“韦伯以技术因素来代替价格理论，不但许多情形不可能考虑，因而使得在任何现实经济制度下，都不可能运用这种学说来解释工业区位”。[②] 实际上，韦伯常常把他敏锐的知觉结论和思路带到学术讨论中，“以至于他的书更像艺术，而不是科学”[③]。当然，韦伯的创造能力是伟大的。

5.内容上的缺陷包括：决定区位的要素归纳为运输成本和劳动力成本过于简化了，运输成本构成中忽视了交通枢纽的考虑，易

① 普雷德尔：“区位理论及其与一般经济学的关系”，《政治经济学杂志》，1928年，第588页。

② 登尼森：“工业区位理论”，《曼彻斯特学报》，1937年，第35～36页。

③ 见《国际社会科学百科全书》(*International Encyclopedia of the Social Science* “Alfred Weber” of article)。

于造成区位规律与实际的脱节;还有劳动力的无限供给的假设与实际出入太大等等。所有这些内容上的缺陷都是应当修正的。

但总的来看,韦伯《工业区位论》的研究方法和建立区位理论体系对后来的研究的启迪作用已远大于理论的本身,况且理论还包含了许多智慧的创造,因此,韦伯是工业区位论当之无愧的先驱者。

中文版的边码是英文版原书的页码。

目　　录

英译者前言

本书现在与读者见面了，在此我省去了许多作者都会遇到的 vii
麻烦：我不必为本书的主题作辩释。阿尔弗雷德·韦伯的文著是一次开创性的尝试。他通过理论分析的方法，试图掌握近两个世纪以来出现在我们周围的大量关于现代制造工业区位的事实。不错，其他人也曾尝试承担起对地理分布现象的描述与分类任务；但是，正如韦伯所指出的，前人所做的努力都没有突破仅仅对工业区位起部分决定作用的各种要素列举出来的范围。

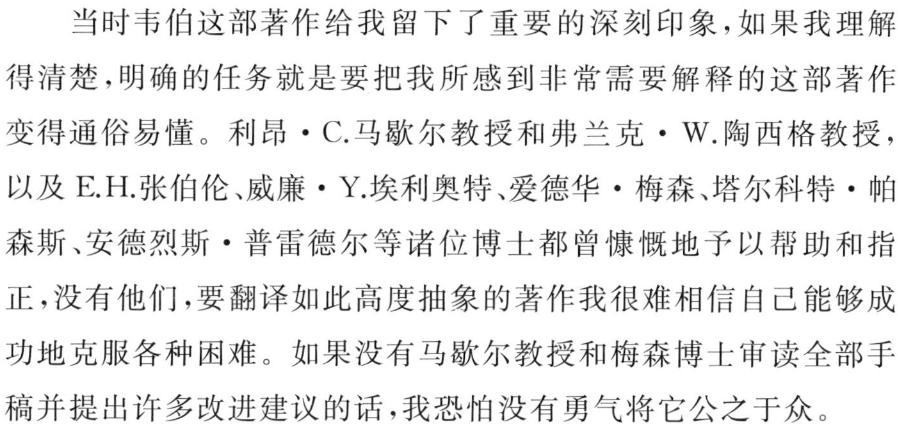

当时韦伯这部著作给我留下了重要的深刻印象，如果我理解得清楚，明确的任务就是要把我所感到非常需要解释的这部著作变得通俗易懂。利昂·C.马歇尔教授和弗兰克·W.陶西格教授，以及E.H.张伯伦、威廉·Y.埃利奥特、爱德华·梅森、塔尔科特·帕森斯、安德烈斯·普雷德尔等诸位博士都曾慷慨地予以帮助和指正，没有他们，要翻译如此高度抽象的著作我很难相信自己能够成功地克服各种困难。如果没有马歇尔教授和梅森博士审读全部手稿并提出许多改进建议的话，我恐怕没有勇气将它公之于众。

那些敢于尝试的人把抽象的思想从一种语言译成另一种语言，他们认为没有什么事情是值得困惑的。语言学家们能发现语言的细微差别，基于这种思想，他们成功地进行了翻译、转译或意

viii 译。因而，韦伯的德文原文页码作为边码标出。这些边码通常按句子结束计算，尽管那句话可能分在两页之中。在英文译文非常含混的地方，有兴趣的读者可查阅德文。如果篇幅允许的话，我就会把原文引进来。然而，这样翻译的最大用途毕竟是给那些懂得原文却不能充分理解而自己完全译出的学生带来帮助。

与德文版对照，会发现我们把韦伯给第一版和第二版（未修订）写的前言和他的两个注释（Exkurse）删除了。如果能商妥的话，我们很乐意把韦伯对《政治经济学概论》① 的贡献囊括进来。我只能将本书提供给所有对区位问题尤感兴趣的读者，韦伯在其引言、最后一章以及贯穿全书的关于发展趋势的段落中都谈到了这些区位问题。看来把乔治·皮克的数学附录包括进来是重要的。我衷心地希望宽容的读者不要同某些学生一样有类似的感觉，这些学生在阿尔弗雷德·马歇尔《原理》中的数学附录上写下了："一个糟糕的附录——删掉它！"在数学附录的翻译中我听取了保罗·S.鲍尔先生的尊教。

这项研究如果没有莱昂·C.马歇尔教授的不断鼓励，也许就不能成功了。在此我向他以及所有帮助过我的人们谨致谢忱。

C.J.弗雷德里奇

① "工业区位理论（区位的资本主义纯理论）"，《政治经济学概论》第Ⅵ部分 B［Industrielle Standortslehre（Reine und Kapitalistische Theorie des Standorts），in Grundriss Abteilung Ⅵ，B］，特别是在第二部分中讨论了资本主义理论。

英译者序言 xiii

——区位理论与地租理论的关系

“不完备的预测知识对研究导向来说也许是最有价值的东西”，约翰·斯图亚特·穆勒在经济学概论的论述中这样写道。[1]这种说法也许和韦伯的信条是一致的：他通过那个被穆勒称为严密的演绎方法，试图分析一个被严重忽视的问题。这个问题就是：引起工业[2]区位改变的原因是什么？

工业区位的变化问题是当今经济问题研讨中最一般问题。例如，美国全国性的动力发展机构的观点一般是工业区位的变化会“分散”工业。[3] 然而，英国的经济理论忽视了对这个问题的严密理论分析。从亚当·斯密到庇古从未尝试过对经济区位决定因素进行充分的演绎推理，不管这种分析可能有助于进一步精练垄断理论、运价理论和国际贸易理论。

---

① 《逻辑》第六册，第九章，第二节。

② “工业”一词在本书中如不特别指明则指制造工业。

③ 胡佛秘书长持这种见解。请参照他在 1927 年伦敦首届国际动力会议上的演说词：《动力发展与繁荣》。另请参考许多解释工业南移的一般性文献。

约翰·斯图亚特·穆勒[①]考虑价格时触及到了这个问题。
xiv 同以前的作者一样，在列举劳动成本用以影响生产成本的各种渠道时，他把原料运至生产地以及“产品运到市场”[②]的成本都包括进去了。但是，尽管纯粹区位要素的某些直接影响已经引起他的注意，他仍然没有考虑到影响生产要素的变化性。“取自于地球内部几乎所有种类的原料——金属、煤、宝石等等都是来自于丰度明显不同的矿藏，那就是说，在等量资本和劳动下生产的产品数量相差很大。”但他显然无法解释这种现象，于是他接着说道：“无论什么原因，事实上不同品位的矿藏都在开采过程之中，同时由于产品的价格（成本）必须按比例照最贫矿藏（丰度和**位置**放在一起考虑）的生产成本折算，那么它就会高于按最富矿藏生产成本折算的价格。”[③]这里的“位置”（相当于我们所说的“区位”）作为一个要素仅出现了一阵子，就立即从更常被提到的“丰度”背后消失了。对穆勒来说，“区位”为什么起决定作用似乎是无法捉摸的。然而只要我们将探索的步子再迈前一步，并对那些确定区位是否“有利”的要素进行分析，则该“区位”要素能用作理性的解释。现在我们回到这个论点上来。请注意，刚才

---

① 当然，从穆勒开始才触及这个问题的这种说法是武断的，但权衡之下这种说法也许是公正的，因为他多少把前人的思想联系到一起并使之系统化。作为持这种态度的人之一，我认为起码应该把亚当·斯密和李嘉图包括进来，因为他们与杜能的体系是相互关联的。但他们地租理论的特点是要耗费大量的时间〔参照熊彼特的《研究与方法论史的新纪元》(*Schumpeter, Epochen der Dogmen-und Methodengeschichte*)第87页之前〕。况且在此对穆勒所做的评说套用在早期思想家们的身上并不困难。

② 《原理》(纽约，1874，伦敦第5版)，第三册，第四章，第一节。后面的注释中除非特别标记外，册用罗马数字，节用阿拉伯数字。

③ 《原理》第Ⅲ册，第五章，第3节。加重点的字“位置”是英译者所加。

论述的那些段落都是关于穆勒对与价值相关的地租分析。我们不 xv
能漏掉另一段关于这个问题的精彩纷呈的论述:“除了农用之外用于满足其他目的土地,……当它被这样使用时就产生了地租。……在一个小村庄里,一幢房屋的地皮租金不会比旷野中的一小块土地高多少,然而奇普赛德商业区[①]上一家商店所需的地皮租金就会高好几倍,它是按照人们所估计的在较繁华的地段能容纳的高级营利设施的总数来衡量的。”[②]但所有这一切简直无法解释奇普赛德为什么就是奇普赛德!奇普赛德为什么能成为一个“有利的”区位呢?一种区位理论如果把位置或者区位地租作为一个问题来研究而不仅仅看作一个事实,那么这个区位理论就会成为一条研究难以理解的地租理论、价值理论和分配理论的捷径。我们在后面有机会扼要阐明其对垄断理论、国际贸易理论和铁路运价理论的重要性。在此,当我们兴致勃勃地思考穆勒对工业进步影响地租的分析时[③],我们必然为所触及的问题而自鸣得意,我们必须对阿尔弗雷德·马歇尔的地位作出几点评议。

马歇尔对生产的强烈兴趣自然会导致他涉及这个问题:什么原因使工业区位发生了变化?任何一个对经济思想史通论感兴趣的,特别是对区位理论发展史很感兴趣的人看来,阿尔弗雷德·马歇尔(在其《经济学原理》第一版引言中)对杜能大表感激之词,耐人寻味。大家应该记得正是杜能首创农业生产的区位理

① 伦敦的一个高档商品贸易区。

② 《原理》第Ⅲ册,第五章,第 3 节,另见第Ⅲ册,第五章,第 4 节。

③ 《原理》第Ⅳ册,第三章。

xvi 论。[①] 但是,当杜能把他的区位理论与地租理论明确地联系起来,
因而修正了亚当·斯密的地位[②],马歇尔没有从理论观点出发来
解决这个区位问题,并不断地企图回避我们刚才所指出的地租理
论的方方面面。对此,这里有二重解释。其一,马歇尔主要致力于
直接把地租理论运行于假设新的供需均衡理论中[③],他对自己感
到满意的是严密地阐述了"地租不参与生产成本"的理论[④],与在
他之前的穆勒一样,马歇尔没有探究他所遇到的问题。在论述李
嘉图和斯密之间关于"在任意长的时间内煤的可售价格"[⑤]的争论
时,马歇尔倾向于李嘉图的论点即"按最贫的矿藏来决定价格"。
撇开矿藏的不可再生性所带来的矿产特别使用费不谈,同穆勒一
样,马歇尔根本没有解释为什么低品位的矿藏应投入使用。同样,
xvii 他谈到在地租升高情况下会引起制造业主迁入其他市镇或国家,
但是他没有说为什么在第一个例子中地租会增长。同样,他解释

① 《孤立国》(*Der Isolierte staat*)第一部。近来对这部在经济思想史上具有重要意义的著作又有了新的解释。请参看埃德加·萨林(Edgar Salin)的"1826～1926 年的孤立国"(Der Isolierte Staat 1826～1926)载《国民经济杂志》(*Zeitschrift für die gesamte staatswissenschaft*),1926 年。

② 同李嘉图一样,他把地租与土地投资所得的利润区分开来。

③ 穆勒并没有用过这个名词,"均衡"这个概念的本质方面以及目前涉及的这个问题,穆勒都曾探索过。

④ 如下所述:"当能用于生产一种商品的土地被用于生产另一种商品的时候,前者商品的价格就会因生产的地域受到必然限制而上升,后者商品价格是那部分土地所支付的生产费用(工资和利润)。……如果有什么可争议的话,我们把那块土地上的全部生产费用加在一起,分配在整个商品生产过程中,那么应该计算在内的地租不是生产第一种商品土地所支付的,而是用于生产第二种商品时所支付给土地的。"(《原理》第四版,第 483 页)

⑤ 参见《原理》第四版,第 484 页。

了各种商人无论零售商或是批发商对价格奇贵的城市土地的需求为什么会多于制造业主。但为什么会带来需求的这种增长，他根本没有解释。而且，马歇尔遇到区位（或位置）问题时不担当解答的任务，最明显的例证是在其称之为位置地租的讨论之中。[①]

> 在任何产业中（无论是农业或非农业），如果两个生产者拥有各方面都完全相同的工具，所不同的只是一个人比另一个人占有更有利的位置，在同一市场上买卖可以用较少的货运费用，位置带给他的不同的利益是以低于对手的货运费用而得到的节余总和。这样，我们可以设想；由位置带来的其他利益，比如接近一个特别适宜他做生意的劳动市场，通过以同样方式就能转化成货币价值。一般地说，当这种做法持续到一年的时候，全部加起来我们就能够得到第一个生意人优于第二个生意人的位置收益转化成的年货币价值；这两者收入方面的差异一般被相应地认为是位置地租的差异。[②]

但是为什么第二个制造业主不向较有利的区位移动呢？这个问题当然需要解释！马歇尔在他的一个脚注中提到两种情况，在这两种情况中两个生产单位的竞争地位都是一样的，因为一个生产单元的劳动和资本的追加生产成本通过另一个与市场的关系中占有的较有利区位得到弥补。“有利的区位”在这两种

① 《原理》第Ⅴ册，第七章。

② 加重点“.”的字是C.J.弗雷德里奇加的。

情况中都是指定在运费方面获得的利益。但是，很显然，这些不是与区位问题有关的生产的例子，因为当一种要素（劳动力等
xviii 等）的区位利益与另一种区位利益相平衡时，**区位不会发生变化**。从另一方面说，由于另一个生产单位为什么不能自由地迁到可以获得均等利益的地方去这个问题没有得到解释[①]，就无法弄清运费下降带来的收益怎样变成“地租”。凭感觉是没有说服力的，马歇尔接着阐述“在一些特殊情况中有利的位置带来的收入是通过个人努力与付出得到的”。许多这类不确定的概括通过对区位问题的充分理解是能够得到合理解释的。有一种说法认为准地租（马歇尔命名的）的某些形式是由于受环境因素影响使某个区位更有利可图而造成的。这种因区位均衡遭到破坏而引起的地租，其真正的实质只有当区位的基本的常规分级及区位网络被十分清晰地划分后才能认清。

马歇尔勉强承担了这些与地租问题有关的分析，然而这并没有妨碍他研究“专门化工业在特殊区位的集中”。[②] 但是，正如阿尔弗雷德·韦伯后来指出的那样，他所作出的是对各种区位要

① 实际例子指的是采掘工业，同我们所引证的穆勒的例子一样，这些属于增加产量的问题。奇怪的是马歇尔以过分的赞赏的口吻援引了杜能《孤立国》的论点，却没有利用其中包含的区位理论。

② 参见《原理》第Ⅳ册，第十章，另请参照他的生动论述：《工业与贸易》（1923）第Ⅱ章及其他章节，其中他引述阿尔弗雷德·韦伯的（第 27 页）观点。但他是否欣赏韦伯理论的全部意义似乎是相当可疑的，因为他谈到韦伯理论时说那只是对拉德纳的关于运输与贸易方格定律的发展（见《铁路经济》，1850，第 14 页）。至少可以说，这种联系是牵强附会的。

素或多或少的系统性概括；然而，与罗雪尔[①]非常相像的是，他一点也没有发展或甚至于套用杜能首创的理论概念。他与杜能之间很相近的观点令人感到相当有趣(或者说令人惊讶吗?)。但是，正如我们前面所看到的，马歇尔似乎主要关心如何从古典体系中发展出新的均衡理论，新均衡理论也曾见于杜能理论中。马歇尔或许过于沉醉于“心理的”基础研究，他和其他人所做的理论愿意费神于杜能的孤立经济系统的概念。[②] 因此，尽管重述杜能的区位理论涉及与地租理论相关的某些方面，对经济学说来是重复了，但用几句话将其主要轮廓勾画出来对读者来说仍将是有帮助的。 xix

同李嘉图一样，杜能研究的实际上是一个理想国，现实情况中所有的非本质性的方面都略去了。他发现在其完全孤立的经济系 xx

① W.罗雪尔《关于自然规律的研究：工业部门区位何处》(W. Roscher, *Studien ueber die Naturgesetze, welche den natürlichen Standort der Industviezweige bestimmen*)。类似的可能要素的目录已由别人出版，例如，参照 F.S.霍尔“工业区位”，载《第 20 次统计 · 制造业主》第一部(F.S.Hall, Localization of Industries, Twelfth Census, *Manufacturers*, part I)；另外，爱德华 · A.罗斯的“工业区位”，《经济学季刊》，第十期(1896 年)，第 247 页之后(Edward A. Ross, The Location of Industries, *Quarterly Journal of Economics*, X, 1896, 247*ff*)。对这些问题的论述和一些较次要的贡献请参阅 W.克尔日查诺夫斯基的“论工业区位”，载《政治经济学杂志》，第三十五期(1927 年)，第 278 页以后(W. Krzyzanowski, Literature of Location of Industries, Jonrnal of Political Economy ,XXXV,1927,278*ff*)。

② 在经济学思想史上用大量的细节描述充实这方面的内容是非常引人入胜的。但受这篇简文的篇幅所限无法作出公正的评述。出于同样的想法促使我将马歇尔《原理》第六册第十二章中出现的那个难题匆匆一带而过，在那一章里马歇尔论述了进步对价值的影响。这种深入的讨论为我们考察下一代某些学者的研究成果提供了机会，特别是学者 A. C.庇古和 J.M.克拉克(《一般费用原理》)。

统[1]中，不同农业生产类型的区位取决于市场的产品价格与距市场距离二者之间的关系。这种方法最卓有成效的地方就是把运输产品到市场的成本作为基本要素被分离出来，并当作区位分析的起点。这样做是合理的，因为出于分析的意图，不管怎样都假定平原各处的劳动成本（工资）是相同的。[2] 除此之外，还假定各处的肥力相同。杜能不考虑工具（如犁等）运至生产地的运费的影响，这种做法没有多大价值。与阿尔弗雷德·韦伯相比，这种忽略使其分析过分地简单化。但要知道杜能的区位理论毕竟是一个很特别的问题的副产品，即：一个农场的农业生产类型在其产品固定的市场中如何随逐步下降的价格而受到影响的？[3] 众所周知，杜能发现地租最初是由距消费中心较近带来的收益而产生出来的，如较少的运费。[4] 这个发现是根据这么一个规律得来的："生产地的
xxi 生产价值随生产地距市场的距离减少而减少。"[5]当然，杜能清楚地意识到这不是对地租的全部解释。在他这部著作的第三部分他发现地租基于工资水平的差异。第二种解释似乎与第一种相矛盾，这种外观上的矛盾是在不同前提下产生的；一种情况是假定工资水平不变，另一种情况是生产价值不变，即运输成本不变（按照

① 这个系统的图示是著名的。他假设在一个肥沃的平原中央有一个城市（市场），没有可通航的河流也没有运河，到处肥沃是给定的，其边缘是远离城市的旷野。杜能自己写道："一种形象的描述，一种模式，一种概貌的简化和夸大；我们不能详细陈述它们，因为这样，如何能得到结果，答案将是丰富的。"

② 这个假设，杜能在第一部分没有确切地做出，而在第三部分第 73 页中作了注释。

③ 《孤立国》（*Der Isolierte Staat*）第一部分，第 21 页。

④ 同上书，第 227 页。

⑤ 同上书，第 37 页。

刚才引述的规则)。不管工资水平实际在变,在理论上这样假定是合理的,这种合理性对后面的理论是最最重要的。第二种假设生产价值不变,包含进一步的假设即没有更多的荒地可供利用。那么,在第一种情况中,生产价值可变,随着市场的运输成本多少而变。在第二种情况中,工资水平可变,两种情况的共同点在于生产成本提高并不随生产价值的提高而提高,以至于如果生产价值升高到一定点上,就会产生余额,这是地租成分。[①] 在说明这个发现与前面提到的主要问题的关系时,杜能用公式表明(为了适应现在的目的稍加修改)生产价格必须高到农场地租不小于零的程度,因为对该农场来说把产品运到市场的费用太贵了。遗憾的是,杜能没有为其含蓄的区位理论展示出第二方面的意义。对第二个因素:劳动成本的引入而产生的变化有必要也应当进行分析。如果他这么做了,他的理论也许会与韦伯的理论更清楚地联系起来。可见,杜能考虑的只是农业生产(一种天然生产业)并假定在任何给定的地方存在着一个限定的、不变的生产极限(例如,每英亩只
生产那么多蒲式耳小麦)。假设的适用性即使对农业受制于进一 xxii
步的假设条件,即各处都已经采取了最集约的方法。这种假设是不符合一般人所接受的生产力发展变化的现代信条的。如果这样的话将这种假设应用于制造工业显然是毫无意义的。相反,合理的假设是在一个地方实际上获得无限量的一种类型生产而不是其他类型的生产。后面我们将更详细地论述这个问题。

我在前面曾经说过杜能的农业区位论是他在考虑一个给定

① 《孤立国》(*Der Isolierte Staat*)第一部分,第 73 页

的地方何种生产最优时的副产品。阿尔弗雷德·韦伯则相反，是针对工业布局本身的原因分析的。[①] 认识这种思路上的差异是很有益的。当看到制造工业规模庞大的迁移时，韦伯问道：什么原因使某个工业从一个区位移至另一区位呢？决定迁移的一般经济规律是什么？如同杜能一样，韦伯或许会从理论的角度问：在给定地区应该建立什么工业呢？其实，这种处理问题的方法一眼就可看出是错误的，因为在给定地区可能建立的制造工业是太多了。这一点暴露了杜能分析的第三个局限：即他假定19世纪初德国农场的农产品总量非常有限。这样他就可能找到一个很在理的、使人满意的答案来回答自己的提问，即在给定地
xxiii 区最适宜生产类型的生产。但这个回答仅在刚才所指出的限定范围内是圆满的。

韦伯在研究这类区位问题时，没有被种种局限所羁绊。当然，他唯一感兴趣的是发现那些影响制造工业的因素的运行。但在进入与那个争论有关的许多问题的研究之前，比较韦伯开始研究的理论图示与杜能的图示也许是有帮助的。同杜能一样，韦伯假定有一均质的孤立平原，各处运价相同。但没有设定一个消费中心；而假定许多消费中心散布于平原上。代之各地

① 阿尔弗雷德·韦伯的《工业区位论》第一部分(*Uber den Standort der Industrien*)的区位的纯理论(Reine Theorie des Standorts)。另参见韦伯的“工业家的区位理论(区位的资本主义理论与一般理论)”(Industrielle Standortslehre, Augemeine und Kapitalistiche Theorie des Standorts)，载《社会经济透视》(*in Grundriss der Sozialökonomik*)第Ⅵ节B。在此被强调的少数观点是参考本文的焦点——地租选择出来的，不打算阐述理论本身。最好从韦伯自己的著作中去理解。

肥力相同的假设的是，韦伯只假设在所有原料产地[1]燃料、原材料成本相等，即对应于等量燃料和原材料在各地的成本相同，但保留了原料产地的不均匀分布。这些，只有这些是韦伯的假设前提。

从区域因素自身的作用来看，一般的可变要素可分为两类：一类是最先引起工业的区域分布的（区域因素）；另一类是第二次引起工业再分布的（集聚和分散因素），它们是区域要素引起的结果。通过对这一既定工业过程的分析，韦伯演绎发现了两种一般的成本区域因素：运输成本和劳动成本。这里反对的意见也许是：运输成本本身就是部分地取决于劳动成本。不错，但对区位的孤离分析来说将运输成本视为一项独立的要素是必不可少的，因为区位问题是空间分布问题之一。因而，“劳动成本”一词是以应用于一既定工业的劳动成本的意义在此和它处使用。通过韦伯的问题： xxiv
既定工业从某区位迁移至另一区位的原因是什么！这一事实证明这种简化是正确的。甚至可以假定该工业部门工资水平（劳动成本）的变化不需要暗含有任何其他工业部门劳动成本的变化，如运输部门。显然，这些都是杜能曾经发现的完全相同的因素。但韦伯与杜能不同，他分析了两类变量变化的影响。当劳动成本不变化时确认了区位规律之后，他继续查明劳动成本变化时区位的变动。他能够定义规则并使研究成果公式化。首先，他发现制造工

① 当时，韦伯希望表达不同的原料产地原料和燃料可能价格不同，因为原料产地到生产地的距离增加了。因为在理论前提中没有包括将各点间“实际”距离计算在内的假设，因此就等于假定原料产地原料及燃料成本相等。

业的区位取决于(运输成本可变,劳动成本不变)地方原料的重量[1]与产品重量[2]之比,这个比韦伯称之为原料指数。对这个一般规则的解释在此无须过多地论述。[3] 所取得的结论是以各处劳动力成本相等的假设为基础的。劳动力成本的变化所带来的变化是什么?韦伯发现:由劳动力成本所引起的变化程度取决于每吨产品的劳动力成本(劳动力指数)与所运物品的总重量(产品、原料、
xxv 燃料等)之比。所运物品的总重量称为区位重,这个比数称之为劳动系数。现在韦伯可以用演绎法推出第二个一般规则:当劳动力成本变化时,工业就会按劳动力系数的大小相应地偏离运输区位。

作者希望在运输成本可变的同时,劳动力成本变化而引起区位变化进行研究之前,业已分析运输成本消去时区位的结果。[4] 再把运输成本引入原来仅仅决定于劳动力成本的区位网络中,这样就可以使我们对两种分析结果进行核查。[5] 从而也值得成为对

① 这种地方原料不是随处可见的;到处常见的称广布原料,参考下文第 51 页。对这些概念饶有趣味的阐述可参见奥斯卡·恩格兰德(Oskar Engländer)《最优运输理论与运价》(*Theorie des Güterkehrs und der Frachtsätze*)第 121 页之后。令人信服的判断的关键在于是否各地都具有同一价格。

② 把这个规则同地租理论联系起来是非常容易的,因为它成了区位的函数。同决定制造工业区位的一般间接要素集聚和分散相联系,我们将在后面做出一个圆满的论述。

③ 要解释的,可以这样说:某些原料可以全部用于生产产品(如银等),而另外一些则完全不用于产品(如煤等)。这种差别相当重要。韦伯用公式算出:所有工业生产原料指数不大于 1,其区位在消费地。(参考后文第 66 页)

④ 要把这段论述理解清楚必须记住:如果很定运移任何品类、重量、距离的商品其运输成本都相同,则势必导致运输成本消失。

⑤ 大家应该记得跨出这第一步的是杜能,尽管不完善,或许是由于他对地租问题的偏见(参照上文,第 xviii 页)。但他没有在这个重要阶段上对问题作出分析,既没有研究劳动力成本引入由运输成本所决定的区位系统而引起的变化,也没有研究运输成本引入由劳动成本决定的区位系统而引起的变化。

抗沃纳·索姆伯特批评[1]的有力屏障，这一评论根本没有触动韦伯的理论基础，因为索姆伯特没有用经济理论的观点来解决问题。这里我们不可能详细地深入进去，但这种分析的最终结果似乎很清楚。如果运输成本不变，所有生产将趋向于劳动力成本最低的区位。为了说明这个“规则”，我们假定劳动力成本在A、B、C三地相等，而且在A、B、C之间存在着某给定工业的分布。那么，如果A点的劳动力成本下降，则所有生产会立即从B和C移到A点[2]，
不难指出：当运输成本引入这些简单方程时就会得出与韦伯得到 xxvi
的一致的结果。显然对刚才所说的规则（如果我们愿意称其为规则的话）没有任何解释价值，因为它应用于不同工业不会使每一个工业发生“典型的”变化[3]，但同样它又影响所有工业；无论这些工业每吨产品的劳动力成本高或低，他们都会明显地趋向提供部分劳动力成本最低的区位。

在前面这段话中要开始研讨的主要原因，是要表明韦伯从运输成本可变而劳动力成本不变开始分析，在方法论上是完全正确的，因为劳动力成本变化的区位意义只有联系其特殊生产过程中所需运输物品的总重量才能分析。作者似乎认为最最重要的是阿尔弗雷德·韦伯成功罗列事实，运费在理论上是决定

① 参见他的评论《社会科学与社会福利档案》（*Archiv für Sozialwissenschaftund Sozialpolitik*）第XXX期（1910年）第784页，另见《现代资本主义》（*Der Moderne Kapitalismus*）第三版，第Ⅱ卷，第800页和900页之后。

② 这里，我们不反对这一点是难以想象的，A点的劳动力“需求”会立即引起A点的劳动力成本上升，因为在我们的前提中含有在现行工资水平下每个区位都存在充分的劳动供给。

③ 这也许是为什么杜能不说明这个规则与区位问题的关系的原因。

区位的最基本要素。因为只有联系这两个指标:原料指数和区位重,才能说明这些一般规则应用于特殊工业会使每个工业发生显著的变动。[①] 对韦伯演绎过程唯一有异议的问题是将运输成本作为唯一"一般"的区位要素,而将劳动力成本作为间接要素是否不妥。安德烈斯·普雷德尔虽然声称"劳动力要素与任
xxvii 何其他地方要素之间没有逻辑差别"[②],但他似乎倾向于持这种观点。

综上所述,也许足以解释工业区位了,它受两个共同的(一般因素)又起直接作用的因素影响。但是正如前面指出的,有些更进一步的变化是由另一些因素引起的,这些因素本身又部分地受那些直接的、首要的因素(韦伯称之为区域的)影响,刚才已讨论过了。对这些间接因素(集聚和分散)不能像前面讨论过的直接因素那样做出同样的演绎分析,因为它们产生于生产的社会性质。一般说来,这种间接因素是一种优势,来自不少于一定数量的生产在某地的集聚(集聚因素),或者说是不多于一定量的生产集聚在某地(分散因素)。集聚因素(通过技术设备、劳动组织等大规模生产产生优势)与特定工业的性质有关,而分散因素则都可归结为伴随工业集聚而带来地租无法避免的增长。

那么集聚进程能达到多大规模?回答这个问题的重要性对

① 整个推理过程是以从不同的具有解释价值的理论中选出的理论为依据的。

② 参照他的"区位理论与一般经济学的关系"(The Theory of Location in Its Kelation to General Economics),载《政治经济学杂志》(*Journal of Political Economy*)第XXXVI卷(1928年),其中他的观点在很大程度上是马歇尔的;"经济理论中的区位问题"("Das standortsproblem in der wirtschaftstheorie")载《世界经济档案》(1925)(*Weltwirtschaftliches Archiv*)第XXI卷,他的观点建立在古斯塔夫·卡斯尔的基础上。

理解地租是显而易见的。让我们看一看韦伯的分析。为了研究集聚和分散因素对区位网络引起的偏差，他回到了劳动力成本不变的假设上去，这些区位网络只是运输成本决定的。他把分散因素作为集聚要素力的削弱而消除了分散要素。但是，根据 xxviii
韦伯的想法，只要考虑的是孤立工业就只能这样假设；否则就存在着几个不同工业“偶然”集聚的可能性，除了任一特定工业[①]集聚之外，还产生了分散的倾向。这使韦伯要考虑集聚因素对孤立工业的影响，该孤立工业区位是运输成本决定的。每吨产品节约量对应单位集聚量构成集聚因素的函数“节约函数”。量到量的节约增长构成集聚因素的另一函数“集聚函数”。后者是衡量集聚程度的真正尺度。集聚的程度取决于集聚函数与区位重乘以运价（相同的！）之比。韦伯发现这个公式可以说明将有多大的集聚量能够实现[②]。

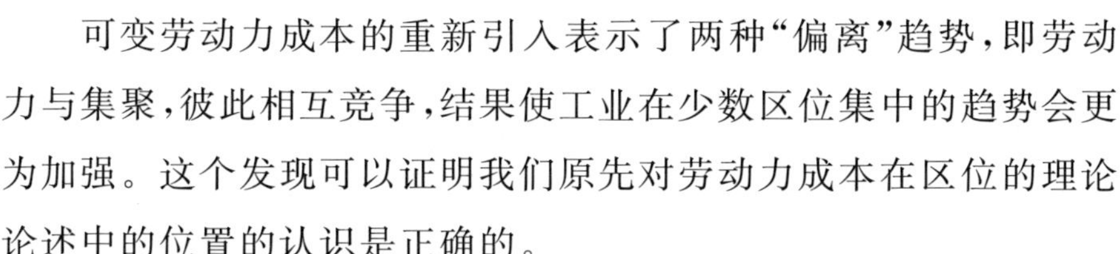

可变劳动力成本的重新引入表示了两种“偏离”趋势，即劳动力与集聚，彼此相互竞争，结果使工业在少数区位集中的趋势会更为加强。这个发现可以证明我们原先对劳动力成本在区位的理论论述中的位置的认识是正确的。

以上所述充分表明：阿尔弗雷德·韦伯和杜能为理论上认识区位都指出了运输成本所具有的根本重要性。因此，根据最先的

① 英译者怀疑是否可以这么假定。我们已经知道，劳动力成本可以在一两个产生分散倾向的地方集中一给定的工业。事实上，只有当运输成本可变时，在某区位各种工业的集中化不会引起地租上涨很高而“分散”工业。普雷德尔从另一观点出发有所部分揭示。参见上页注②。

② 参见后文第 153 页（中文版第 154 页）之后。

xxix 假设,可以把地租作为一项区位的函数进行分析。[①] 关于这一点,作者认为区位理论对一般经济理论具有明显的重要性,因为杜能所发展的,无论怎样说,他实实在在地发展了的区位理论正是与一般经济理论相联系的。

在这些代表经济理论主要难点的问题中,限制贸易的力量及影响占据了很重要的地位。垄断、运价和国际关税是突出的限制力量。它们的分支理论必须被联结起来,而联接的中介就是合适的地租理论。

至于垄断理论,我冒昧只提示一点。更为详尽的论述至少需要分析 A. C.庇古及 J. M.克拉克的论著才能得到。[②] 但有人立刻想到:如果所有的分散趋势都与土地价值升高有关,即地租升高,那么在土地价格不明显升高的地方(就说在社会主义体制中吧),其结果似乎也是很快的加速集聚现象。[③] 然而当今大多数经

① 普雷德尔提出一般区位理论有三个基本讨论对象:地租、其他地方成本总和、运输成本。但是如我们所设想的那样地租完全被证明是区位的函数的话,则假定地租为区位的一般或直接“要素”从理论上讲是很不满意的。O.恩格兰德(从其他角度出发)也对普雷德尔论点的这一方面提出质疑,见“关于区位纯一般理论的批评与肯定”(Kritisches und Positives zu einer allgemeinen reinen Lehre vom Standort)载《国民经济与社会政策杂志》(*Ze:tschrift für Volkswirtschaft und Sozialpolitik*)第Ⅴ卷第7～9页(1926年),普雷德尔做了回答,见“关于一般区位理论的问题”(Zur Frage einer allgemeinen standortstheorie)《国民经济与社会政策杂志》(1927)(*Zeitschrift für Volkswirts chaft und Sozialpolitik*)第Ⅴ卷,第10～12页。

② 参见J. M.克拉克《一般支出成本经济学》(J. M. Clark, *Economics of Overhead Costs*)第82～83页。

③ 我不知道在这方面苏联人统计得到的分量为多少。如果近来的统计数字相当准确,苏联的发展似乎至少符合于这种说法的。参见《国外事务》第Ⅵ期第333页。关于这一点我听说韦伯的区位论近几年才被译成俄文并在苏联很流行,这倒很有趣。也许,从价格机制得出的结论,其独立性赋予了本书重要意义。

济学家都会都坚持认为：地租在社会国家中是生产成本的一项因素，因而这种长期的加速过程是不可能的，并且最终均衡将达到统一的地租。然而，我们现在讨论的显然是相互依赖的变量，因而关于地租区位基础的论述就会出现更为复杂的局面。 xxx

奥斯卡·恩格兰德做出了速设性的开端将区位理论应用于运价理论。斯图尔特·R.达格特在这方面也花费了大量的精力。[①]

最终国际贸易理论是由阿尔弗雷德·韦伯自己研究的[②]，他在总论中抨击了“国际劳动分工”理论，持与大多数经济学家相反的观点。[③] 那些对工业区位看起来起决定作用的力量显然会渗入国际领域，因而韦伯将自己建立的规则应用于国际贸易问题。我们可以不从“国际劳动分工”的前提而从全球各种生产均衡分布的前提出发。韦伯说，古典自由贸易理论在讨论生产成本时仅仅考 xxxi
虑到资本和劳动力，而“自然”因素却在李嘉图的地租理论中被假定所忽略了。这种方法就不可能评价运输成本的独立的意义。经

① 参见S.R.达格特的《内陆运输原理》(S.R. Daggett. *The Principles of Inland Transpotation*)，以及奥斯卡·恩格兰德的《最优运输理论与运价》(Oskar Engländer, *Theories des Güterverkehrs und Frachtsätze*)。

② “区位理论与商业政策”(Die Standortslehre und die Handelspolitik)《社会科学和社会政策档案》(*Archiv für Sozialwissenschaft und Sozialpolitik*)第XXXII卷(1911年)，第667页之前。区位理论各方面不久将得到进一步发展是有希望的。伯尔蒂·俄林前不久曾大胆地断言：“国际贸易理论中除了国际区位理论外没有别的什么了”(“现代化需要国际贸易理论吗？”(Ist eine Modernisierung der Aussenhandelstheorie erforderlich)《国民经济档案》第XXVI卷，第97页之前)(*Welfuirtschaftliches Archiv*)。遗憾的是，俄林怎样计划就这个题目做详细说明，从该文看不十分清楚。

③ 例如参考A. B.克拉克(载《帕尔格雷夫词典》，1923)：“所谓工业区域化即在不同区位集中不同工业。托伦用‘劳动地域分工’一词形象地描述工业区域化国际方面现象。”这是1923年的事；关于“区位”条目甚至没有提及《工业区位论》。

济力分布的“自然”倾向图示实际上表明了四个阶段(或层次)。

1.农业人口相当均匀地分布在文化与人口的历史中心(杜能的圈带)。

2.在运输成本影响下(即工业更多地使用“纯”原料和广布原料),所有工业指向不变,在此基础上工业均匀分布。

3.在生产过程中,失重较多的工业被吸引到原料、燃料产地。

4.吨产品劳动力成本高的工业集中到有利的国际劳动市场。

从中可以看出,古典学派(其理论大概建立在那个时期英国的实际材料上)把重点放在了第四阶段上,并将应归因于第三阶段的大量划归第四阶段。然而,在马歇尔的著作中有对韦伯观点(尽管

xxxii 我们业已表示,没有理论基础)的一定认识。[①] 弗雷德里克·李斯特从某种意义上说对古典学派过分强调劳动力成本持反对观点,他说哪里有农业哪里就有工业,但他没有为该方面的主张构筑理论基础。只有在完备的区位理论基础上才有可能把这两种观点在理论上和谐、圆满地协同起来。

① 《原理》第4版第761页“(英国)为自己便用而生产廉价的衣物、家具和别的日用品,这不会获得丝毫利益;但其与别国共享的制造工艺的改进也没有直接增进原料生产量,这些原料是她用自己的资本和劳动所提供的一定数额的产品能从别国换得的。本世纪她从制造工业进步中所获全部利益大约有四分之三多是通过这种进步的间接影响,即对客货运输,光源与水运送、电讯传导等的下降的间接影响所得,这是因为在我们这个时代中经济主流不是制造业的发展,而只是交通业的发展。正是这些集聚量与个人能力在迅猛增长着,……最最利于英国财富增长的也是他们。”(加“.”号的部分是C.J.费雷德里奇加的)。但是为什么呢?如果运输成本真这么重要,应当对其作用给予适当的重视。这些都与土地价值和地租问题有某些相关,马歇尔对此论述到:“通过运输手段对价值在现时代中所造成的影响,在土地史中任何地方都没有这么显著过;随土地与市场之间通讯系统的改进其价格上升土地产品可以售出,随通向市场的新途径的发现土地价格下降。……”

对于任何区位理论，最先希望指出的是孤立的运输成本要素的意义。不管在国际领域中仅由运输成本所确定的运输网络显著变形，但运输成本要素作用的清楚分析非常有助于深入地理解工业国际分工的基本力量。[①] 韦伯的新方法使他再述了自由贸易的理论含义。如果自然的演进趋向于发展新工业中心，那么这种趋 xxxiii 势也许会得到延缓或加速，但不会消失。

总之，地租，即与市场区和原材料产地相关的有利的工业区位所带来的利益，表现为工业区位的可变函数，工业区位又是动力（或创造性的）要素的可变函数，如新原料资源的开发，运输设备的发展，或人口的增长，这些都决定经济的长期发展。完备的区位理论必定会丰富地租理论从而引起价格理论方面的反响。

卡尔·约克海姆·弗雷德里克

① 韦伯说（参见 19 页注②）：“每一个对外贸易政策意味着，如果政策有意或无意地被描述为对自然干预的话，那么生产部门就从经济主体中试图分离出来，政策影响和移动工业的地理位置。”这个方面最近由汉斯·里彻尔发展了，他是以地方发展和现代国家增长之间的相关关系问题，历史地系统化为基础的，参见“生产部门区位的纯历史动力”（Reine und historische Dynamik des Standorts der Erzeugungszweige），载《施莫勒年鉴》（*Schmollers Jahrbuch*），第 51 卷，813 页以下。

1 # 序　　言

工业区位[1]问题是经济活动的地区分布这个基本问题的一部分。在每个经济组织和技术经济演进的各个阶段中，一定存在着生产、分布、消费“在某个地方”以及“何种方式”的问题。可以认为，“在某个地方”和“何种方式”生产、分布和消费都存在着规则。政治经济学就它迄今研究的范围而言，超出了基本事实的分析和纯理论的范围，其基础的描述和经济组织(Wirtschaftsart)性质的理论仍然是必要的。政治经济学一旦抨击了具体现实，对各种类型经济组织的性质、结果以及并列的经济组织的理论分析和表达都成为政治经济学本质的内容。如此宏大的内容就无需怀疑有一门年轻的学科，囿于其最初的任务，简单地把经济过程中的“在某个地方”视为经济过程性质的一种功能，尽管经济过程的区位仅仅是经济过程性质的部分功能。换言之，在研究一般的地区和国际劳动分工原则等等时，政治经济学家忽视了区位问题，或者说，政治经济学把某个地域上的经济过程的分布及理论思考留给了经济地理学。自然，后者仅就纯自然事实所能解释的范围是能探讨这个问题的。正如我们把经济过程性质的分析，即政治经济学留给

① 这里的工业，在本书全文中的含义是指制造业。——英译者

了技术科学一样，但结果不能令人满意。

但是当地理学家最先研究区位问题时，杜能是最突出的例外 2
了。后来还有几位该领域中的探究者。但把他们同问题的重要性来比就显得无足轻重了。今天，我们目睹了经济力量的巨大更替，资本和劳动力的迁移，这在过去任何时代都不曾看到的。我们亲历“帝国的兴盛，帝国的衰落”，这显然是区位变化的结果。我们追随着这些发展，并带着对区位重要性的强烈意识；我们预测未来积累、分布、工业国的发展与没落的趋势。我们甚至通过贸易与关税政策（Handelspoltik）干预这些事情，并试图控制它们。简言之，只有当我们对这个层圈运作的规律有清晰的理解之后，我们才能反复地做我们真正试图做的大量事情。但是，我们能说我们具备了这样的知识吗？当假设特定过程的性质决定区位，我们能说我们的讨论利用了劳动分工等更多模糊概念吗？我相信，不用说杜能及其继承者，我们几乎也都使用这类工具。

我们也注意到国家内部所发生的巨大更替，一些区域的资本、人民急速贫困化，同时另一些区域则饱尝富足。我们看到人口不断地向大都市中心聚结，无休无止。我们以哲学的目光观察这些现象，谈论所产生的得与失，谈论 Asphaltkultur，或者说“道德之沦丧”。当然，我们对此津津乐道已有些日子了。我们之中的有些人认为，平民“奔向”大城市似乎仅仅出于“愉悦”的缘由——十足地毁灭城市自身及其财富；另一些人认为，人们是遵循必然规律的，比如人流倾向社会压力最低的地方等等。许多思想集中于“拥向城市”（不仅探讨“拥向城市”的结果，而且探讨其原因）问题上，
但是，当我们直到现在不具备决定经济过程区位的一般规则的任 3

何真正知识时——当纯经济规律毋庸置疑地以某种方式影响区位，我们又没有找到这种规律时，要获得关于“拥向城市”的原因的任何结论可能吗？

每一个进入大城市的人，其目的之一是为了某些经济追求。当人们有可能轻易被强大经济力量的铁链束缚的时候，争论文化和社会的动机难道明智吗？或许，今日巨大的集聚仅仅是经济和技术发展一定阶段的必然产物；或许是我们经济制度中社会组织的结果。对此，我们确实应当具备某些准确的知识。尽管我们已知区位选择在其他各种经济状况下由严格遵守的规律所控制着，但无论如何我们不能很好地预言经济区位的规则存在，或者当人们为经济目的选择区位时，也不能断言“愉悦”及其他不合理的动机是他们的导向。

勇气激励我们去建立一般的区位理论。因为只有基于经济力量区位分布的一般规则去揭示经济力量的区位分布与我们所看到的巨大更替过程之间的因果关系似乎是可能的。通过这些已知的一般规则，就可能展示经济力量如何和在怎样程度上决定人口集聚的。获得了这些知识之后，我们或许能说一般文化性质力量影响经济过程区位到何种程度。

由于某些原因，使得我们探求工业区位理论受到限止，这些原因完全排除全部个人情况如个人的精力和时间的原因。

要说的一件事情是，研究经济过程性质的理论出于许多利益
4 可分为生产、分布和消费层圈，通过研究不同层圈现象的相互联
系，我们逐步获得经济体系一般思想的基础。

事实上，在不同圈层之间区位力量的运作还是十分独特的。

只要我们乐意，我们尽可分为生产、分布和消费三大部分，但是，在分析经济体系（Wirtschaft）的区位特征时，我们需要同时解释每一大部分。例如，消费的区位分布，从不同的角度看它只是置于其他两个层圈之中的区位分布，当然也有些例外。只有数量非常有限的人们，按经济学的说法属于消费者，如官员、士兵和有私人财产的人，他们的移动独立于其他两个圈层。其余每一个生产者、劳动者、商人等等，无论他们在哪里都以某种程度影响消费区位。每一个消费者，无论他在哪里都在某种程度上转过来影响其他两个层次的区位分布。

所以，研究的局限事实上在很大程度上仅仅研究了事物的表象。分布层圈代表着实际货物流动，分布要么在不同生产（分布的生产过程）部分之间，要么在生产和消费（分布的消费过程）之间进行空间镶嵌。若不包括原料物品分布的方方面面解释，就很难解释地区性的生产层圈。在我们讨论经济过程性质的理论中，很可能存在生产终结之点，在该处产品出售给商人，至少抽象如此；要不是出于解释生产的经济区位的目的，便没有这种可能。生产每一部分的空间指向本身都考虑了消费。指向的解释——区位理 5
论——不能忽视消费地。这样事实上，在我们的理论中包括了物品的分布。

然而，因为这种不可避免的相互作用，我们的理论不能变为一种完善的区位分布理论。那样的话，我们无论如何不能解释批发商、引导物品实际运移的代理商集中的中心区位，即贸易中心的区位。引导物品流通的总部和流通本身的过程在空间上一定是不连续的。

而且，我们没有搞清楚证券和货币，也就是我们没有搞清楚资本中心和信用中心的区位。这样的话，我们对经济体系的附属层圈的某些方面依然不得其解。当有一种孤立各要素的研究方法时[1]，这些附属层圈就应当被隔离研究。并且，附属层圈有其自己的空间运动，其区位应当相应被隔离探讨。

正如我们业已指出的，如果抽取生产层圈并充分解释它的区位，那么我们也有必要解释经济机体中所有其他各大部分的区位问题。实际上，我们是从一个特定点来研究整个经济区位问题的；第一步是生产区位理论，但最后一步将是本质上的一般区位理论——或者至少不十分困难地获得这样的理论。

我们把自己限制在生产层圈之内，这为寻求工业生产区位的解释至关重要。为什么我们对这种分析自我满意，当然存在很好的理由。我们已有杜能的农业生产区位理论，尽管我认为它需要
6 某些修正，特别是某些发展。尽管工业区位理论对解释大规模的现代更替过程极为重要，但到目前为止，我们没有任何工业区位理论——或许这样说我们没有不公正看待罗雪尔和舍费尔的工作。诚然，极其精彩而有趣的事实决定了各种农业生产方法的区位更替。但是，他们建立在相当简单的、深入分析过的、世人皆知的事物上，至少在一定程度上它们没有涉及技术细节和对国际经济更替、人口的现代集聚的影响。而且，在一定意义上他们仅仅建立了近代一般区位革命的基础；仅仅提供替代经济过程和决定人口集聚的其他力量产生的基础。这些，作为被解决了的现代之“谜”与

① 这种孤离法的确是形式上的和抽象的。

我们所意识到的完全不同。神秘不包含在农业圈层里。如果在经济事物中无论在哪里找到这种神秘，特别是如能在生产层圈中找到，那么，就一定能在工业层圈中和控制他们的区位规则中发现。工业区位形成今日人口大规模集聚的“本体”(原因我不讲了)。我们认为工业区位的运动十分表面化，并对力量迁徙的国际含义很少忧心。我们须认真讨论这一层圈内的趋向。所以，着手弄清楚这些趋向是最为重要的，不仅因为它被严重忽视了，而且事实上因为它们影响深远。

怎样开始工作呢?

值得注意，我们所了解的有关农业分布的简单情况比了解工业分布的情况要好些。这种状况很容易解释，因为工业层圈更加
复杂。我们适当地扩大统计覆盖的区域，以包括各种农产品的耕 7
作业，作物规模及其国际和地区分布，地区分布至少包括许多国家。我们占有资料，甚至敢说整个资料被科学地分析了。可以说，农业地区分布和发展的本质方面是掌握的；如果不是这样，那就是我们自己的错。

然而对于工业，我们一开始仅就获取资料而言便遇到极大的困难。[①] 除了为数不多的几种贸易如矿产、盐、糖、烟草和纺织工业中的机器生产部分之外，我们甚至不知道更多的行业的国际分布的原始数据。换言之，那些为财政和其他特殊目的，其生产被统计分析过的贸易也是如此。对于我们研究的所有其他工业，对数据有更高的要求，进出口数字以科学的态度看难以令人接受。论

① 写于 1909 年。但即使在今天，许多本质情况也没有被掌握。——英译者

及工业资源的国际分布时，除了表达原生产规模关系之外，我们使用的数字是那些我们根本不该用的数字。雇人进行贸易调查，可以给我们提供有关规模的建议，但难以作出比较。因此这种方法不能应用。这就是有关国际工业分布的现状。

在国家内部对工业分布要说些什么呢？关于这一点研究材料有所掌握，尽管有些还在隐藏着。这里，从贸易调查或至少从贸易的初步的和中间材料我们能得到一种确定类型工业的地区更替的信息，并且我们说到目前为止很丰富的材料还没有为这种目的做过分析，这对任何人来说不会不公正吧！分布的地理条件和地方
8 积累迄今还没有以细致的定量方法，即使对一个工业进行研究过。地图“主要”在一个区域把一种工业的生产展示给我们，如果我们得知该工业在同一国家的“外部”区域也存在的话，那么精美的地图对我们的目的有什么用呢？① 出于精确的区位研究目的，我们应当了解工业在什么程度上存在于区域的“内部”和“外部”，即以定量的说法了解二者之间的关系。其他相当有价值的地图展示了与人口有关的各种工业的“空间的相对重要性”②；它们提供我们这里和那里不同的人口构成信息，但不是关于工业本身地理分布的信息。如果我们寻求关于工业地区分布的定量的，完全被规定的信息，我们会很快发现各国所有工业研究都是在黑暗中摸索的，

① 这可与大量有关英国工业的文献中的地图相比较；同样，可与工业分布地图（附加在工厂考察报告中）相比较。

② 可比较德国官方贸易调查报告的插图。这些地图在托布伊讷的《德国经济信息手册》中被采用。甚至精心设计用来阐述工业区位，我看也不过如此。因为这些地图不仅在理论上无用，而且使人们关于整个事物得出相当扭曲的思想。比较第Ⅱ部分（即韦伯想写的“现实理论”——译者）。

或许只有采矿业和冶金例外。我们对某一给定工业发展的每一个阶段的研究是摸索前进的。而何以研究其整个发展过程！所以，我尊重那些讨论当前工业分布的文论！这些文论没有什么可反对的，因为事情明摆着。然而，我们应认识到，有关工业分布的研究事实上只是相当粗略的轮廓。

显然，在这种情况下引起一种变化。有必要系统地深入探究
一段时期内可用的现存原料。为此，我们选择德国从1860年以来 9
的发展时期。为获得可靠的图示，我们必须精确定量分析影响单个工业分布和集聚的相互作用力。在某个时期和任何一个算得上孤立的地区，即使这些地区是很有局限的，获取有关实际的地区关系和更替的准确数据是我们调查的第一步又是不可回避的部分。我们事先需要使研究的对象在各个方面是清晰可辨的，特别是可测的。

但我们要求的还很多，而且必须做的也很多，正如我们前面提到的。我们想要发现工业体中的运动“规律”——规律是足够的精确，并借以它的帮助确保我们量度经济力量的更替，我们以这种方式能够表达更替的程度以及表达其他要素引起我们时代巨大空间变革的程度。

经验主义者最多不过是对较大和较重要的企业侧目而视。如果我们希望发现准确的即科学规律的话①，经验主义者会老生常

① “科学的”在此与德文的 naturwissenschaftlich 相同，而与 geisteswissenschaftlich 相对，大致相当于“scientific”和“philosophic”的区别。参见里克特《文化科学与自然科学》(*Rickert*, *Kulturwissenschaft und Naturwissenshaft*)第四版，1921年。——英译者

谈，告诫我们必须能够对社会生活及其力量进行检验；因为那些工作不可能做到，所以我们应对“可能”或多或少的肯定“关系”、“规则”、“现象的演化”的表述感到满意才是。除此之外经验主义者的观点毫无益处，因此，我们不能期望从他那里得到同情。但是我们希望从那些信任我们的人那里得到同情，我们相信抛开实验，可以通过纯理论的、通过广泛的劳动经验演进现象进行深入分析而不管其复杂性。利用孤立分析的方法，我们能够确定因果关系，如果不是全部也至少是某些，并且为完善的因果关系理论做准备，甚至是为了度量因果关系做准备。那么，借以孤立方法的支持，本文无论成功与否都有可能被认可，至少原则上如此。针对可能出现的失误，我们希望受到批评的是作者而不是文章。

这样，我们弄清了本文需要怎样的行文步骤。显然，我们要达到两种不同的目的。第一，我们要发展工业区位的纯规律，规律是严格意义上的纯粹，即独立于任何特定类型的[1]经济制度（Wirtschaftsart）。第二，我们必须揭示在现代经济秩序中规律表现出什么**特定形式**，并参与了什么**附加**规则，或仅仅是什么附加约法。当然第二阶段的工作包括解释两类规律和提到的大规模社会变革

[1] 在此，“纯”经济制度的概念出现在德文理论文献中。它试图在经济理论中重新恢复它的位置，这个位置好像在历史长河中消失了。像卡尔·布希尔（Karl Bücher）的《政治经济学导论》就把经济看成是经济发展。发展总是被划分若干阶段，而最后的阶段就是资本主义阶段，或后来的高度资本主义（hochkapitalisische stufe）。为找到立足点摆脱这种演进观点和恢复理论，而暂且使用抽象的“纯”经济制度。很显然，如果所有这些制度都被指定为纯经济制度，寻求它们所具有的一般经济特征是合理的，尽管某些人坚持早期思想家如斯密及其追随者的“资本主义”思想，以及他们所研究发展阶段的典型思想。“纯”经济制度的假设简单地把英美那些有“经济理论”标签的著述恢复标记。比较下文 226 页注。——英译者

之间有趣关系。①

从方法论的立场出发,我们总是通过孤立法进行研究的,第一 11
部分讨论纯理论使用孤立法,在第二部分②也一样。但存在着一点区别。阐述区位纯规则,专门使用演绎方法是可能的。我们将能够从某些相当简单的假设开始,推导区位“纯”规则的整个体系(Mechanik)。自然地,这种体系仅仅在这些假设的范围上应用,而不能进一步推延。很显然,纯区位规则在其一般性质的范围内充分发展是可能的,并因此或多或少地适用于各种工业。详细论述请参阅第一章。

在现代资本主义条件下,下一步的任务是阐述区位规律,这项任务不能通过简单的推导所达到。纯规则的特定应用以及主宰现实的附加规则,其前提条件不作进一步的调查就不能获得。为了系统地阐述,我们需要首先获得工业指向(区位)的实际图示,因为它已被现代经济生活锻造出来。一旦我们掌握实际图示,我们就必须展示工业指向受尚未解释③的特殊原因影响的程度,这些特殊原因是一般理论业已忽视的也是可能被忽视的。④ 最后,我们必须展示一般类型的尚未解释原因的影响。我们必须找到后者的

① 这里的关系“relationship”来自 Dynamik,德语词汇不能总妥当地译为“dynamics”,所以,有时使用了“forces”和“relationship”,这要依上下文的特定意思而定。——英译者

② 第二部分的轮廓包括在韦伯的“工业区位论(区位的资本主义的纯规律)”,载《社会经济学概论》(*Grundriss der Sozialökonomik*)1914 年第Ⅵ部分,第Ⅰ章,70～82 页。——英译者

③ 由于特定工业所在的环境。——英译者

④ 详见第一章。

前提，它必定以某种方式归因于现代经济和社会生活特定性质的前提。只有从这些前提出发，我们才可推导“主宰现实”的区位规
12 则，它提供我们一幅完整的区位分布图示，同时，或许能提供理解现时代一般人口集聚思想的工具——即事情可通过抽象理论得以完成，但抽象理论根本不能解释整个具体现实。

那么显然，初步分析我们在前面所注意到的事实作为后面“实际”理论的引子是必要的。事实上，我已经做过这项初步分析工作，即在获得任何理论概念之前，我准确地查明了1860年以来德国工业区位的演变，但是我认为，更好的是在获得纯理论之后，又在实际理论之前，即作为逻辑阐述的素材又作为实践的素材，来表达德国的这种实际材料。离开抽象的区位理论，就完全不可能分析或安排这些材料。我自己的确从这种分析中得到抽象理论的；只要跨出抽象理论和清晰的事实调查就能合成实际理论。①

那么我们将组织以下工作：第一部分包含纯理论，可分两部分：(a)控制工业指向的经济力量的抽象阐述，即决定工业区位组成要素（区位要素）的分析。(b)按照这些要素的作用阐述规律。

第二部分将包括“现实的”的理论，它建立在以下工作的基础上。

(a)德国1860年以来工业区位分布的(Lagerung)分析。

(b)分析其他关于现代资本主义国家人口集聚的可用资料。

我们将看到当今工业的区位类型由“纯”区位规则难以圆满解
13 释，所以区位类型不是纯“经济的”。在很大程度上，这是由于严格

① 必须记住，韦伯教授在本书中没有研究他所谓的“实际理论”，但在他的《社会经济学概论》中进行了研究。——英译者

限定了现代资本主义的核心内容造成的，工业区位是现代资本主义的一种功能，它或许同资本主义一并消亡。究其原因，我们或许提供一些主要观点的线索，由于劳动力变成商品，今天买进，明天卖出，在于确保法律决定劳动市场（Gesetze der “Arbeitmarktgestaltung”），在于由此建立了地区的“工人集聚”。工人集聚必然地产生了我们今天见到的特定类型的工业集聚，我称之为“工业进步集聚”（Stufenagglomeration der Industrie）。从此产生了人口的现代集聚现象，当然还有许多其他事情，这些现象我们必须作出交待。

我所说的仅仅要表明“实际”理论能使我们获得相当合理的一般结论，至少能解释巨大的现代地理革命的部分动态，但仅仅是一部分；我们研究第二部分的结论的局限性在于材料有限。材料主要讨论国际经济体系工业运动的一部分——在一块领土上的工业运动，领土一般地说它代表一块政治的、民族统一组织的领土。材料的局限性的优点在于把所研究的工业运动本身作为“纯”意义上的工业运动展示给观察者。即一方面，工业运动的发生撇开了政治组织的任何差异以及贸易、关税政策的影响；另一方面，不考虑有关种族、气候和环境的差异。这样研究一个国家所得的分析毋庸置疑，而且显然迈出了关于 weltwirtschaft（世界经济体系）相同理论必须走的第一步；因为一般理论起始时总是忽视刚刚提到的不同的构成因素，而在其后才介绍到它们。[1] 然而，材料的局限性 14

① 毫无疑问某些差异因素（特别是贸易和关税政策）的重要性，当前一般过高估计了。同样毫无疑问的，像其他如气候、文化环境，甚至“种族”也有重要意义——事实上，其举足轻重以至于在分析德国统一体时，他们甚至感到很难解释的“黑斑”存在，只有这类因素可以解释，不幸地，手头上的统计材料不够解决这些问题。

缺陷在于它不能帮助我们精确确定上面提到的每个要素的意义。材料的局限性限制了本文要探讨的各种问题，限制了一种事实不能被充分地强调。

当然，这一点是期望得到进一步研究的，然而进一步的研究却相当困难。为了取得进展，我们需要相当广博的新数据。我们需要初步澄清有关具有普遍意义的基础要素的内涵与现状，这些基础要素如全国部署（volksanlage）、全国环境澄清它们的普遍意义以及它们同劳动力供给（Arbeiterstamm）的关系。我们需要精确确定不同部分的工业产出质量在不同气候（zonen）条件下在不同国家间多大程度依赖于“产业工人存量”，这种依赖性在现代技术和经济发展等等结构中是怎样变化的。[①] 而且，为了了解国际问题，我们需要调查政治干预（如贸易政策和劳动政策）对经济力量的地区集结的实际效果，目前我们不具备这种研究，尽管我们的国际贸易和关税政策
15 完全理论化了。我们也应获取有关工业区位（internationale industrielagerung）的国际分布等的大量材料。事情很多并且困难。

但不顾及这些，我们当然会发现在本文狭窄的框架中所表述的许多东西一定是正确的，并且读者会观察到仍有悬而未决的问题，这也是不可隐藏的事实。

本书期望的是一个开端，而不是终结。

① 参照美国社会学家如克拉克·维斯尔的研究《人类与文化》，F.斯图亚特·查宾《文化变迁》，P.所罗肯的《社会道德》。——英译者

第一章　区位因素和区位力学 17

决定工业区位的经济原因犹如一个复杂的网络，各种各样的构成要素经常随意地、至少是偶然地存在于单个情况之中，若分析多个单个案例①，这些构成要素就不能出现。对于大多数工业，其工厂必须走向何处及其区位依存的原因，要做出一般性阐述似乎不太可能。假如我们接近一位企业主询问关于他的区位选择问题，除非他提到过去，并说："我在这里是因为工厂建在这里"，否则，他至多给我们一个离奇的调和的回答，一般原因加特殊原因。这种调和对每个工厂都是不同的，并且无论什么一般的原因都包含在一个特定的单个的企业背景里。正如我已说过的，因为难以找到解决不同因素的普遍准则，要精确确定因素的范围也很困难，因而令人大失所望。然而，从理论上看，进行这项研究又十分必要。尽管困难重重，我们必须设法解开现实中处处临到我们头上的原因之结，并设法对区位组成要素进行分离和分组。

---

① 参阅 R.M.海格的"关于纽约及其城郊区域规划的某些问题"(R. M. Haig, Some Aspects of the Regional Plan of New York and Its Environs)和"关于大都市的认识"(Toward an Understanding of the Metropolis)，《经济学季刊》(*Journal of Economics*)第 XL 卷。——英译者

第一节　术语“区位因素”和“区位单元”

为此，有必要清楚地理解两个术语：其一，作为区位的经济原因运作的力，即“区位因素”；其二，我们认为那些原因所作用的对
18 象，即“区位单元”。

“区位因素”，我们的意思是指经济活动发生在某个特定点或若干点上，而不是发生在其他点所获得的优势。优势是成本的节约，即在这个点上工业生产一定产品比其他地方生产的成本都低，在一地方实现一定工业产品的整个生产过程和分配过程比其他地方更为廉价。

我们说一定产品的生产过程和分配过程，总是在比较一种产品和同种产品能体现区位因素的生产优势，因为精确地说，只有一种产品和同种产品才构成空间分布上的单元。

关于这一点必须讲准确些：质量较好的某一给定的商品不能和劣质的同样商品当成同种产品，至少原则上是这样。从理论角度看，每种商品的生产构成一个“单元”，依据单元本身的特性，布局在某一地方。这些单元能够，并确实参与相互间的竞争；好商品可以挤垮劣质商品，反过来，劣质商品也可挤垮优质商品，而这最终也影响单元的区位。但是，这种竞争或取代不是本质的区位斗争，而是以不同类型商品的竞争原因为基础的。我们暂且不讨论这个问题。区位单元代表着一个工业被另一个工业取代，就像木制品、陶瓷制品让位于铁制品一样。然而，无论是兴盛工业还是衰败工业，还是不同质量产品的移动，都是我们的研究对象。生产优

势对这种特定性质即“区位单元”是决定性的，我们要通过分析生产优势的地区分布，来解决上述问题。

显然，实际上或许并经常会碰到这种情况，在同一产品不同质 19
量之间，该生产优势程度和重要性都是微不足道的。或许碰巧是不同质量的一种产品其区位因素如此相似，以致在现实中可以说是等同了。但即使如此，在区位分析中这些不同质量的产品都代表着独立的单元。应该牢记的是，每种质量的产品有其特定的消费层圈，它们或许是竞争的，但要分别开来。因此，这些不同质量产品的生产不能作为一个区位单元对待，即便它们距离接近（具有共同的原材料产地和其他真正的区位因素）。我们必须讨论这两种不同的生产，按照同样原因去找到它们的区位。

然而，上述都是抽象的纯理论描述。价格竞争伴随着质量竞争；质量不相上下的不同产品，事实上被当成了价格不同的一种产品和同样产品，这些在现实中存在一个广阔的领域。鉴于此，人们被迫承认每一种“价格竞争”部分地依赖于质量的差异；因为没有一件产品的质量真正等同于另一件产品质量。价格竞争只单单忽略了质量差异也是可能的。

然而，现实里无论何时质量差异并不被人注意，我们把理论应用于实践时，就无须注意这种差异了。这种情况留待以后讨论，因为这至少是一种应用情况，即生产的区位“单元”。消费把不同质量的产品同样看待，从而生活把不同质量的产品焊接成一个单元。所以，我们将把不同产品的区位单元看作是，在同一地域上不同产品的生产分布作为一个区位单元来适当地分析。

关于名词区位因素和区位单元的性质讨论已经够了。 20

第二节　区位因素分类

怎样划分这些区位因素呢？要寻求一般的区位理论，就是说，我们希望把貌似混乱的生产的地区分布纳入理论规则之中。如果从总体把握的话，一般规则仅仅是由于一般性质的区位因素作用产生的。所有工业都应该考虑这些一般的区位因素，并探求在各种工业中一般区位因素是以什么方式，在多大程度上发挥其一般影响的。那么，我们的第一个问题就是：存在影响各种工业的一般区位原因吗？第二个问题是：存在仅影响这个工业或那个工业指向，这一类工业或那一类工业指向的特殊原因吗？这些特殊原因显然取决于一种工业或一类工业的特定技术与性质的。用一般原因解释工业区位能到什么程度？仅引入特殊原因解释又能到什么程度？显然，把区位要素划分为一般要素和特殊要素是很有用的。这样，我们就可以阐明二者的区别，运输成本、劳动力成本和地租是一般区位要素，这是因为它们以一种方式或另一种方式对各种工业都有或多或少的影响，所有的工业都应当考虑这些要素。另一方面，原材料易腐性、空气湿度对制造业过程的影响程度，对淡水的依赖等等为特殊的区位因素，因为它们只对特定工业有影响。

所有区位因素，无论是一般的还是特殊的，依照它们的作用影响进一步分为(1)区域性地分布工业的；(2)在区域分布中“集聚”或“分散”工业的。“区域性地分布”是指将工业导向地球表面上某
21 些地方，是地理决定的或给定的，是指牵引工业到固定的区域，从而创建了工业区位的一个基本结构。“集聚”和“分散”是指在这种

结构中（不管它处在什么地理位置）将工业限定在一定点上，并由此决定在结构中工业所展示的集聚规模，这与区域的分布过程迥然有别。

如果工业受运输成本或劳动成本的地理差异之影响而被引向严格限定的地理位置上，尽管随着工业发展会改变工业的位置。以这样方式运作的因素就是区位的区域性因素。然而，假如工业由于集聚本身导致价格下降而向一定点集合，无论是为了更经济地利用设备，还是仅仅依靠某地固有的补充贸易之优势，或者假如工业从地租昂贵的拥挤地方让位出来；或者在地理网络中，按照完全独立于地理的一定的一般规则集聚或分散工业，那么以这样的方式作用的因素就称为集聚或分散因素。

第三需要区分的应是自然技术因素与社会文化因素。然而，这种区分（也是从要素的影响上）还难以完全确定，为此我们简要说明。这里有以下内容：吸引工业到这里或那里的优势或是由自然条件所给定的，那么工业区位只能通过自然条件的改变而改变，通过控制自然的程度即通过技术进步而变化。这些优势是独立于特定的社会文化环境的，至少是没有直接的依赖关系。从另一方
面看，吸引工业于一地或另一地的优势或许是社会文化现象，是特 22
定的经济或社会条件的结果，或是一定文明的结果。

例如，任何成本的差异，尤其是各种运输成本的差异都来自空间位置和不同地方的气候条件，只随技术发展而改变的自然现象是自然和技术类型的区位要素。某类劳动力成本的差异同样是自然因素（人口遗传素质的差异），或者是一定文化环境（生活水平差异，劳动力的获得性生产力差异）的结果。因而，这类因素有时是

混合类型的区位因素。不同的工业区位假若享有不同的利率，那么成本则不与任何自然条件相关，就体现出纯“社会”区位因素。

我们期望能明确区分自然和社会两类区位因素。按我们的步骤方法，这种区分定会对以后研究大有裨益。显然，区位因素的各个方面不是自然或技术的特征而只是社会特征，区位要素的各个方面不是纯理论的研究对象，因为纯理论是独立于特定的经济或社会条件的。这些方面应留给经验理论。由此可见，在理论分析中，我们把区位因素定义为自然、社会两大类别具有重大意义。

区分自然和社会两类区位要素的重要性以后还会得到证实。现在，我们撇开充分而严格地区分二者而建立“纯理论”。具体地说，就是把现实分析中发现的所有纯社会文化性质的区位要素都排除在纯理论的范畴之外，甚至不考察自然技术因素包含在其表现形式上的社会和文化因素有多少成分，这些社会文化因素是由

23 于经济、社会制度和特定的今日文明形成的。为了严谨起见，我们应该做这种考察，并把社会文化因素运用于经验理论或现实理论之中。但这未必行得通。实际情况往往是，社会文化因素不能从根本上改变他们的运行规律，仅仅有限地决定这些规律在现实里是如何起作用的。因此，最好先是在纯理论讨论的框架中阐述一般规则的这些特定条件，然后再做专门处理。这样，以自然技术要素为基础的纯理论分析将会被纳入现行的现代经济制度之中。这种研究方法能使我们一开始就能触及实际问题，与此同时，根据实际情况检验我们的原理。

总之，我们的分析将要建立在一般因素和特殊区位因素的区分，区域因素和集聚因素的区分的基础之上，自然和社会因素的区

别仅在讨论中一带而过。

第三节　一般区位因素的判别

从形形色色的工业中，我们能调查找到几种单一的区位因素吗？显然，一个完整的调查只能来自经验性的。由于自然或技术特性之缘故，还没有一种方法能使我们从已知前提推断出存在于给定工业的特殊区位因素。但是，只为了把杂乱无章的事实分组毕竟不是方便我们的分析与理论所需要的。我们所需要的是或多或少应用于各种工业的一般区位因素的知识。假如获得了这些知识，我们就能够利用这些知识，找到解释工业指向所存在的差距。接着，通过进一步的事实分析，就能调查由一般区位要素所不能解 24
释的现象的特定原因。这些原因源于特定工业的独特特征；是特殊的区位因素，我们事先是不知道的，只有通过调查才能识别。我们的尝试只在于理论的发展，以解释一般因素的活动，而这种理论的发展只有以一般因素的调查为基础。

我们进一步把目光集中于纯理论基础所需要的区位因素上，只考虑区域类型中的一般区位要素。如果获知这些因素及其活动，我们就能抽象地构筑由区位因素建造的空间基础结构（参见上文）。就能把所有尚未作分析的集聚因素、分散因素以及一般指向的原因当作一种单独力。这些力易于产生一定规模一定数量的集聚（这种集聚并不受地理影响）。这种单独力易被假想为结果力，因为它总是集聚因素和分散因素相抵的结果。我们只需分析这种结果力的活动及其重要性，而不需知道它的构成。[1] 简而言之，纯理论仅是建立在控制工业的一般的、区域性的区位因素知识的基础上的。

有一个简单的识别因素的方法，就是通过分析某些孤立的生产过程和分配过程，即可找出所有控制工业的一般区位因素（集聚和分散因素例外）。一般区位因素一定是活动在任何生产和分配过程中的，因而可通过分析这些过程而发现。集聚因素之所以例外，是因为它们活动于不同的工业之间，而在孤立的生产过程中是
25 找不到的。不过先别管这些，我们现在要找的是区域性因素，这些区域性因素可以按照上述方法找到。

显然，我们发现，成本因素总是依照生产过程区位的不同而不同。如果我们了解了成本因素就等于掌握了一般性质的区域性区位因素。按照定义，“区位因素”就是“成本优势”。成本优势取决于工业所在的位置，并因此可吸引工业的选址。这种思想对以后进一步的研究具有决定性的意义。

抽象地讲，一个工业的生产和分配过程包括以下步骤或阶段：(1)获得区位的位置（不动产与地皮）和设备固定资本[2]；(2)获得原料（原材料、辅助材料及半成品）、动力和燃料（煤、木材等）；(3)制造过程本身；(4)物品的运输。在此过程的每个阶段都要投入一定的自然资源和支出劳动力。在某些阶段要以较高程度或较低程度关注这种支出。如在(1)和(2)阶段对固定资本或半成品的要

① 关于这一点本章主要指下面的“集聚”。

② 这种用法，参阅帕尔格雷夫《政治经济学辞典》(Palgrave, *Dictionary of Political Economy*)的“资本”一条。——C.J.弗雷德里奇

求。在生产阶段(3)和(4),正如我们所看到的,支出则全面下降。每一种支出都与产品市场得到的价格(Warengeldpreis)相关。(3)和(4)的支出主要都是劳动力成本,而(1)和(2)主要是原料成本。在分析工业产品价格时,我们再次遇到以货币因素表现的成本因素,它产生于生产过程中物品和劳动力支出。我们必须首先确定哪些货币因素(在成本因素的范围内)随着特定工业区位的不同而不同。这些因素就是一般区域性区位要素。第二,我们要找 26
到哪些要素能体现特定经济制度(Wirtschaftsform),哪些能表征任何经济体系的。但它们是工业生产的一般区域性因素,尽管后者是在现代资本主义制度下出现的。

我们的理论将建立在现代资本主义方式下的区位因素之上,它是唯一在现实分析中可行的区位因素。不过我们研究的是抽象经济制度(Reine Wirtschaft)下的因素,并因此也形成应用于这种抽象制度理论。

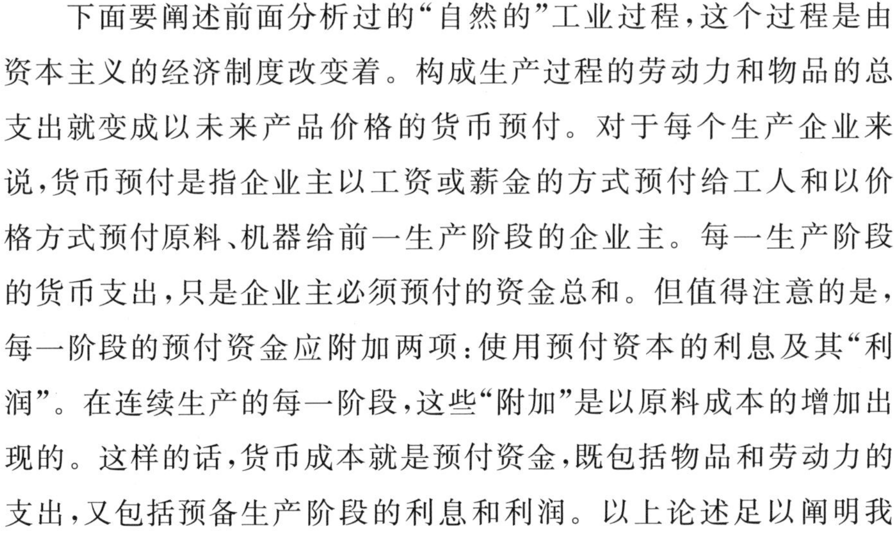

下面要阐述前面分析过的“自然的”工业过程,这个过程是由资本主义的经济制度改变着。构成生产过程的劳动力和物品的总支出就变成以未来产品价格的货币预付。对于每个生产企业来说,货币预付是指企业主以工资或薪金的方式预付给工人和以价格方式预付原料、机器给前一生产阶段的企业主。每一生产阶段的货币支出,只是企业主必须预付的资金总和。但值得注意的是,每一阶段的预付资金应附加两项:使用预付资本的利息及其“利润”。在连续生产的每一阶段,这些“附加”是以原料成本的增加出现的。这样的话,货币成本就是预付资金,既包括物品和劳动力的支出,又包括预备生产阶段的利息和利润。以上论述足以阐明我们行将分析的生产过程的性质。假如我们的观察同生产阶段的“自然组织”联系起来，如前所述的生产阶段，那么，这个过程会具有什么样的形式呢？

1.在生产的自然过程中，第一步是获得区位的不动产和固定
27 资本。在获得不动产时，这变成了地租成本，而在获得固定资本时，这成了货币成本（利息加经手费加税收——英译者）。

不动产不会被消费，而固定资本是逐渐被消费的。二者都是以支出总额的总和利率出现在产品的最终价格上。[①] 此外，固定资本还表现为折旧率即固定资本总额平摊到有限的消费年限里。

2.获得原料和动力是“自然”生产过程的第二步。可分为生产地的货币成本[②]和运往消费地的运输成本[③]。我们暂不讨论运输成本。供给原料和动力的支付加上购买它们所需预付基金的利息的总价格（Anschaffungspreis）进入市场价格（Warenpreis）。运输成本也是如此。

3.第三步是原料转换过程，准确地说就是原料消费、固定资产（Stehendes Kapital）折旧（Abnut Zung）和人力使用的过程。前两个成本因素已讨论过了。后一个因素是以工资而进入市场价格

① 当然，不论这种资本以贷款进入生产过程，这种情况下利率是通过签约而定的，还是企业主自己的资本，都无关紧要。但资本必须经常存在，不断地消费，并且利息必须支付。正如理论所说，签约利息除了表示资本的利益之外，无别的意义，在一定条件下，这一点更为明显。按照伯姆—巴韦克的原则，尽管局限在某种狭隘的意义上，在此给出的成本分析还是十分重要的，资本（Kapitalzins）的一般利息看做是付给商品的价格，可使人们超越时间（zeitüberwlndungsgüter）的局限。那么，正如解释的那样，被预付的资本（Vorschusskapital）就使得构成货币成本的所有预先支付成为可能。

② 即付给原料和动力的价格。——英译者

③ 即运输产品所支付的价格。——英译者

(Warehpreis)的,当然,还须加上预付工资的利息。 28

4.第四步是运输。运输产生运输成本,加上预付资金的利息而使价格进一步提高。

在此,要注意的是在各个阶段存在附加的成本因素,当今称之为经常性开支,如一般管理费用、税金、保险等。

假如按成本因素的特征进行分组,并把利润作为最后一个价格因素加进来,那么,我们就得到下列价格(Warenfreis)构成因素:(1)利润;(2)各阶段固定资本和流动资本(Anlageund Batriebskapital)的利息;(3)固定资本折旧率;(4)原料和动力成本;(5)工资;(6)运输成本:a)(原)材料和动力的,b)最终产品的;(7)经常性支出。

进一步分析这些因素,我们可略去其中的两个,即(1)和(7)。先看经常性支出(7),它们在一定程度上是通过政治机构或其他机构(税收、保险)人为提高的生产费用,不属于"纯"理论范畴;在一定程度上它们又是"自然"成本(一般管理等),地理条件形成区域性的区位因素,但取决于地理条件的地区差异不足以纳入一般理论的考虑价值。

至于(1)利润,它是绝不会(至少不在工业最后生产阶段)变成区位因素的。因为它不是价格因素,而是价格因素的结果。只有
把后续生产阶段的原料等成品作为前一阶段的利润①加进时,它 29
们才会成为成本因素。而这样一个成本因素可以作为后面阶段的

① 经常看到,英国政治经济学没有把利润从利息和管理工资区别开来。但韦伯分得很清楚,管理工资和风险金是生产成本的一部分,而不是利润的一部分,记住这种差异在讨论中是必要的。韦伯在此讨论的是"纯"或"静态"经济制度。参照上文第10页。——英译者

区位要素，因为毫无疑问，利润因区域的不同而不同，并因此影响获得原料的“自然”价格（参见伯姆-巴韦克的著作）。举例来说：如果今天煤炭贸易协会把因地而异的价格固定下来，而不使所有地区获取同等利润的话，则在“安全”地区通过操纵（Normierung ）价格就会牟取高额利润，这样，利润的地区差异就成为所有用煤工业生产阶段的区域性区位要素。因此，利润的差异可以成为区位要素。然而，可以不考虑利润率的变化，因为它与利润本身一样，不是一种“纯”经济制度的因素，而只是资本主义制度的一种因素。它对我们的纯理论无关紧要，只是我们的纯经济制度中资本主义制度所产生的一个变化而已。

其余与纯理论相关的价格因素（2—6），若按生产的“自然”过程分组，则更简单些。第二个因素雇佣资本的利息显然依赖两个因素，利率和资本量。雇佣资本量明显取决于其他各种生产因素的价格（不动产、固定资本（Stehende Sachkapitalien）、原料、工资、运价）。这对于我们都是很重要的，因此，我们将价格的（成本）因素逐一列举如下：

1.土地成本；

2.建筑物、机器及其他固定资本（Stehende Sachkapitalkosten）的成本；

30 3.获取原料、动力、燃料的成本；

4.劳动力成本；

5.运输成本；

6.利率；

7.固定资产折旧率。①

上述因素哪些随生产地的区位变化而变化，并代表一般的区域性区位要素呢？让我们从最后一个往前谈起。

1.固定资产折旧率（分摊的年折旧费）(7)，显然完全与地理位置无关。也许只有气候条件重要些，如空气湿度高就会引起机械设备锈蚀增加。但这些尽是特殊的而不是一般的区域性区位要素，因此在此不予考虑。

2.利率(6)，国家经济的一体化地域是我们纯理论的理论基础，从在这种地域上的生产过程联系看，利率(6)没有区位意义。当然，利率是随着企业性质的不同而不同，也随着管理水平的差异而变化。如果区位选择很差，回收也成问题，其结果利率就一定会更高。但是，在一给定国家之内利率不因区域不同而变化，但对不同的国家，由于不同的保证程度、不同的财富②，利率无疑是变化的。在我们纯经济制度中，利率从来不是区域的区位选择原因。事实上，它甚至不能表现如在德国联邦这样的政治体制中城市和农村（即在分散布局的工业和集聚的工业之间的）巨大的普遍的差
异。因此，利率甚至不把它当作一个在一给定的工业区域分布中 31
运作的集聚要素来考虑。

3.土地成本(1)在工业区位中的变动是依随地区集聚程度而定的，但不是区域性的，至少不是充分地构成一个区域性的区位要

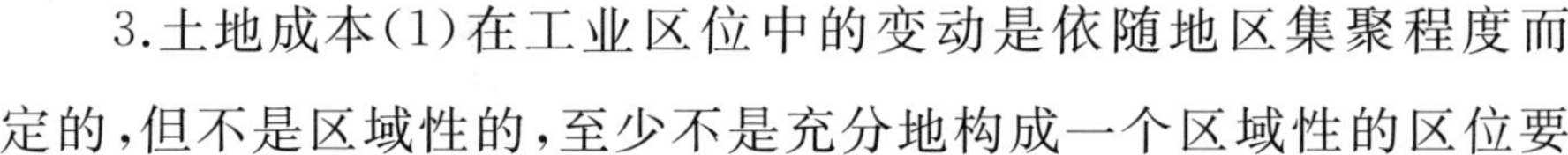

① 我们未将它列在开头，只是为了思路的通顺。

② 关于这个方面，在讨论美国区位问题时必须搞清楚。这些因素在国与国之间存在差别，这个假设的背景良好。——英译者

素。对于农用土地来说，土地价格发挥了区域性影响。而所有其他类型的土地价格仅仅同集聚相联系时具有重要性，因为土地价格只是集聚和分散结果的反映。农业土地价格在一个国家中的某一部分是 50 美元/英亩，另一部分是 150 美元/英亩，第三地甚至是 250 美元/英亩或 300 美元/英亩，这依赖于人口密度。在农业生产类型的抉择[①]中，地价将是一个十分重要的参数；但对工业区位的选择来说，地价就无足轻重，因为地价对价格的影响甚微，例如，一个现代化纺织厂，需要很大的生产空间，年产量 1200 吨纱线需要 2½英亩的土地，无论是以 100[②] 美元还是 500 美元支付地价都是微不足道的。

每年追加 40 美元的利润引起每吨纱线附加 3.3 美分，而每吨纱总价值处在 240～800 美元之间。这样一个小数目要作为区位因素太不起眼了。即使低价格产品、空间要求大的工业（如炼铁业）对土地成本的区域差异也不敏感。例如，假设有一个托马斯钢铁厂，设计年产量为 30～40 万吨[③]，需要征地 250 英亩，地价如果从 50 美元/英亩上升到 250 美元/英亩，则征地租金款项就由
32 12500 美元增加到 62500 美元，每英亩[④]的利息差异是 1250 美元，

① 参照杜能的分类，《孤立国》第一卷中讨论了这个问题。——英译者

② 因为这只是一个例子，粗略地看，美元、美分、英亩可以被代之以马克、芬尼、公亩。

③ 参阅海门的《德国主要工业的混合工厂》（Heymann, *Die gemischen Werke im deutschen Grosseisengewerbe*）（慕尼黑，1904），第 25 页。

④ 在这个例子中，韦伯为什么使用 2.5％的利率，而前一个例子使用 10％的利率，这一点原文不清楚。但是，如果利率达到了 10 ％，即使地租差异占成本的 0.08％，这种研究似乎是合理的。

而产生产品的成本差异为每吨 0.005 美元。如果每吨钢材价值 25 美元，那么这种地租差异仅占成本的 0.02%。由此可见，这种差异是如此之小，几乎对区位没有什么影响。

假若地区性集聚介入进来，使地价陡然飞涨，每英亩高达 5000 美元，10000 美元，甚至高达 50000 美元①，那么上述情况就大不相同了。这样的增长当然应把土地价格放在工业生产成本的相关因素之中。如对托马斯钢厂来说，这意味着生产成本的增加，每吨产品相应增加地租（Preissteigerung durch Grundzinskosten）成本 0.125 美元、0.25 美元和 1 美元。这些量肯定是重要的，因为地租将共同决定着这类产品的生产区位。地价在集聚倾向之中是一个区位要素。但对区域性要素，就不必要考虑地价了。

4.建筑成本、机器及其他设备成本（2），以及原料和动力供给成本（3），代表价格构成的结果：(a)原料和动力供应的生产；(b)先前阶段及辅属阶段的工业生产。

为了基本分析的目的，b 就是同我们进行抽象分析时所选取的特定生产阶段一回事。该阶段本可分解为与在特定生产阶段业已解决了的同样的成本因素。先前阶段不包括新的成本因素，也 33
就不存在新的未知区位要素了。

对于 a，就需要考虑原材料和动力价格作为新成本要素的存在了，实际上，该价格不仅代表新的，而且明显代表着地理上变化的成本因素，因而它是一个区域性区位因素。获得同种原料或动

① 例如，参阅安德斯·福格特的在柏林的《地产行情》(Andreas Voigt, *Bodenbesitzverhaeltnisse*, *etc*, *in Berlin*)，关于这一点也可参见夏洛藤堡的不动产价值的增长。

力的价格或许是，也将是因其生产地的不同而变化，并取决于矿藏的性质、开采的难度等。人们依据特定的“矿藏”（我们将称之为“矿藏”），来设计它的特定的生产，原材料和动力原料的成本就有所不同。很显然，厂址区位依赖于能否从某些低价格的原料产地中获取利润。从而，地理决定的成本差异影响区位。这些差异无疑代表着第一个一般的区域性区位因素。

5.第二个区域性区位因素是区域性变化的劳动力成本(4)。毫无疑问，劳动成本地区差异水平推动工业生产走向或远离一定的区域。这是通过生产阶段中的制造过程 Stoffumwandlung 的成本而实现的，也间接地通过部分取决于劳动成本的辅助产品价格而实现。然而，需要指出的是，我们所说的劳动成本指的是真实劳动成本。[1]

6.最后让我们来看看运输成本(6)，运输成本是原料采集和产品分送时必然遇到的成本。显然，运输成本是随厂址区位而变化的。
34 运输成本将取决于距原料生产地远近和成品运往消费地的距离以及运送路面的性质。有时，运输体系的类型也会产生成本差别。所以，运输成本也是一个一般的区域性区位因素。

第四节　区位因素的理论

综上所述，原料产地的相对价格幅度、劳动力成本和运输成本三者是所有工业的区域性区位要素。出于理论研究的目的，我们

① “……自然，工资绝对的高不是我们讨论的意思，而工资高是与某一个同类产品相联系的，如果人们要精确指出‘劳动力成本’的含义时，这就是我们当今所指的意思”（该注原为德文——中译者）。——英译者

用其中一个表达另一个，即用运输成本差异表述原料产地的相对价格幅度。因为这样做只需考察两种区域因素，我们的理论阐述就可大大简化了。

同种原料不同产地的不同价格水平，其运作就像人们必须克服的从这些原料产地到生产地的不同距离一样，或就像距工厂近的原料产地“价廉”，离工厂远的原料产地“昂贵”。为了更清楚地理解这一点，可以假想一个平均价格，在原料产地每种原料的标准价格。从单个工厂的角度来看，各种原料地价格上的差别就好像意味着必须支付附加运输成本。意味着原料产地的价格差别可抽象地表达为运输成本的差别。我们不再把它们看成是分散的区位因素，而是在后面作为运输成本影响的修正来引入的，当然，修正是为了精益求精。[①] 这样，我们只需研究两个一般的区域性要素——运输成本和劳动力成本。

这个结论对我们非常重要。在这之前，我们已经知道，所有其
他不属于区域类型的一般区位因素（即所有剩下的因素）只能是集 35
聚或分散因素，我们可以把这些因素看作一个统一的集聚力，即作为第三个统一的区位因素。这样，我们可以马上建立一个完整的一般区位因素抽象体系及其力学理论。

首先，我们假设所有孤立的工业生产过程在一开始就“自然地”被拉往运输成本最有优势（最优）的点上。那么，我们把这一步看作工业指向的基本网络，该网络是由第一个区位因素运输成本建造的。那么显然，劳动力成本（第二个区位因素）的差异代表了

① 参阅下文“接近实际”第76页（中文版第87页）。

改变该基本网络的一个力。劳动力成本的最佳优势的地方使工业区位的基本运输(Transportmässig)网络产生了第一步“变形”。这样,我们就得到工业基本指向的以下概念,即依照运输成本而建立的工业基本指向和“劳动力区位”(Arbeitsplätze)改变基本指向的工业指向。

各种集聚倾向——换句话说,到目前为止,尚未讨论的所有其他区位要素的整体——就仅仅是第二改变力,即另一种“偏差倾向”,它倾向于改变运输网络,移动区位到一些被称之为“集聚点”的某些定点上。从其净效果看,这个所有其他区位要素的整体也构成一个“单元”,正如其他“改变力”如劳动力成本的差别一样,该整体也是一个统一的“区位因素”,并和其他因素相竞争。

至此,我们完成了一般区位因素的理论,并且在其活动范围内做了一般力学的考察,至少从我们“纯”区位理论的基础而言,这些
36 理论和考察一定程度上是必要的。不再有影响工业区位的其他一般因素。剩下的问题只是三种区位因素在多大程度、依照什么规律来控制工业体系的各个部分。纯理论的任务就在于揭示这一点。之所以引入集聚要素,我们就是要寻求和分析控制工业区位分布的一般规律,并不局限在那些同孤立生产过程相联系的一般规律。

第二章　简化问题的假设

37

第一节　原料基地、消费基地和劳动力基地的假设

我们在此给出的理论是解释现实的。上一章我们已经揭示了实际工业区位的复杂性怎样由“一般的”和“特殊的”区位要素的相互作用来表达(Durcheinanderwirken)。但是，由于不同经济层圈以及同一层圈的不同部分的互动关系(Hin-und Rückwirkung)，导致现实进一步复杂化了。我们的理论将会略去上述情况的某些方面。我们假设，通过我们的分析过程，某些事实确实存在并独立于分析过程。对这种孤立的事实有了理解之后，我们将全面引入因果机制，即着手研究较为透彻的孤立数据，分析数据产生的变化。

在这种方法基础上和在下列限制性的假设下，进一步分析工业指向。

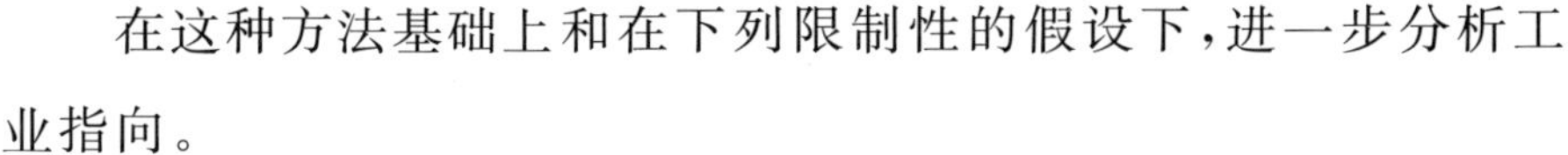

1.我们假设原料的地理基地是给定的。这个假设与下述情况相一致，即当我们用到原料如石头、矿石等时，原料易于挖掘或开采——换言之，原料天生分布在各个地方。当使用的原料不得不需要生产时，这个假设就不十分正确了，农业产品就是这种情况。

作为工业原料的农业基地绝不是“给定的”。农业因为依赖于自身产品分布的独特过程而形成自己的地理区位，也就是说依赖于工
38 业指向。杜能对此已做过精辟的论述。[①]

当我们暂且把工业安置在理论上的一个给定的原料产地的地理平面上时，我们有意地忽略了工业施加在该地理平面的反作用效应(Rückwirkung)。这个假设还需考察并在后文与实际相结合。

2.消费层圈的地理属性暂时也看成是给定的现象。假定消费地的位置和规模在纯理论中已给出了指向框架。对于每种工业的区位分布，我们仅仅通过分配劳动力而分配工业产品的消费和所有其他产品消费，这种情况我们忽略不究了。包含着工业及其生产联系的消费层圈其地理分布部分地是由该工业创建和模式化了的。

3.最后，我们不涉及工业劳动力基地的流动。我们将操作地区若干固定的劳动力区位(Arbeitsplätze)的地域图式概念，并代替当今现实人力特征化的迁移分布。[②] 进一步假设每个工业部门的工资是“固定的”，同时在这种价格上可用的劳动力数量没有限制。[③] 在此，这样做忽视了部分现实情况，因为工业区位倾向本身通过共同确定劳动力的地方需求而建立了工资标准。而且，我们
39 暂时略去劳动力的地方分布即劳动力区位的位置和规模在什么程度上受其他工业区位倾向的普遍影响。通过假设一给定的劳动力

① 约翰·海因里希·冯·杜能的《孤立国同农业和国民经济的关系》(J. H. von Thünen, *Der Isolierte Staat in Beziehung auf Landwirtschaft und Nationalökonomie*)，罗斯托克，1982 年。参阅 xix 页。——英译者

② 这个观点不同于索姆巴特的，参阅《现代资本主义》(*Der Moderne Kapitalismus*)第 2 卷，第 2 编，第 xxv 页。

③ 关于这种假设和原因详见第三章第一节直到结尾。

的基本分布，我们可以暂时逃避种种难题。可以说，这三种假设就我们“纯”理论的范围内显然不能取消；劳动力的地方分布和工业的区位倾向之间的动态关系只有通过现实理论来解释。

其他假设和简化将因需要随时提出，但陪伴我们的所有假设只是为了寻求捷径。只有刚才提到的三个简化问题的假设贯穿全文，且构成我们纯理论建立的根源。

第二节　对自然力量的考察

正如前面对区位因素的分析考察所展示的，纯理论假设所有工业生产独立于“原料”的使用，不论是原材料、半成品还是动力供应（木材、煤），除了我们说的“可运输”的原料之外。然而事实上，不仅原料进入了生产，而且“自然力量”也进入了生产。被用来作生活能源的：既有自然界提供的，如水能，还有转化的如电能。问题是，使用了可运输原料概念的理论是否也能包括其他力量的区位影响。处理这些自然力量及其区位影响显然是可能的，好像它们是特别廉价的煤产地似的。假若这些行得通——自然力量的运作在最后部分章节关于运输指向中进行阐述——我们将获得决定这些自然力量的区位意义的规则。这些规则略微修正了我们的一 40
般规则，一般规则就是使用了可运输的原料的应用规则。

这样的话，不适合理论的那些力量的特殊影响就不复存在了。那么，这种理论包含了工业整体中简化了的模式工业，并包含理论自己吸收进来的所有原料和所有作用力。

41 # 第三章　运输指向
（Transpovtorietierung）

第一节　运输成本分析

假设不存在其他影响工业区位的因素（除运输成本外），那么，需要解决的问题是运输成本怎样影响工业分布的。工业被吸引到何处呢？显然，工业被吸引到那些具有最低运输成本的地方，既要顾及消费地，又要顾及原料地。这些地方会在哪里呢？首先我们就一般意义来确定它们的位置，最后我们还要寻求：运输成本依据的基本因素是什么？

决定运输成本的基本因素是运载重量和运载距离。这两个因素用数学中精确的术语很容易地定义，因而它为我们的抽象理论奠定了明确的基础，可以推导出数学公式。所以从一开始，我们就应该把这两个因素视为唯一的决定性因素。由于我们是从经济意义上考虑成本的，所以这样的步骤是正确的。当然，运输有两种类型：政治经济学上的运输成本和商人所理解的支付货物运移的运输成本。前者指运移中耗费的劳动和运输工具的量。后者指支付给运输[①]服务的货币。如果我们谈及作为决定运输成本的基本因素重量和距离的话，显然，我们是指“纯”政治经济学的成本概念。 42

当我们只考虑一个具有统一运输系统的地区时，以重量和距离这两项来表达其他所有构成运输成本要素，这便是我们进一步研究的合理性。由于这种合理性，我们可以在理论上将其他要素化简为两个。

要求扼要解释的是：这包含着什么意思和为什么会是这样。在这一点上应当注意到在此分析的运输系统是指当今德国主导地位的铁路系统，及特定的运价结构。我们之所以选取铁路系统来分析地区运输成本和工业分布之间的因果关系，是因为铁路是当今陆路运输的主要工具。出于简化问题的考虑，我们应该假定只存在单一铁路系统。[②] 当我们的抽象理论与现实相适应时，运输工具之间相对重要性取决于成本确定的各种原则，这些容后讨论。

显然，除了重量和距离之外，运输成本依赖于下列因素：(1)运输系统的类型和使用范围；(2)地区的自然状况和道路类别；(3)货物本身的属性，即除重量外由其属性决定使用何种运输工具的性质。

---

① 在英语词汇里一般指价格或运输价格，可参阅埃米尔·萨克斯的《交通工具》(Emil Sax, *Die Verkehrsmittel*)第二版第Ⅰ章，第76页以下。F.W陶西格讨论过联合成本问题，见“关于铁路运输成本的理论”(F.W.Taussig, A Contribution to the Theory of Railway Rates)《经济学季刊》(*Quarterly Journal of Economics*)第438卷，A. C.庇古也讨论过，见《福利经济学》(A. C. Pigou, *The Economics of Welfare*)第266—268页。——英译者

② 对任何其他运价结构和其他运输系统都可做这种分析。但没有必要，因为原理适于任何地方。

43 关于第一点，运输系统的类型和使用范围会使不同体系之间产生巨大的成本差异。今天把一定重量运移一定距离的铁路价格是马车时代价格的四分之一至十分之一。成本必然相应下降。然而，我们现在不考虑不同的运输系统，因为我们假定了一个统一的运输体系。

但是，即使在一个统一运输系统中，系统的不同部分使用的强度不同，这种不同的强度使得一定重量在一定距离上的运输成本的不同。使用特别货运列车运载 100 吨煤比使用现有列车附加运送 100 吨的成本要高。同样，没有回返货运列车比有可用的回返货运列车的成本要高。同样，即使同一道路，按照运载的体积每吨英里成本也是不同的。这些都是众所周知的事实。然而我们也知道，要分别计算运载单个物品成本之间的差别是困难的[①]，因而我们在现存的统一铁路系统中确定单位运价时，将这些差异忽略不计了，而且在所有线路上每吨英里的运价都一致。既然在确定运价时，我们的运输体系忽略了运量和运距计算的成本差异，因而在我们的理论中也就忽视了这种差异。但是，如果事实上运价的差异是存在的，那么产生的问题通过一个假设来解决，即假设运价较高的运输线延长了距离，按照高出的价格成比例地延长，同样，假定低运价的运输线路按比例地缩短。根据区位理论在运价统一条件下，假若某线路收取每吨英里运价的 $1\frac{1}{2}$，而不是通常的运价 1，则这种线路应为其真实距离长 $1\frac{1}{2}$ 倍。德国的情况总体来看不需
44 要这种处理方法。

① 关于这一点，请参阅陶西格的著作。——英译者

然而，从该问题另一方面来讲，货运者以最大可能性利用工具，所获得的利益反映在运价上。少量的装运和短途装运一般每英里的运价较高。在此暂不从运量强度增长必然性的角度来论证这些调节手段如何发生作用，何时发生作用；也不论证这些调节手段与降低单位货运的一般运营费用的相互关系。既然这种调节是存在的，那么摆在我们面前的问题是：在处理运输成本问题时（仅作为定量和运距的函数），应如何安排这些调节措施？

不会产生运价随运距增加而降低的严重问题。在此同样可以使用前述的理论原则；无论什么时候我们运用运价下降的百分程度的时候，可以认为距离是按这样的变化比例而变化的。地理距离不能由地理上的长度来度量，但与运价降低的比例成比例。[①]

在零担货运中，半货车和整车货运之间所引起的问题，最好的解决办法是把整车运输所需的费用作为标准的吨英里运价。那么，那些因运量小而支付较高运价的货物可以看成是在实际重量之外具有一个假想重量。例如，如果整车货运的标准运价是 6 美分，半货车运价为 6.7 美分，零担为 11 美分，那么不能整车运送的货物可以看作还附加一个“假想”运量，相当于它们各自真实重量 45 的 1.1％和 83.3％。同样，以特殊低价运送货量可以看作是按价

① 比如在德国一般分级的零担运价情况中，如果在 50 公里之内单位重量的运价为 11 芬尼/公里。接下来的 150 公里运价为 10 芬尼/公里，再接下来的 100 公里运价为 9 芬尼/公里，等等，如此下去，100 公里的运距相当于 $50+\left(50-\frac{50}{11}\right)=95.4$ 公里的运价距离。可以说，按运价的比例修订了地理距离，顺便说一句，这种对当今德国运价结构的运算为我们带来很大方便。为某些零担和少数大宗货物提供了一个分级运价表。

格降低的比例减少了。

这样，出于理论意图，以运量和运距这两项来表达所有的运价变量似乎是可能的，而且这样就可以毫不费力地把所有度量与建立在只有运量和运距上的理论相吻合。这种处理问题的方法的一般原则很清楚地建立在这种事实基础上的，即所有成本因素随吨英里运价的增长或减小而发生作用。这证明用重量和距离这两个运输成本的基本因素来从理论上入手是正确的。

刚才，我们已把这种方法应用于前面提到的成本变量中最重要的两个例子。

运输成本所依据的第二个因素，除了重量和距离之外就是**地方的自然状况**，对路基有影响(见第 42 页)。一方面地方自然状况决定了筑路的成本，另一方面它也影响运营成本。显然，反映在吨英里运价上成本的地方性增加或减少可以表示为有比例地延长或缩短该路段的距离，因而它们对我们的理论不构成难题。而且，现代铁路系统的经营管理处在统一控制之下，经常忽视这些成本上的差别。比如在德国运价是统一的，不但忽视特别的建设成本，而且也忽视了系统中不同路段的运营特别成本。在后面的区位归纳验证中，我们不涉及山脉和峡谷，而是铲除了高山，填封了峡谷，铺平了沼泽的数学上的平面。德国铁路的价格结构实现了这种“理想”，我们把这种情况应用到研究工作中来，并以此简化我们的推导。

除了重量和距离，第三个影响运输成本的因素是运输的货物
46 具有的特殊属性。笨大货物要求更多的空间，因此需要更多车辆使成本增加。易腐易爆货物不仅装载时，而且在运输时都必须非

常小心。所有这类性质致使每吨运价较高。而且，有些种类的货物因其自身价值较高，因而其运价也较高，其运价并没有显著提高成本。的确存在着不问运量，而只着重其基本价值和距离的运价确立体系。然而，事实上所有称为价值运价表(Werttarife)的即使是使用价值尺度装饰一下，也都是实实在在以重量为基础的。但是，在这里我们不考虑价值为基础的尺度是否是公正的，因为运输一件货物需要同样的成本，而无论其价值为多少。[①] 对我们来说只要知道这种尺度存在就够了，它们不会给我们带来任何困难。每吨英里运价的增加，无论出于什么原因，意味着增加了“假想的”重量，反之，减少运价意味着减掉了“假想的”重量；这就是全部内容。[②]

以上所述相当简明。我们已经清楚地阐述了用两个基本因素运量和运距来表达决定成本的重要因素的原则，而且还阐述了该原则对确立目前铁路运价中出现的各种重要情况的实际应用。唯
一可能提出的问题是，依运量和运距而制定的统一运价与实际价 47
格的偏差以及由此所做的调整是否太大(特别是对于其他运输系统)，因而在理论上以重量和距离表达所有运输成本是不切合实际

① 关于这一点，参阅萨克斯的《交通工具》(Sax, *Verkehrsmittel*)第 76 页之后和第 100 页之后，F. W.陶西格的前面注释，还可参阅 J. W.克拉克《一般开支成本的经济学》(J. W. Clark, *The Economics of Overhead Costs*)。——英译者

② 德国铁路货运运量表标定的“笨大物品”是 1½ 倍于实际重量，并且我们也认为该物品具有这个运量。在德国系统中，某些低价值商品以低于正常运价运输时，要考虑其价值。这样，某些低价值零担货运以 8 芬尼/公里，而不是 11 芬尼/公里，低价值的物品整车运送是 4.5、3.6、2.6 芬尼/公里而代替每公里 6 芬尼运价。根据这些运量减小我们相应地在计算中减低运价，如煤，当我们的理论发现应用于德国实际时，以 2.6 芬尼每公里而不是 6 芬尼每公里运价装运，好像失去了 56%的实际重量似的。

的。为回答这个问题我们谈两点：

第一，重量和距离不仅是铁路运价的基础，也是运输成本的主导因素，而且在任何运输系统的价格制定情况中都是如此，因为二者在很大程度上决定了需要多少劳动力。劳动力（不考虑它的本质）也是成本的一个基本因素，因而也是制定运价的基本因素。在此基础上的理论抽象大概没有因为其他因素的影响而变形，勾画出一幅变形的现实图像的危险。

第二，像现今德国所存在的运价结构与上述理论抽象极为接近。德国铁路用吨英里运价作为一般基础，按照运量和运距计算运价。正如前面所述，整个国家被当作数学上的平面。德国只将“假想”运量追加（Gewichtszuschläge）在半货车、零担、笨大物件以及易爆物品；另一方面，对大宗货物“减少重量”（Gewichtsabzüge）。对某些路段使用特价以修订统一的吨英里运价，而且如前所述，在有限范围内对低价值的零担和少数、低价值笨大货物降低增加距离的比例。

所以，我们的理论抽象不会对现实产生太大的歪曲。在理论与实践中用运量和运距进行研究与应用似乎都易被采纳；简言之，即以吨英里运价作为运输成本的基本尺度，至少在一个统一运输系统中的地域上是可以接受的。目前我们当然可以认为存在着一个统一的运输系统，这种简化问题的假设在理论上实践上都证明
48 是正确的，因为其后我们将随理论的发展论证若干联合的运输系统更为复杂的情形，以此来展示它的正确性。

第二节　运输指向定律

如果重量和距离是仅有的两种决定因素，显然运输成本将引导工业到运偷成本最低的地方去，在那些地方整个生产和分配过程中所需运输的吨英里最少。

但实际上生产是怎样被分布在这些吨英里最少的地方呢？这才是真正要回答的问题。

为回答这个问题，务必牢记第二章最后部分中为简化起见所建立的全部理论假设。即区位和各种生产的消费地规模是已知的；可用的原料产地的区位也是已知的。现在我们进一步做研究要假设在每个生产阶段中生产一种产品，是在某个单独的地方原料转化成成品的。

一、区位图和工业原料类型

让我们设想我们正处在一个定量消费点的某位置上，显然，从这个位置来看，消费于该地的每一种商品肯定是利用一定的原料产地（原材料、动力材料），即利用那些运输成本最低的原料地。

这些必需的原料产地绝不是配置在最近于消费地的地方。对某些原料，其位置接近其他原料的位置比接近消费地的位置可能 49
更为重要（脑子里应意识到运输成本是从整个过程中产生的）。在这种情况下，就要选择最佳位置。从每个消费地角度看，无论如何每一种产品无疑存在着用来制造该产品的原料的最优区位。显然，最优区位的原料产地将用来进行生产，因为这种生产必须满足特定消费地的需求。生产地区位在某种程度上决定于它与消费地的关系和它与这些最优区位的原料地的关系。这样,“区位图”就产生了,一个区位图是对一个消费地的一种产品的。区位图是由消费地和最优原料产地组成的(如下图)。每种产品都没法按照区位图选择其生产地(区位)。

例如,我们设想讨论一种产品由两种原料构成的,这两种原料的产地是散布状的。在这种情况下“区位图”就成了三角形。每个三角形的一个角代表消费地,其他两个角代表两个最优原料产地,如图 1、图 2、图 3。

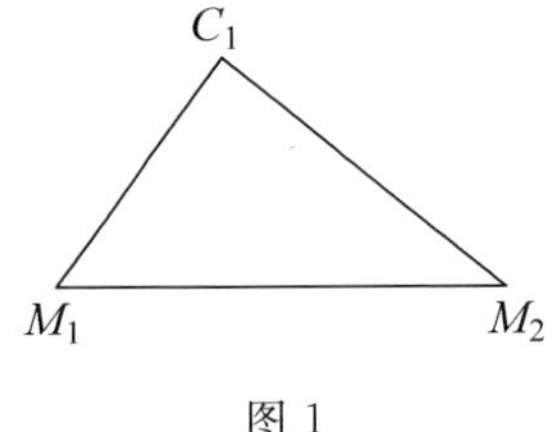

图 1

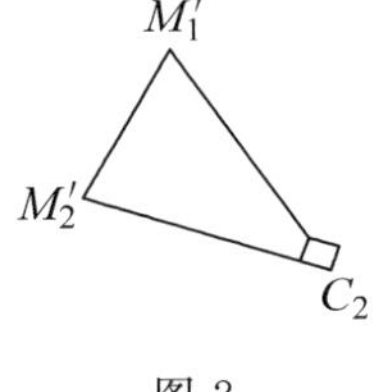

图 2

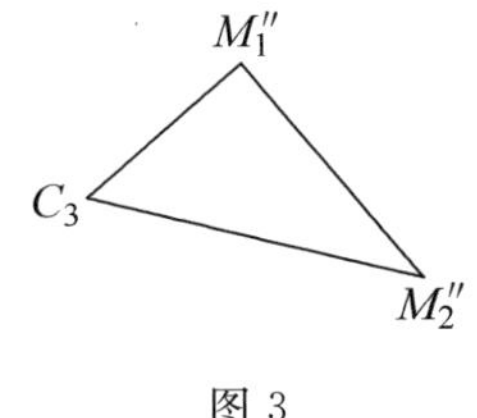

图 3

50 假定除了运输成本影响区位选择之外,没有别的因素,显然这些区位图必须为指向提供唯一合理的数学依据。然而,区位作为一种分析的对象其先决条件是能被分成许多部分,与区位图所包含的部分一致。我们之所以能这样做是因为我们现在不计所有集聚和分散因素。

因而,“区位图”是系统地阐述(Vorstellen)理论的首要基础。我们将把这些图应用于非常复杂的一系列事实中去,因为通过应用,指向结构的显著要素就显示出来。

生产的指向怎样表达在这些区位图上呢?在解决这个问题之

前必须做一些一般的观察。无论对什么样的工业，生产指向的在所有单个工业区位图中的主要特征必须是一致的。因为在所有单个工业区位图中，生产指向的主要特征依赖于并取决于特定工业所需要的运输性质。紧接着，为了找到理论上配置运输成本最低点的原则，在理论上分析单个区位图就够了。

那么在我们继续讨论之前，我们也必须引入某些新概念。即工业所使用的有关原料性质：(a)原料产地的自然状况；(b)原料加工成产品性质。显而易见，各种工业的“运移性质”完全依赖于这些事实条件。

在考虑原料产地的自然状况时，工业所使用的某些原料遍及各地；从实际意义出发，这些原料本来就配置在我们需要的位置上，而无需考虑其区位。当从整个地球来考虑时，真正是属于这样情况的只有空气；但从较有限的区域考虑时，许多其他原料也属于这种情况。如粘土、木头、谷物等在一定区域内是随处可以使用 51
的。这样的原料称作“广布原料”；前一种是“普遍性的”广布原料。后一种是“区域性的”广布原料。自然地，在每个地方仅在有限的数量之内，方便地使用和生产这些原料；然而，地方需求有可能不超过原料供给的限度，那么在这种情况下它们实际上就是“绝对广布原料”。如果需求超过供给限量，对地方和区域等来说它们就是“相对广布原料”。据此，在德国的许多区域，水实际上是不受限量的，那么水就是一种“绝对广布原料”；粘土在一定大区域范围内，也是“绝对广布原料”。另一方面，对所有进口谷物的地区来说，谷物当然仅仅是“相对广布原料”了。“广布原料”当然不是指一种物品在一个国家或区域的每个数学点上都存在或可生产的。而是指

这个区域内如此广阔地分布着这种原料，无论消费地配置何处，都存在这种原料的产地，或者存在就近加工的机会。“广布原料”因此不是数学上的概念，而是实际的和近似的概念（praktischer “Naherungsbegriff”）。①

其他原料在消费地（在区位分析对象中，不考虑消费地位于国家或区域内何处）附近不可获得，而仅能在严格限定的地理位置上获得。或者，如果原料在技术上是可获得的，那么，由于经济原因事实上是也仅在严格定义的位置上通过农业采集或生产而来的。我们发现矿产和煤以及大多数用来化学制造或瓷器制造的原料，属于前述技术性地方原料的范畴，同时木材和羊毛属于经济性地方原料的范畴。

很显然，不能总是先决定一种工业原料是“地方性”或是“广布
52 性”原料；其作为区位分析的对象，只能在一个地区、一个国家，或一个区域在一定时期内决定该原料是“地方性”或是“广布性”原料。我们举个美国东南部的例子。对那个区域（或许是！）从实际观点看，棉花是广布性的原料；但显然它不是世界范围的广布原料。在德国棉花所代表的含义与广布原料的含义相反；它作为一种原料必须从路途遥远的外地运来。也很显然的是，如果在某一地区对相对广布原料的需求或其任何部分的需求超出了该地可获得的数量，那么所有相对的广布原料都属于地方性原料的范围之内。大麦就是这样一种情况，啤酒厂对大麦需求的数量超过了啤

① 参阅O.恩格兰德有关这个概念的批评讨论，见本书英译者序言（中文版第14页）注①。

酒厂“附近”的大麦生产量。

谈到原料加工成产品的性质，我们说一种原料进入一种产品时有没有残渣？这些残留物也许被用于生产另一产品，但我们从第一种产品出发就不考虑这些了。为了区别开来，我们用“纯原料”和“粗原料”来表示。任何一种广布原料自然要么是纯的要么是粗的。但是由于这种区别对广布原料情形中的区位没有意义，为简便起见，“纯原料”和“粗原料”仅相对于“地方性”原料而言的。

原料转化成产品另一个要加以区分的问题是：“纯原料”的整个重量都传递给产品，“粗原料”仅转移了一部分。因而，我们认为用于生产的燃料（如木材、煤等）是粗原料的一种极端情况，因为没有一丁点燃料进入产品。燃料创造了重要的化学变化和机械变化，但它们的使用没有给产品增加重量；从区位的观点看，其整个重量依然留在“外面”。把这种原料连同其他在生产中起本质不同 53
的技术作用的粗原料一起归类于“失重”原料，这合乎我们的目的。因此存在两种类型的粗原料：燃料，作为产品之外的残渣留下全部重量，粗原料，仅剩下其重量的一部分。显然，把这两种不同类型的原料涵盖于一个术语中，这对于我们的理论是十分重要的，原因很简单，即我们现在仅仅讨论重量的影响。

为了下面的分析，工业所使用的原料要么是“广布原料”，要么是“地方原料”；后者再分为“纯原料”和“失重原料”。

二、数学解

（一）

我们说过，在运输成本的影响下，用前面述及的区位图可以表示生产指向。从解释区位图的观点看，上述解释是指生产必须找到最小吨英里的点。这些点将是运输区位。

怎样去找到这些点呢？我们的立足点是：有这样一个区位，无论它位于何处总是具有下列运输关系：生产中所需原料的总量必须从原料产地运往这个区位；而且产品的总量必须从该区位运往消费地。这就是说，区位成了区位图上各角的连接点，连线是一定量的货运到各角（分别是原料运量和产品运量）的运输线。这些线——我们称之为“分向量”——各原料产地沿线运移各自的原料
54 运量，沿消费地的分向量运输产品的运量。可以假想一个使用两种地方原料的生产过程，必须用 3/4 吨的一种原料和 1/2 吨的另一种原料才能生产 1 吨产品。区位图上表示为 3/4 吨运量和 1/2 吨运量各自沿两种原料的分向量运输；而消费分向量运输 1 吨产品运量（见图 4）。

假设只有运量和运距决定运输，那么这些运量表示区位图中的角向各自方向吸引区位的引力。因为区位沿分量向角的任何移动都尽可能节省以吨英里计的运移量。并且，如果指向的产生仅依照吨英里，那么每个角的重要程度与达到角所节约的吨英里成比例，即某个角和区位之间的运距取决于沿该角区位分量上所吸引的运量。那么，我们可以给出区位的一般原则即**区位按照各自区位分量上的相对重量接近一角或远离一角**。

数学（参见数学附录Ⅰ，§2）告诉我们，区位图上的精确区位决定于力学结构（范力农受力分析图，见图 45）。分析图的角在区位图上的角位置上。在这些角上用定滑轮系上细线，细线承受着与分向量的运量成比例的重量。在这幅图的内部，这些线连在某

一点上。这个连接点(必须防止该点被牵离其中的一个角)在哪里静止,哪里就是区位的位置。如果角上的重量达到了所需的规模或假若是一种独特的地理条件占优势的话;这个区位点或许位于一角上;否则,区位点一定在图内某个地方。

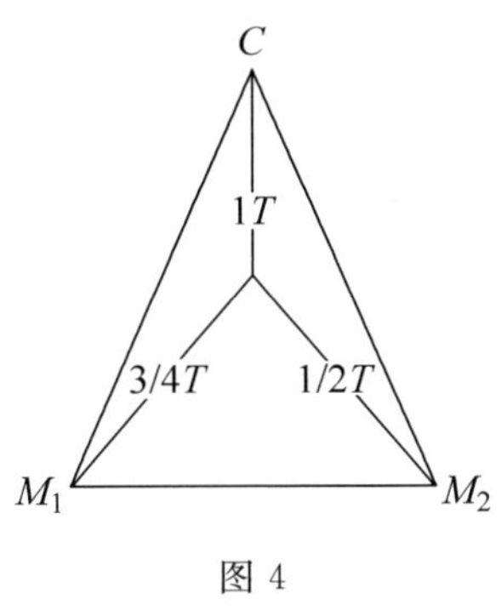

图 4

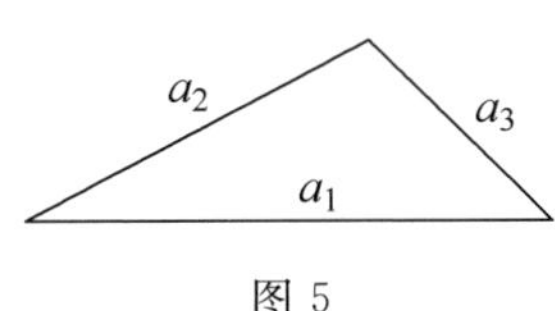

图 5

(二)

区位是按受力决定的,在与之类似的概念基础上(Allgemein- 55
uorstellung),对任何类型的生产都能够用数学方法抽象出“重量图”来。然而,对一特定工厂来说区位图总是单个的或特殊的,重量图是一般性的,可适用于同样生产类型的所有工厂。这样的重量图由线段构成,线段长度与被吸引到特定生产企业区位图的分向量重量成比例。如果区位图是三角形,如在前面的例子中分量的重量是 $a_1=1$,$a_2=3/4$,$a_3=1/2$,那么我

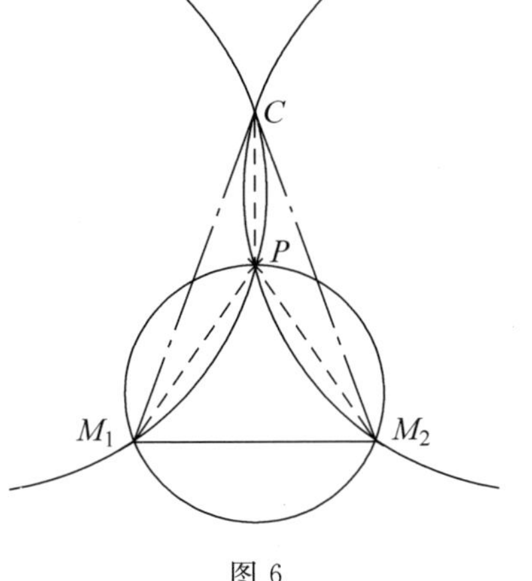

图 6

们可以画出像图 5 那样的重量图。

关于区位位置的命题可用数学方法推导出来：

(1)如果对应于分量重量的线段长度不能形成图，即假若一条线段长于或远长于其余线段的总和，那么区位总处在这个分量的
56 角上。这是很显然的，只要观察“重力”即可；因为如果一个角吸引重量大于或远大于所有其余角重量之和，那儿其他角重量就不能把区位移出该角。

(2)然而，如果一个重量图能够建立，即不存在一个重量大于或远大于其他重量之和，那么，这个区位图就是重要的了。如果区位图简单得如一个三角形，那么通过一个简单的作图法就能找到区位(参见数学附录Ⅰ，§4)。

这种作图法的一般含义是“区位图的两个角”可以从区位上以一个角度看到，这个角度大小依赖于两个角上的(与其他角的分量重量相比)分量重量的相对大小。如果相对重量大，这个角度数就大；所以区位处于连接两个角的较低弧上，区位必然接近于这两个角。反之，如果这个角的相对分量重量小，这个角也就小，因此区位在连接两个角的较高弧上。这样，区位可能远离这两个角，而且一定远离两个较小角。上述我们以精确语言描述了就角的位置而言重量的相对大小如何影响区位的。(参见图 48，在重量图上，哪个角越大所对应的边就越大，用三圆法做区位时，过该边(弦)那个圆弧越接近该边，即弦到弧的垂直距离短，这就是低弧。区位就在低弧上。值得注意的是，重量图上角。边与区位图上的角边完全是不同的，从对应关系看区位图角上较大的分量对应于重量图的长边。——译者)

需要再做一些评述。第三个角可能位于包含其他两角的决定弧之内(指刚才的高弧或低弧——译者),这样,决定弧相互交叉形成区位图,交叉不是在区位图之内,而是在之外(见图 7、图 8)。当两个角的分量重量比第三个角小时,决定弧在两角上方伸展很高(图 7);或者第三角位于其余两角的连线附近(图 8),两角分量重量大于第三角。在这些情况中,区位不能远离这个被封闭的第三角移动,但在第一种情况下当第三角的重量占绝对优势时,区位处在该角上(见数学附录Ⅰ,§7)。

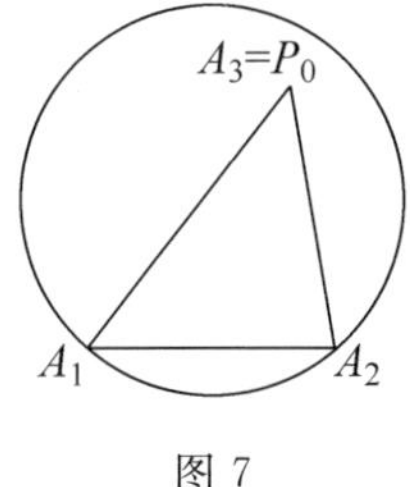

图 7

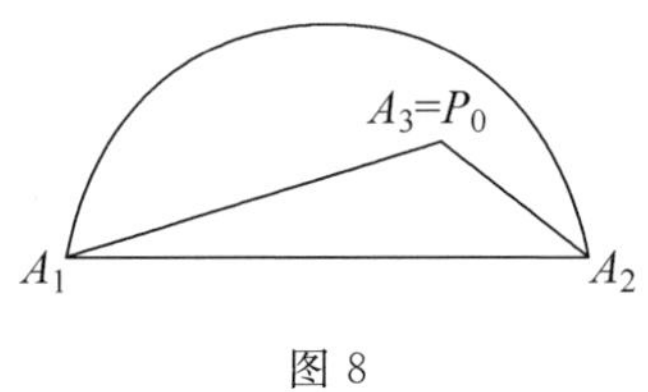

图 8

假如区位图呈三角形,可以有三种情况: 57

第一种情况,一个角上的重量大于等于其他两角的重量之和,那么区位总是在这个角上。

第二种情况,一角使用的重量不大于也不等于其他重量之和,但这个角的重量明显占优势。如果这个角的位置不远,同样也是区位的位置。[①]

第三种情况,"决定弧"交叉的点就是区位。区位位于任意两角附近或远离两角,这取决于两角的重量,同第三角的重量的

① 这种情况也归入位置紧靠第三角的情形中去,但现象不考虑这种情形。

比较。

(3)对于所有非三角形的区位图,我们不能用这么简单的区位确定方法(见数学附录Ⅰ,§12)。范力农受力分析提供了最简便的区位确定法。然而,我们可以设想在某一幅区位图中区位按照分向量重量的相对大小被吸引到任何两角,这样我们就可以把三角形区位图得到的一般性原则应用到更为复杂的图形中去。尽管不像在三角形情况中易于用数学方法表达拉力,用高弧或低弧的
58 数学方法表示区位,但是,前述给这些复杂的一般区位图提供了基本蓝图。

(三)

这些简单的数学结论处理现实问题其结果是什么呢?它们能完全概括现实情况吗?

对使用地方原料的各种情况,前述显然对区位在何处做出了充分解答。无论使用多种原料而形成的复杂区位图,还是使用两种原料而形成的简单区位图,或是使用一种原料而形成的只有一条"线"连接起原料产地与消费地的区位图,力学机制都是相同的。原料产地以原料重量吸引区位,消费地以产品重量吸引区位,用前面讨论过的方法就可确定区位位置。然而,决定性的力学机制是简化了的,当"图形"变成一条线——仅剩下两个分向量(一个是原料产地分量,另一个是消费地分量)在空间上恰好重合在一条线上连接着消费地和原料产地。原料重是从一个方向沿这条直线吸引区位,产品重量从另一方向吸引区位;并且,一方超过另一方占绝对优势时,就确定了区位在这条线上的位置。这就是说如果原料

产地具有较大的重量，区位就会位于原料产地，如果产品具有更大的重量，区位就会位于消费地。如果重量相等，区位就会处在这条线的任何位置上。

使用地方原料时，如果另外还使用比如水这样的广布原料，结果会是怎样呢？如果由于使用广布原料使产品重量增加超过了所使用的地方原料的重量，就会出现问题。广布原料没有确定的产
地不会影响区位图；遵照其定义分布在任何地方。乍一看广布原 59
料的作用好像完全超出了区位图的分析范围；然而，情况并非如此。因为无论在什么地方进行生产，它们都随手可用，所以，实际上无论区位在什么地方都能获得这种原料，这就是说广布原料不是作为一种原料，而仅以其被加工成产品的形式对区位图产生影响。它们对区位位置之所以显得重要，就是因为它们使产品重量增加。换句话说，它们只是简单地通过加强消费地的分量来影响区位图（从区位指向消费地的分向量），因为广布原料把自己的重量加到这个分量上去了——一种前面没有出现过的重量。

我们思考到此就会明白，理论完全概括了实际情况；它概括了区位原料和广布原料两种情况。显然，这利概括各种现实变量的理论发展一定是正确的。

三、原料指数、区位重以及理论结论

关于运输的研究已做了这么多了，我们可以把区位确定的过程看作各个角之间的一种竞争，也就是在消费角和原料角之间的竞争。竞争的结果是由什么决定的呢？人们或许想到，这决定于制造一种产品所使用的原料进入产品的程度以及生产一吨产品所

需要多少吨原料。或许，人们同样考虑到原料失重的程度。用许多吨原料才生产一吨产品则指向于原料地附近，以及其他类型生产过程位于消费地附近。从我们前面的结论来判断这是错误的。
60 用等量的煤或其他失重原料生产一吨产品时可分为两种情况，而在区位图上这两个区位可处在完全不同的位置上；其实就是，在一种情况中区位在消费地，另一种情况区位在原料产地或接近原料地。这依赖于消费地分量的相对强度——消费地分量有可能由于广布原料而得到加强。

确定因素不取决于所使用的原料重量与产品重量之比，而取决于所使用的**地方**原料重量与产品重量之比，因为所有广布原料只有当其增加了产品的重量时才成为重要因素。地方原料与产品重量之比我们称为生产的“原料指数”。因而，假如使用一吨地方原料和半吨广布原料生产一吨产品的生产过程，其“原料指数”是1；使用一吨广布原料再加一吨地方原料生产一吨产品，原料指数同样是1(如一吨粘土再加上一吨煤)；当然，使用一吨纯原料生产一吨产品的原料指数也是1。抽象地说，它们的指向都是一样的。

这样，如果我们把地方原料重量与产品重量之比称为工业的“原料指数”，人们或许进一步说：在任一种生产过程的区位图中，运输单位产品的**总重量**明显依赖于该工业的原料指数。因为这个原料指数表明区位图中除产品重量之外多少重量单位的地方原料需要运移。原料指数是要运移的总重量的度量指标。在区位图中，需要运移的每单位产品的总重量，我们从现在起称之为工业的“区位重”。显然，当原料指数(MI)为0时(当只有广布原料被用于生产时)，区位重有最小值1(区位重表示为LW——译者)。

且随原料指数的增加而增加：例如当 MI＝1/2 时，LW＝1½，等等。 61

现在，我们可以讲下列消费地和原料产地之间的区位竞争了。

第一，一般地说，具有高区位重的工业被引向原料地，那么低区位重的工业被引向消费地；前者原料指数高，后者原料指数低。那么，从数学结论看，原料指数不大于1因而区位重不大于2的所有工业都配置在消费地。

第二，关于原料指数的构成，我们可推理如下：纯原料绝不会把生产捆在自己的原料产地上。因为它们被加工成产品时没有失重，原料产地分量上的重量总是几乎等于产品重量，所以它们的原料指向不会大于1。我们详述如下：另一方面失重原料也许把生产引向它们的原料产地，然而，鉴于些失重原料共同决定的原料指数大于1是必然的。简言之，原料指数的分子一定等于或大于产品重量加地方原料的剩余重量。

四、各种情况

现在让我们分析现实中各种可能出现的情况，并试述所有可能出现的组合情况。考虑以下各种工业可能出现的原料组合：(1)只使用广布原料；(2)仅使用地方纯原料或一并使用了广布原料；(3)仅使用失重原料或一并使用其他原料。

1.只有广布原料的情况——(a)一种广布原料：在这种情况下 62
生产总是选择消费地区位。我们的理论认为这时区位图收缩成一个“点”，生产必须在消费地进行。这是显而易见的事实；因为如果生产在消费地进行，就根本不需运输任何东西，而其他任何区位都要先生产后运输。(b)若干种广布原料:没有理由可以认为不同于只使用一种广布原料的情形而把区位选择在其他地方;区位配置消费地。

2.**仅使用地方纯原料或同时使用广布原料的情况**——(a)如果只使用一种纯原料,区位图收缩为一条“线”;正如前面提到的,这条线连接着原料产地与消费地。沿该线相向方向吸引原料重量和产品重量。在这种情况下,原料指数等于1,因为原料全部转入产品且没有其他原料追加,二者重量相等。生产无论是消费地进行,还是在原料地进行,或者在两地之间进行,所运输的重量都是相等的。区位可以移动;即它可位于该“线”上的任一点,也可以位于线的两端消费地或原料地上。

(b)如果增加了广布原料,区位就要受到影响。原料指数小于1;原料产地分量小于消费地重量分量(由于使用了广布原料);因而区位配置在消费地。

(c)只使用若干种纯原料的情况中,原料指数仍然为1。那么,按我们的理论区位应位于消费地;因为原料指数不是沿某一条线吸引产品重量,而是沿许多不同线吸引重量,有多少原料产地就有多少条线。单独一个原料重量分量不等于消费地的分量;消费地
63 分量等于所有原料地分量之和。所以生产配置在消费地。该区位可以通过另一条思路来确定。所有原料的总重量,不论是原料的形式还是以产品的形式,都必须从它们的原料地运往消费地。它们没有必要偏离其运输线;为此,每种原料应保持从原料地到消费地的直线运输距离。如果某种原料的运输线不是偶然地穿过另一个原料地,那么,所有运输线都首先在消费地汇集为一点。因为制

造产品的首要条件是所有运输线汇集在消费点，所以消费地就是区位所在的位置。因而，只使用若干种纯原料的生产企业总是配置在消费地。

(d)如果增加了广布原料，区位更牢固地在消费地的位置上。原料指数在情况 c 中为 1，而现在小于 1。消费地分量不仅等于而且大于原料地的分量和；则区位不可能脱离消费地的位置。

3.**只使用失重原料或同时使用其他原料的情况**——(a)只使用一种失重原料时，区位图又收缩为一条直线。由于原料失重影响区位，原料地分量较大，在这种情况下区位是不可移动的。原料指数由于失重而大于 1，所以，区位选在原料地。

(b)但是，如果增加几种广布原料的使用，消费地的分量就会得到加强，并且区位的选择依赖于加强的程度。只要原料地分量一直持续较大，即只要原料指数一直是大于 1 的，则区位一直留在原料地。一旦消费地分量超过原料地分量(即一旦原料指数变成 64
小于 1)，区位就往消费地移动。所以，区位选择是取决于损失重量相对于广布原料重量的大小。

(c)只使用若干种失重原料的情况，文字描述无法准确地说出区位的位置。在这种情况下，我们使用区位图。根据已获知的一般定理我们可以这么说：如果有几种失重原料进入生产，原料指数总大于 1，因而生产区位在某种程度上受原料产地的吸收。从数学分析我们已知在两种原料的情况中，以何种过原料产地的弧来确定区位。我们还进一步了解到只是当消费地偶然处于该弧之内，区位才能配置于消费地；如果某个原料地的重量等于所有其他原料地重量总和再加产品重量的话，那么区位在任何情况下(存在两个或更多的原料地）完全倒向该原料产地。我们可以从一些实例中见到这种事实，如煤，当煤的重量等于产品重量加上其他所使用的地方原料的重量时，它具有把区位吸引到煤原料地的力量。

如果两种以上原料被加工成产品，就可以使用我们所熟悉的范力农受力结构了。我们把一个吸引区位的地理区域具体化，该区位是通过把原料指数的数值占
65 明显优势和原料地点连接而成的（参见图 9）。三角形 $M_1M_2M_3$ 是吸引区位的区域。原料指数有多大，其引力就有多大。

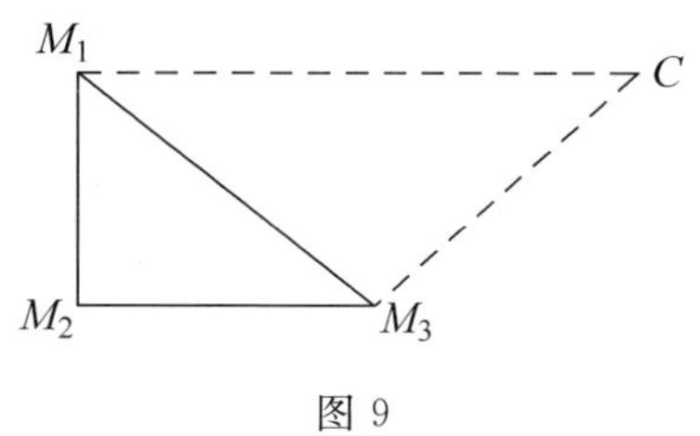

图 9

（d）失重原料再加纯原料使原料指数变小，因为在消费地分量重量上又出现了纯原料的整个重量，故区位倾向原料产地的趋势减弱了。在这种情况下，区位绝不可能位于消费地，除非使用广布原料加强消费地的分量重量。相反，区位总处于原料地附近，除非消费地偶然处于恰好穿过此地的弧上。然而，纯原料的产地没有吸引力。所以用失重原料图（图 9）来找吸引区位的地理中心的位置及其引力大小。①

① 从前面谈到的观点看，这种说法好像不正确。的确，纯原料产地不会像失重原料那样施加相同的影响。但是，假设纯原料的重量在特定产品中占很大比重，而且纯原料地恰巧处在失重原料产地和消费地之间，如图 A_1 和 A_2 是失重原料 a_1、a_2 的产地，B_1 和 B_2 是纯原料 b_1、b_2 的产地。显然，如果仅由失重原料决定生产区位，我们假设 a_1 和 a_2 重量相等，损失的重量也相等，那么，区位可能在 A_1 和 A_2 的中点上。但这意味着不得从远处往回运移 b_1 和 b_2 到该点上。则生产地显然应处在连接 C 到 A_1A_2 中点的线上某点。在该点处 a_1、a_2 重量损失吨英里总量等于 b_1、b_2 吨英里总量。

A_1 B_1 C
A_2 B_2

(e)最后一种情况,如果某些广布原料也加入进来,那么从已 66
经讨论过的情况来看对区位的影响已很清楚了,无须进一步阐述。原料指数随广布原料所使用的数量增加而严格成比例地递减,因而其他失重原料所造成的影响就被抵消。只要失去的重量与广布原料的重量相平衡,原料指数就会等于1,不论重量损失与否,区位都会位于消费地。正是在这种近似平衡的范围内,图中的原料产地的引力减弱,而消费地引力增加。如果我们希望知道使用这些不同类型原料的生产企业是趋向于原料产地还是趋向于消费地,我们就得把该企业所使用的地方原料的重量损失与所使用的广布原料重量相比较。重量大的吸引力就大。

所有这些表明值得去建立数学理论,而且在展现当理论应用于单个实例时理论是怎样运作的,并表明理论涵盖了实际。这种结构分析(或者,范力农受力分析结构,如果图变得很复杂时就使用)给我们提供了在任何单个情况下准确确定区位的方法。然而,正如前面阐述的单个情况所验证的那样,仅当使用了失重原料时,我们的结构分析和受力结构才是必要的,因为唯有这种情况我们才能得到区位不在消费地的区位图。除了下述情况之外,所有其他情况区位都在消费地:(a)仅当使用一种纯原料,此时区位可以沿原料产地和消费地之间的运输线移动;(b)当只使用一种失重原料时,此时区位在原料产地;(c)当使用一种失重原料又加上一些
广布原料时,此时区位要么在原料地,要么在消费地,这取决于重 67
量损失和广布原料重量之间的关系。

以上所述是从一般数学上的最小值点理论在各种工业所出现的组合情况中的应用得出来的。

五、整体工业的指向

直到现在，我们对运输指向的实例分析仅限于孤立的或单独的区位图。很显然，这对于整体工业指向分析其推理过程基本相同，因为就运输指向而言，对所有这些指向所做的分析仅仅是由各种消费地和原料产地形成或多或少独立区位图的共存。而且，还可用它解决以下几个问题。

1.首先，**我们怎样得到与整个工业指向相应的区位图呢？**对每一个消费地而言，哪个是最具有利位置的原料产地呢？是那些在各种情况下仅地理位置最近于消费地的原料产地吗？

假设一种简单的情况，即不存在引力相反的复杂区位图，那么最有利的原料地实际上就是空间上最近的原料产地。如果只使用一种原料，不言而喻会选择最近的原料地，而不论生产地在原料地和消费地之间的沿线上，或是在原料产地，抑或在消费地。同样，如果使用了若干种纯原料，不论单独使用还是和广布原料混用，仍会选择最近的原料产地，因为区位配置在消费地，利用就近的原料产地便于把非广布原料运往区位。最后，如果某一失重原料同其
68 他原料组合使用，而没有形成复杂的区位图——换句话说，唯有一种失重原料与几种广布原料混用，显然，消费地会选取空间距离最近的原料产地。正如我们所知道的，在此情况下区位要么处在那种原料产地，要么处在消费地。

但在实际区位图上，原料产地不必非得是最接近于消费地的原料地。下面举个例子；假定 GM 是失重原料产地，该原料分布在一个广大的地域内且不存在竞争。但两个纯原料产地 RM_1、RM_2

彼此相互竞争，其中，RM_1 最近于消费地，但与 RM_2 相比距 GM 的距离较近，如图 10 所示。考虑到原料失重的影响占了优势，让区位位于 GM 附近。很明显，RM_1 是最近于消费地的原料地，而 RM_2 是最近于 GM 的原料地，RM_2 将用于生产过程，因而构成“区位图”。显然，如果区位接近 GM，从 RM_1 获得纯原料，得先长途运输到 GM，回头再送至消费地；而使用 RM_2 就节省了运输距离。

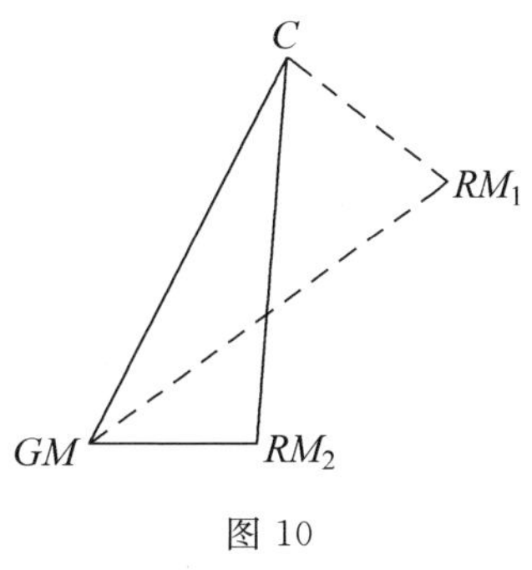

图 10

一般说来，在形成区位图时，能否选用某给定的原料地其决定
因素是形成区位图的运输成本指标的高低。运输成本指数最低的 69
区位图在竞争中取胜，正因为如此，在理论上它被推崇为具实际应用的价值。这样，被采用的原料产地可能根本不是空间上最近于消费地的那种原料产地。如果区位不在消费地附近，而在某个原料地附近（即如果这些原料，或其中某一原料占主导地位），位置上靠近消费地仅在一种原料存在的情况下才是决定性的。存在其他几种原料的情况下，接近主要原料产地是在生产过程中决定采用哪一个特定原料产地的重要因素，进而决定了区位图。在那些现代工业中，如煤这种原料代表这样一种主要原料，其他原料的特定产地距离煤原料产地，而不是距离消费地的远近决定着该原料产地是否被使用。的确，当生产接近各自消费地的情况下，生产是被煤原料产地所形成的区位图所指向了的；但我们已经把这一点考虑进去了，区位图是通过原料产地构成的，这些原料产地非常接近于煤原料产地的。因此，区位图中有个以煤原料产地为核心的狭

窄基带并向消费地方向扩展。那些距消费地最近但远离煤原料产地的原料产地被弃之不用了。

现在在理论上应当清楚了,在实际生活中有众多原料产地可供开采利用的时候,区位图是如何构建的。在后面的数学附录
70 §10 图52,提供了一种精确的数学方法,用来确定在一种原料的最佳产地固定以及引入第二种原料的最佳原料产地时的区位图。

在图52中,A_1是消费地,A_2是一个位置已明确的主要原料产地,A_3(假定是可移动的)代表尚未确定的第二种原料的原料产地。在区位图上,在A_3各种可能出现的位置画出等运输成本线,该线即表明第二类原料的哪一个原料产地被选取形成区位图。自然地,会选取那些运输成本最小的原料产地。这就是图52上最低运输成本线内的原料产地。

2.关于整体工业指向,应注意两点:

(a)除非一个单独的生产地为各个消费地提供产品外,其他都不是这种必然情况。首先,会出现这种情况:存在着若干个运输成本指数相等或大体相等的区位图。假如一种原料在某个区位图中接近消费地,同时另一种原料在另一个区位图中也接近消费地,那么,这两个图具有相等的运输成本指数。这导致平等竞争并且两个图的生产地有可能都被使用。这或许是自然条件的派生结果;但也可能由于适当的关税政策使运输成本指数相等了。第二,也是较为重要的一点,最佳区位图上原料产地的正常产量不能充分满足消费地需求,这种情况将会出现。在此情况下,次最有利的区位图及其原料产地被投入使用。结果大消费中心(特别在现代大
71 城市)总是由许多生产地供给消费,这些生产地隶属于运输成本指

数不同的区位图上。这些生产地伴随它们的成长不断地给“死原料产地”带来生机，并产生了新的区位图，生产地代表着对新区位图消费地的供给。结果确立了新的生产地。

（b）正如一个原料产地的可能产量或许小于它所隶属的消费地所必需的供给量，可能产量也许大于需要供给量或相当大。这种情况是对大量的地方原料而言的。其结果这种原料产地不仅为主要消费地所开采，而且为所有其他消费地所开采，且这种原料地的开采会给这些消费地带来比开采其他原料产地更理想的运输成本指数。这类原料产地表现为一个中心，其周围环绕着区位图。如果这些原料地对区位的吸引力占明显优势，那么这些原料地会成为生产中心，其产品的分配向各个方向进行。到目前为止，关于运输成本的研究已给出了很清晰的整体工业指向的含义，而不仅仅是单个工厂指向的含义。当然，这只是一种理论阐述；在实际情况中工业指向如何，还不能抽象地表达。然而，工业指向所依赖的 72
因素应该有所研究，以确定在经济制度实际发展的影响下，它们是如何变化的。

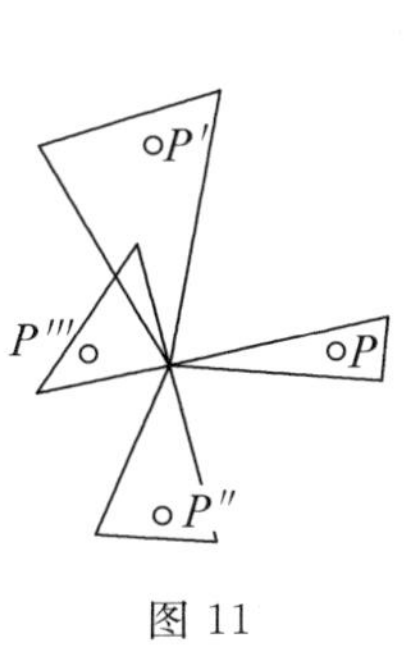

图 11

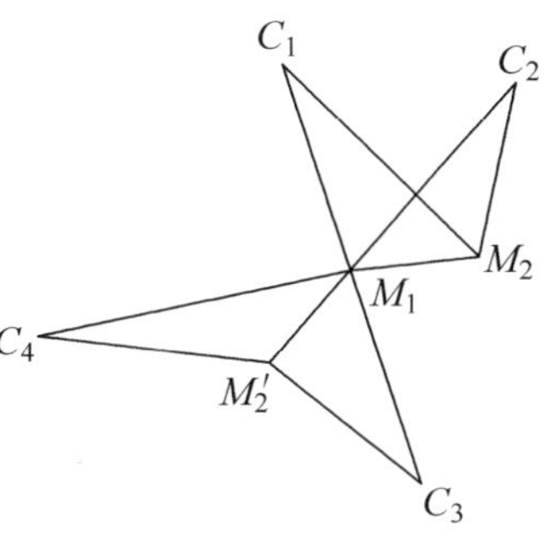

图 12

六、运输指向的要素

从理论上说就运输而言，工业区位选择所依赖的唯一因素是工业**原料指数**以及该指数的构成。应该强调的事实是除了这个因素再没有其他因素可以决定或改变指向的基本运输网络；并且该要素完全由各种生产部门的暂时的技术状况所决定。后面，我们将要看到如何确定其他因素产生的与基本运输网络偏差的程度（来自其他指向的原因或因素所产生的偏差）：第一，通过与各生产部门性质有关的多种因素；第二，通过一般环境条件，如“消费密度”，“生产密度”以及普遍存在的运输“运价水平”。这些因素无助于工业指向的基本运输网络的建模。“消费密度”的增加或许需要开采新原料产地，因为业已开采的原料产地不足以满足消费；那么它会产生更多的区位图和生产地，从而引起基本网络的进一步演化。但是，在整个图形中，一般“运价水平”的升降根本不会改变什么。在所有区位图中，它确实增加或降低了“成本指数”，但价格水平并不因此使区位图内的区位替代，也不会改变形成区位图时的相互作用的条件。我们认为工业指向的基本网络是在运输成本的绝对影响之下，都不受这些一般成本水平的控制。

73 事实上，工业运输指向表面上看起来绝对取决于原料之间相互关系，由于这些关系它依赖两个因素。两个因素决定了各种工业的“原料指数”（如我们已经看到的，它是确定原料间关系的理论表达）。其一是在生产过程中地方原料的失重大小，其二是所使用广布原料的重量。生产中重量损失的每一点增长都使原料指数增长；所使用的广布原料的增长则降低了原料指数，反之亦然。认识到只有这两种因素能够增加和降低原料指数是重要的；因此二者决定原料指数，从而解决了一个工业更趋向于原料产地或是消费地这个问题（依赖原料指数）。在任一给定的工业过程中，所使用的广布原料的重量与地方原料的重量损失之比，给出了该工业是配置在消费地还是移向原料产地的这个问题的根本答案。

七、发展趋势

前面所述对运输指向的发展具有什么重要意义呢？其中，那两个条件在发展中怎样变化并带来什么结果呢？在现实中，发展的一般含义是指在一个长时期内对自然的控制的持续加强和人口集中化的持续发展。这种定义的发展在运输指向的条件中产生下述变化：

第一，发展使人口集中，它将导致对可利用的广布原料的需求量不断增长。其结果在某些地方非再生性广布原料耗竭告罄，许
多地方对再生性广布原料的需求超过地方产量。这两种情况都将 74
从这些地方的生产中排除广布原料，前者全部消除了广布原料，第二种情况则只是从其需求不能再由地方供给生产的那一部分。随着发展和进步以及人口的不断集中，对广布原料的消除将甚至趋向更大的比重。实际上，这个过程在人口集中的区域能推向很遥远的地方，以至于原料的制造本身能在任何地方自行生产的（即技术上的），而事实上变成一种从其他地方才能获得（即地方原料）的制造的原料。就是说就人口集中的意义来讲，发展持续地减少生产中广布原料的份额，并代之以当地的地方原料。它不断地降低消费地的分量重量。这就是一般发展的作用之一。

第二，就其对自然不断加强控制的意义来说，发展将影响地方原料的**重量损失**，并因此增加了生产对失重原料的使用量。人们可以把所发生的描述为这样一个持续深入的转变过程（考虑到不断加强对自然的控制），即从那些自然界为人类提供现成的原料的使用，如木材、粘土等，到诸如矿物、化学物质等原料的使用，这些只有通过工业过程的手段才能从自然界夺取的物质。这意味着在生产过程中损失的重量增加了。因为产生新材料的过程一般是燃烧过程，所以从使用燃料原料的结果来看，这是一个严重的重量损失过程。而且，这些新材料本身由于被隔离开来失重巨大，并且所
75 遗留的“副产品”，一般地说比以前的原料如木材、粘土等的副产品更多。结果这种投入生产的新材料越多，在生产该“原料”所引起的重量损失就越大。进一步说，对自然的控制导致更为普遍的“机械化”生产。由于机械化过程包括燃料的使用而导致每个机械过程转化成“失重过程”，并导致重量损失普遍增长。因而这种发展极大地增加了生产中的各种方式的失重，所以通过取代广布原料，这种发展极大地加强了原料分量，削弱了消费地的分量。

其结果，工业必须不断地坚决地从消费地向原料产地移动。事实上，这种普遍发展的观点促使我们了解我们所目击 19 世纪大工业革命的基本特征。人口急剧的集中化、技术的迅猛发展并伴随着生产的机械化和向金属使用的过渡，二者都倾向于摧毁（正如产生它们那样的迅速）那个时代工业区位的主要条件，即在运输决定工业区位的范围内，工业区位同消费地相一致的条件。工业区位从消费地的迁出意味着行会的灭亡，因为行会即是以工业区位与消费地相吻合为先决条件的。就区位理论而言，在此我们具有一般的基础知识了解这种类型的工业组织不可避免地衰落。当然

这些行会被许多不同势力逐渐毁掉的，这些势力几乎都是强有力的。可以肯定，我们指出的区位条件变化不是最弱的势力。

第三节　接近实际 76

为了理论的完善，现在我们撇开至今所作的理论抽象，修正我们所得到的结论以便与现实相适应。我们得放弃两个假设：第一，运量与运距是决定运输成本的唯一要素，这也是我们整个研究的基本假设，在此基础上来勾画区位图并确定区位的位置；第二，在个别情况中无论怎样确定运输成本，在运输方式单一的整个国家里运输成本总是一致的。第一个假设和第二个假设一直贯穿于我们的整个讨论之中。确切地说，为了使我们的理论适应于现实，这两个假设要求我们考虑：第一，现存的运输价格体系；第二，若干运输体系之间的相互作用。

一、现存的运价体系

在第一节中（见第 42 页之后）我们已经讨论了根据重量和距离从理论上计算的运价与实际运价结构的偏差是如何通过重量和距离来表示的。可以看到，使里程运价增加或减少的偏差（即在某种道路、个别线路或一定距离上所产生的使运价增加或减小的偏差）可以表示为里程的加长或缩短。我们还可看到，按重量对运价纯粹计算的变动所引起的偏差（即使某类物品运价增加或降低的偏差）可以表示为重量的增加或减少，就像“虚构”的增重或减重。无论这些偏差对各类物品发生普遍的影响或仅在一定条件下发生

77 影响，情况都是如此。这就是理论上的解答。[①]

下一个问题是，对运输指向的结构而言，这些对结论的修正有什么意义。这些修正如何使区位图发生变化又如何影响了图中区位的位置？

1.纯粹按里程计算运价所引起的偏差——如果某些线路由于特别低的运价而缩短了距离，或者使长距离的运线缩为一般的长度，那么各点间的相互关系被明显地改变了，正如在区位图中所看到的那样。从消费地的角度来看，某些原料地为了形成区位比实际地理位置上的原料地更加近于消费地；从原料地的角度来看，情况是类似的。因为从消费地到原料地的距离以及原料地间的相互距离，按最低运输成本指数（参阅上文第 67 页）决定形成什么样的区位图。运价的变动改变了为消费地提供原料的原料地之间的竞争关系，进而导致区位图的变动。某些本来不能用来构筑某些消费地区位图的原料地，现在可以启用了；而其他本来可以用来构筑消费地区位图的原料地现在被舍去了。实际上，按这种方式可以形成完全不同的区位图和生产地为消费地提供所需，而不是我们假定的那些只考虑地理区位的生产地和区位图。然而，在一些区位图中，按照前面阐明的规则准确地确定生产区位。用别的方法
78 表示，即与原料地和消费地相关的区位在理论上的位置根本没有变化，只有决定区位的区位图会发生变化。看一下地图，人们或许会惊奇地发现这个或那个区位没有利用地理位置上较近的原料地。然而，当把实际所选取的原料地用于计算时，从决定区位的一

① 参阅上述，第 46 页（中文版第 60 页）之后。

般原则来看，人们或许发现没有偏差。

2.**纯粹按重量计算运价**所引起的偏差——显然进入地区平衡的增重或减重商品是通过其他因素而非其实际重量影响地区平衡。这些商品吸引区位的能力比其实际重量所具有的能力要么强得多，要么低得多。如果在所有原料以及产品的情况中其重量不会按比例增加或减小，则区位图各角的引力就不会按比例发生变化，因而区位图中的区位就会移动，因为在各角的方向上是按其引力增加的比例吸引区位的。

如果工业产品体积笨大，如椅子、缸、水桶等，而生产中所使用的原料不是大体积的，按德国的运价计算，消费地分向量对区位的引力是产品重量引力的 1½ 倍。换言之，消费地的吸引力不仅等于使用原料重量的总和，按纯理论的说法而是原料总重的 1½ 倍。如果是非笨大物品，位于原料地和消费地之间某个位置上的区位，由于产品重量实际上是原料重量总和的一倍半，而将位于消费地。在现实中，笨重物品的情况并非罕见，体积笨大而其产品却不笨大 79
的原材料（羊毛）当然会把区位吸引到原料地或其附近地区。对于燃料，推理过程是一样的。

当低价物资的单位重量运价降低时，我们发现一种相应的结果，尽管这种结果与上述结果相反。这种降价几乎总是因**原料**重量的减少而致，而不是因产品重量减少，除了有些小幅度的降价是由产品减重引起。这是因为产品比原料具有更高的价值。从而，低价物资的运价降低的意义总是：沿原料地分向量的引力与沿消费地分向量的引力相比降低了。结果导致区位向消费地移动。例如，德国的低价原料，诸如粘土、矿石、木头等，以下降到 60％的运价运输，而煤以下降56%的运价运输的话，那么，这就意味着有一种强烈的趋势使区位远离原料地和煤产地而趋向于消费地。[①] 故而，这种运价的降低造成了生产区位分布或者说分散的动机。我们要从理论上解释其分布范围有多大，以及不同工业的区位会移向哪个点。因为我们所需的区位图只简单地把这类物品归结为重量相应减以低价运输的物品。做区位图时，我们可以通过精确地计算找到运输成本吸引区位至某点的位置，这同没有降低运价时的情况一样简单。无论某类物品的运价增加或减少导致了什么样的变化，这种变化使区位图中的区位发生了重大且准确的位移。
80 然而，值得注意的是这是这种变化的唯一结果。这种特殊的运价总是以相等程度影响所有同种原料的不同产地，而里程不会对此产生影响，因而原料地不会变。只有距离的变化能改变各种原料地的竞争优势并因此改变它们在区位图中的用途。在第一种情况中，区位图本身发生了变化，与此不同的是，通过降低某些物品的运价区位图保持不变，生产指向的整个结构基础也保持不变，只有区位本身在这些基础上移动。

尤其应该注意的是：少量的运输（少于一货车或零担物品的运送）使运价上升。理论上把运价的增长表示为重量的增加。然而，这不是针对某类物资而言，而是针对全部物资而言，无论什么时候运送这样少量的物资，确定区位时似乎没有产生一些可以被准确计算出来的因子，因为我们某产品的产量是否达到按标准运价计的产量，以及能否在运价增长的地段运输。“理论”区位图的变形，

① 美国的情况与此相似。——英译者

似乎不需对其进行一般性阐述，在各种个别例子中以及每个区位图中我们曾仔细地分析过这些变形，因为在有一定运输能力的区位图中，能力大小取决于消费地规模，所以我们现在可以简化或忽视这种变形。在一个区位图中整车的运输，在另一区位图中则是非整车运输。前一区位图中的运输、生产以及消费都比后一区位
图中的廉价。但这既不影响区位图本身，也不影响图中的区位位 81
置。因此，这种对以重量为依据纯计算的修正，可以略去不计。[①]

二、运输系统的真正本质

我们前面假定了在整个地域中运输系统是一致的。实际没有必要如此，任何现存的运输系统都可以分为独立的部分。理论上假定只有一种类型的运输体系，但现实中情况并非如此，铁路、水路、公路是并存的。在理论对现实的应用中，我们面临着确定这些差异的重要性问题。

（一）运输系统的划分

寥寥数语就足以说明将运输系统分成各个部分的合理划分。尽管每个部分间存在着技术合作，但仍然是各自独立的经济单元。如果这种划分使各部分各自确定了单独的运价（当然，只有在这种

---

① 当若干区位图通过集聚而相互“合并”时，这种修正就重要了。在这种组合图中，单个消费地的规模不再决定所需运输商品的数量；因而不再决定运价。单个消费只能接纳少量的运输，而且成本较高，但“合并生产地”可以接纳整车原料的运输，因而成本低廉。这个条件同产品的“重量追加一样具有同样的作用，这就等于加强消费地的分向量”。合并区位本身有向消费地移动的倾向，否则，合并区位会向其他地方移动——后面我们再进一步分析这种倾向（见后文第 122 页）。

情况下这种划分对运输成本才是重要的），那么，最好将每一区域（具有各自不同的运价）简单地视为一个分割开来的地域。在这块被分割开了的地域中，工业指向本身。能否这样做取决于运价的
82 差别大小。例如，在不同区域内对标准运价增加或缩减许多时，这样做就方便了。在此情况下，理论上各区域的区位位置是迥然相异的。那么最好是单独考察这些区域。

另一方面，我们认为运价的差异是同一指向的地域中统一运价系统的**地方性**校正，只有某些不重要物品从一地到另一地的运价发生变化时，这样做才是合理的、方便的。

比如联邦德国的运价系统就存在这种情况，就我们所关注的工业指向来看，把整个德国版图视为统一体系是合理的。

（二）不同类型运输体系共同运营

当不同运输体系共同运营时，似乎我们所面临的是更加复杂的难题。然而仅仅是似乎如此而已。如果我们把这种状况看成现在的这个样子，问题或许能够解决。

让我们来看看铁路系统吧，如图 13 所示，它表现为一个网络系统。在这个网络系统中，消费地和原料地位于某些点上，如图所示。为了把这些中心点联接起来才形成了这么一个网状系统。然而，这些点不是用直接连接的，而是由许许多多的曲线连接而成，曲线是因其他中心点的存在以及地理环境而造

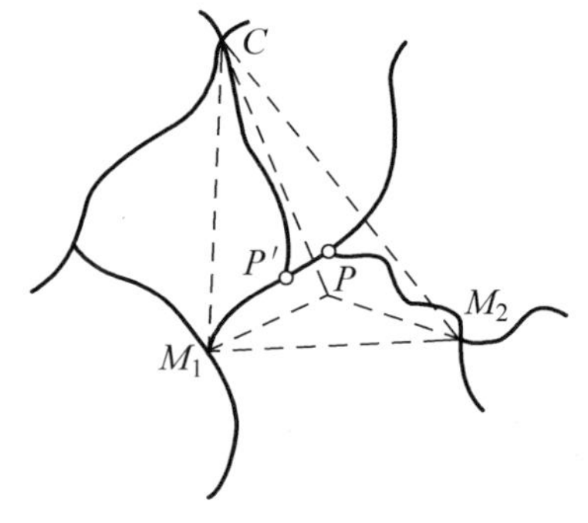

图 13

成的。用数学直线的理想区位图和实际区位图的关系有点像
图 13所示。尽管我们按照区位图所要求的那样，合理地提出了一
些建议，甚至对实际的铁路联线进行了一定的改进，但实际运输仍 83
按照实际的铁路连线进行。无论采取什么措施，连接原料地、生产
地、消费地的几何直线，在实际情况中只能呈曲线状，这是不言而
喻的。这种现实情况对于规则的实际情况有什么重要意义吗？回
答是肯定的，因为在现实情况中，区位位于运输网络之中。因而只
能选择那些接近理想区位的区位从运输网络的现状来看，在所考
察的点当中，选中的是那个最接近理想区位条件的点。如图所示，
考察的对象是那几个位于理想区位附近的实际地点。然而只有其
中的 P' 被选中了；尽管 P' 在地理位置是距理想区位点较远，但就
P' 同原料地位置和消费地位置的关系而言，P' 是最合乎要求的点。

阐明了现实中这种“变形”的影响之后，我们要接着考察几个运输系统是如何共同运营的。

1.**水路的影响**——现在的铁路和公路是共同承担运输任务 84
的，如果我们把铁路运输系统作为标准运输系统并从这里入手开始分析，那么我们会发现水运是一种较廉价的运输系统而公路则是相当昂贵的运输系统。现在德国水运价格是最低铁路价格的一半，每吨英里 0.25 分。这种带有竞争性的水运对区位有什么意义呢？让我们回过头来看看现在水运和铁路在空间上有着怎样的关系。在任何地方我们都可以发现，稠密的铁路网横亘于整个国家，自然的，人工的河道像绢带一般从中穿绕而过，这些河道是可以连接起来的进而形成“网络”，或者是不能连接的大江大河。但是，即便这些河道形成了这么一个不规则的网络，也不能开发国家所有

的原料地，甚至几乎不能满足所有消费地的需求！廉价的水运只
能通过某些点，从铁路网中横穿而过，这些铁路线能开发所有原料
地并为消费地提供所需，所以实际上水运具有工业指向。国家绝
大部分的生产地和原料地配置在铁路沿线，因此区位图和工业指
向的基本骨架所依赖的吸引点都包括在铁路网内。贯穿于铁路系
统的水路实际只是提供廉价运输机遇的运输线路，它们或许被当
作运价低廉的铁路系统的一部分来考虑。这样，在理论上就与方
式单一、运价一致的运输系统的概念相吻合了。因为只有在这样
一个系统中，运价较低的线路是指按运价降低的比例缩短距离的
意思，而别无他意。做区位图时，利用这些线路被缩短了的原料地
所具有的优势超过那些不能利用这些原料地所具有的优势。某些
85 原料地的作用范围将扩大，而另一些原料地的作用范围将消失；并
且某些区位将会改变：这是水运同铁路竞争的结果所致。如果我
们知道所讨论的现有水运价格，就不难在我们的分析中将水运价
格作为区位因素并且按照一定的规则做出区位图。我们通过图示
（图 14、15）来搞清水运价格对区位的影响。

第一种情况：受水运影响，一个原料地消失而另一原料地出现了，区位图发生变化，区位迁移（参阅图 14）。

原料地 M_2 比 M_2' 更近于消费地 C，如果没有河流，就会形成一个由生产地 P 供应消费地 C 的区位三角形。然而，由于河流的存在，从经济意义上来说，就使得 C 到 M_2' 的距离短于 C 到 M_2 的距离。在此情况下，利用 M_2' 和生产地 P' 的区位三角形就会起作用。

86 第二种情况：当然，这种作用没有必要这么广泛；也可能原料地的利用不会变化。在这种情况中，区位图保持不变，只有生产地

发生了位移。图 15 表示的就是这种较弱的影响。

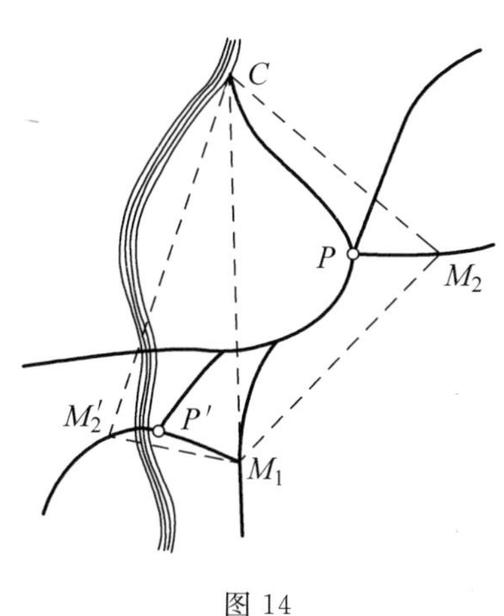

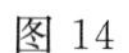
图 14

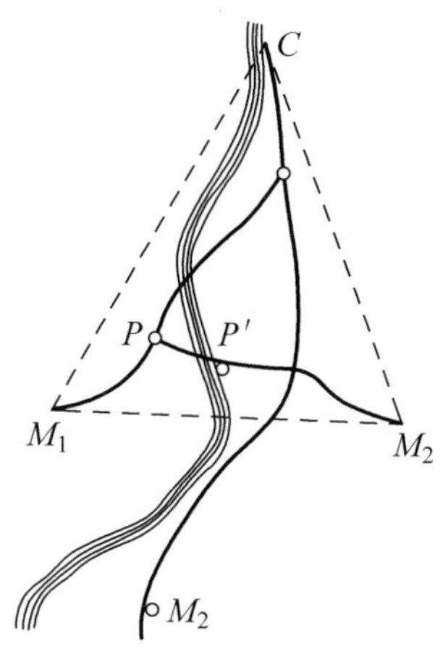

图 15

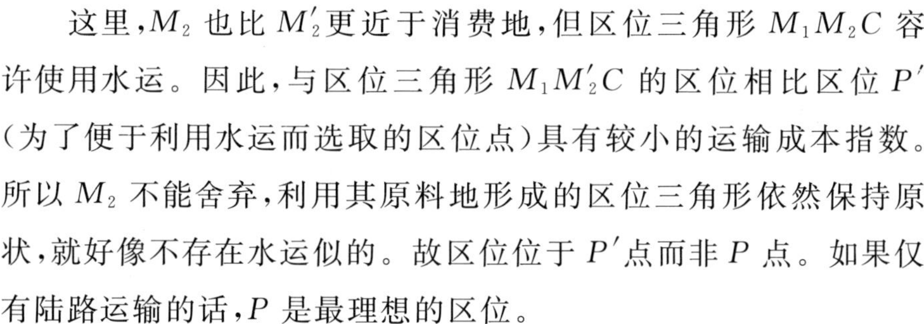
这里，M_2 也比 M_2' 更近于消费地，但区位三角形 M_1M_2C 容许使用水运。因此，与区位三角形 $M_1M_2'C$ 的区位相比区位 P'（为了便于利用水运而选取的区位点）具有较小的运输成本指数。所以 M_2 不能舍弃，利用其原料地形成的区位三角形依然保持原状，就好像不存在水运似的。故区位位于 P' 点而非 P 点。如果仅有陆路运输的话，P 是最理想的区位。

以上所述足以弄清水运对区位作用的大小，并同时回答了为什么工业生产地总位于河流旁边。在确定区位的过程中，所有区位受到水运的一些影响而或左或右地向河边移动。尽管现在河岸上囱烟滚滚，这些生产地本应位于接近河岸的某地，即使那里只有陆路运输。

2.公路网的影响——众所周知，公路的运输成本平均是铁路的 4～10 倍，个别情况下为 20 倍。[①] 其结果是不再用公路进行长途的货运。今天的公路仅仅用于给火车站接送货品。因而公路根
87 本不再具有任何单独的区位意义，其功能不过是辅助铁路系统。如果我们想了解这种辅助功能的意义，最好把环绕在火车站周围的货物集散地区看成一个以车站为中心的单元。像这样一个地区单元，无论是原料地还是消费地，通过车站介入整个工业指向。我们暂且不考虑地区单元在其街道系统的影响下内部如何组织；这是个区位问题，类似于在交通因素的影响下大都市中的工业是怎样聚合的问题——也是我们将在后面的章节中讨论的地方集聚与分布问题，如果这样一个火车站单元（这是我的说法）作为原料地进入工业指向的话，那么必须把火车站的价格当作原料的到货价格（原料地方价格加上公路货运费），而不是以原料地价格为到货价格。很明显，因为只有这种价格，原料地才能实际进入工业指向。

到货价格差异的特别意义将在下一节讨论。当然，或许原料地和消费地可以配置在完全不需要铁路运输的地方，因为二者处在同一个“铁路车站单元”里。对工业指向来说，这意味着二者配置在同一地方，所以不能包括在我们理论思考的主要范围之内。然而，对一个具有街道网络系统火车站单元内的地方指向而言，完全相同的指向原则在微观上发生作用。就具有密集运输网体系整个国家而言，该指向原则决定着总体指向。一切都是小规模的简单再现。

① 这个例子是在卡车出现前写的，但我们发现如果使用韦伯在此提出的方法，可以解决所产生的问题。——英译者

三、理论到现实的进一步应用 88

现在，可以放弃其他几个重要的简化问题的假设，并考虑现实某些特性（直到现在还被忽视的）的重要性。它们是：第一，原料的价格差异由原料地和火车站的位置引起的；第二，水动力对生产过程的影响。我们说原料的价格差异（价格差异一般是指向的独立区域因素）理论上表达为原料的运输成本差异，因而与理论相吻合。我们还可以说，水动力从理论上考虑可以作为廉价燃料；因此它表述为原料的价格差异，这样也就与理论相吻合了。然而，当水动力介入的话，一些非常重要的特性就出现了。用运输成本的差异来表示原料价格差异的这种方式，以及它们影响指向的方式需要进一步的例证。在例证中，我们将使用我们已经发明的区位规则。

（一）原料价格差异及其影响

在此我们不考虑引起原料价格差异的原因是什么；或许是由于生产成本中的差异，或由于人为价格控制，或由于物品运输到使原料进入更大交通系统（如由铁路或水路运输）的那些地点的成本差异。我们把这个地点作为“原料地”用于大区位系统的分析，并且根据该点的价格进行计算。

价格差异本身从未使基本区位图中的区位改变；仅使各个原料地之间的竞争条件发生了转变，原料地其他方面的条件相同。低价原料地的作用圈比起只从地理环境本身产生的原料地的作用 89
圈明显较大。这类原料地，而不是指在地理位置上具有较好条件的原料地，可用来供给一定的消费地。简而言之，如同我们前面所讨论的某些线路的低廉运价会引起原料地之间竞争条件的变化一样，价格差异会以同样的方式发生作用。

(二)水能的使用

现在把水能作为生产的一种能源使用有两种形式：直接利用，如瀑布；间接利用，通过电力转换。如前面所阐述的，这两种情况在理论上都被视为具有固定价格而整体上价格较低的燃料原料地。其生产的马力易于折合成产生相等能量的煤，那么也许我们可以把“白”煤的运量及价格与“黑”煤作比较，这一点很简单。然而，这种可折合为一定量煤的能源具有区位影响的特性，我们必须详加考察。

1.在利用瀑布的情况中，只有在**一个**地方即瀑布所在地所产生的能量可以折合成一定量的煤。这样的瀑布产生了一种**可变**的、局部性的区位作用；区位即可走向这个具有区位利益的地方，也可留在原地。如果留在原地，区位绝对不会受该地的区位利益所左右。前一种情况什么时候发生呢？后一种情况又何时发生呢？如果现在区位仍未被该地区位利益所影响，那么实际上说，这意味着区位图的形成和区位的选择是从优势地区的煤产地出发的。我们知道区位图就是这样建立的，并视之为标准区位图。利
90 用瀑布对于煤原料地的利用造成排挤，并且在有瀑布的地方形成了新的区位图。这意味着新区位图中的区位移向了一个点，这个点在理论上还是一个新点，即瀑布点。所谓理论上的新点（如利用更廉价或更有优势的原料地而放弃了一些煤产地）事实上是由于在瀑布点建立区位的必然性而导致了区位图中的区位转移。因此，凡是在原区位图中的区位不位于动力原料地即燃料地的各种

情况中，区位将被迫走向新的能源地即瀑布所在地。从这里可以得出（在此我们暂做一小结），在瀑布地所获得的能量比在煤原料地所得到的能量价格低廉且有更多优点，瀑布的区位作用不会同煤原料的区位作用一样大，即便水力具有煤原料地所提供的等量利益。因为当区位偏离于最小运输成本的标准点时，产生了运输成本的追加，产生水力的瀑布的区位作用就会因这种追加而削弱。即使水力是相应的廉价的煤动力，瀑布地的水力所引起的区位变革与煤原料地的情况相比仍是较弱的。瀑布的区位作用仍限于较低程度，低于瀑布地区水能的不可运输性所必需图内区位转移的限度。在原先区位受动力原料地分量影响很小的情况下，区位的转移才是非常广泛的。

瀑布水动力什么时候能够取代煤原料地并把区位引向自己呢？显然，只要动力成本的节约大于所增加的运输成本时就可取而代之。所以我们需要把水动力区位的水动力成本与煤原料地的煤成本之间的关系以及原区位运输成本指数与新区位的运输成本指数之间的关系进行比较。如果水力成本与到水力区位的运输成 91
本之和小于煤成本与到煤区位的运输成本之和，那么，水力较廉价，可取代煤原料地。

举个例子，图16中，P 是使用煤原料地（位于 M_2 的）的区位图 M_1M_2C 中的原有区位；W（瀑布）是使用水力的区位图 M_2WC 中的新区位。我们要把 W 处的单位产品的动力价格加上 W 的运输成本指数（a'，b'）同在 M_2 的单

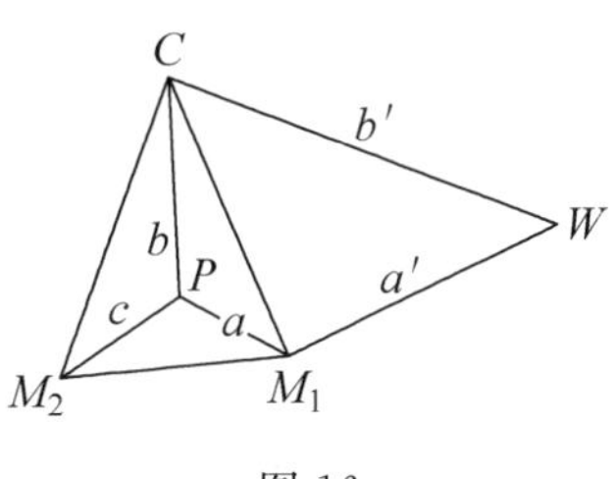

图 16

位产品所使用的煤价加上生产地 P 的运输成本指数(a,b,c)这两个和数进行比较。如果前者总数小,区位 W 可代替 P,反之则不然。这表明不可输送的水力的区位作用很容易就可计算出来。其作用仅限于上述成本关系所决定的范围之内。除非所经路途较短,瀑布的区位影响会最为直接地作用于工业配置在原料地的情况,因为在此情况下图中区位不需要移动。[①]

2.**可输送的水力**——第一,如前所述,理论上我们把一般生产过程中所耗用的1马力煤量转换成电力马力。这种可以把电力折合成煤量的电力价格(在水动力区位上)同煤原料地所必需的煤价
92 相比较。这样,我们在理论上把所利用的水能表示为一个假定煤原料地所产生的动力,它具有一个固定的、大体上较低的价格。第二,我们应考虑这种电力马力所耗用的运输成本,假设可以把它折合成煤的运输成本。总的看来,我们发现能够大量输电的水力区位所提供的能源价格与折合成煤的价格相比极低,且每吨英里的运输价格也极低。在可运输的水力情况中,由于水力区位在理论上代表着非常廉价的煤(其运输价格低廉得惊人)原料地,所以水力的区位作用看来是明显的。水力这种极其低廉的特点,按我们前面的讨论,使水力在更大范围内得到利用,比其地理位置使人所料想到的还要大,低廉的水力还会排除那种利用较好地理位置的原料地所形成的“区位角”。这种把水力折合成一定量的煤的吨英里的低运价在理论上被表示成“假想”重量的减少。低造价在适当

① 在上述例子中,区位不得不从介于煤原料地与其他原料地之间的一个点向代替煤原料地的水力地点移动。——C. J.弗雷德里奇

的区位图中把区位移向其他区位角——消费地或其他原料产地——比舍弃煤原料产地后所形成区位图中的区位推向更远。在使用不可输送水动力的情况中，我们发现：(1)新区位图的形成是利用了水力的结果；(2)遵照理论原则区位的迁移发生在这些区位图之中。然而，这种情况不同于前面所说的，因为区位没有移向动力原料产地，而是在相对方向——即向消费地和其他原料产地移动。然而，区位在新区位图中的移动是由于新动力原料易于运输而不是由于其不可移动性所致。

从这些观察中，我们能在可输送和不可输送水力之间抽象出巨大的本质差异。不可输送水力的情形里，远离运输成本最小点的区位迁移提高了运输成本指数；因而缩小了水动力产地的“影响范围”，同时，在可输送水动力的情形中，相当于运输一马力的低运输成本使由于生产成本低已被扩大了的影响范围再次扩大。因为很明显输电(吨英里“理论”煤运价低)的运价格意味着各个区位图的运输成本指数降低，所以，把这些区位图摆在允许它们同其他区位图竞争的位子之上。如果马力的生产和输送一马力的费用充分低廉的话，那么有利地区位水力产地将在煤产地被舍弃的基础上产生大量区位图，就像许多区位被迁移似的。另一方面，即使位置不佳的水力产地也不排除其成为区位和生产的基础。

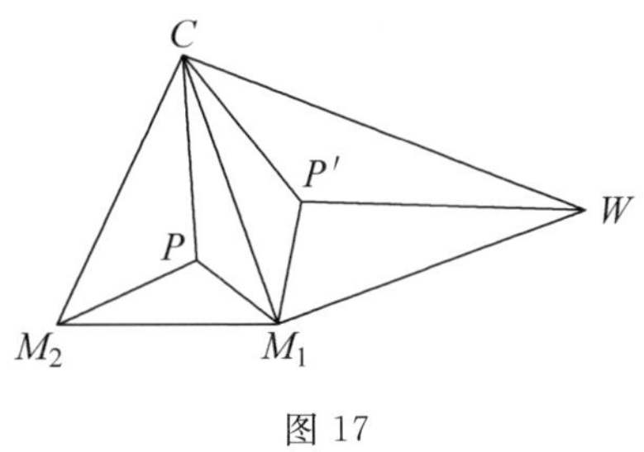

图 17

按照我们的理论，我们能够准确地确定水力蕴藏量在什么程度上以及靠什么区位的结论进入现代经济生活的。借用上个例子

的图示，区位 P'（建立在 W 的水力产地代替了煤原料产地 M_2）不
会位于 W（正如不可输送的水力的情形），但在新区位图 M_1WC
94 中，区位 P' 比以前的区位 P 更接近 M_1 和 C，P 是以煤原料产地为基础的区位图 M_1M_2C 的区位点。P' 在新区位图中的位置决定于我们前面讨论过的业已熟悉的规律。在 WP' 分量上的重量必然是以下二者之差，W 处产生的“理论”煤重量（用煤来计量的水力）和相对应的较低吨英里运价的运输线上要扣除的重量之差。为了确定区位 P' 是否合理，M_2 是否应当舍弃，我们不得不把“理论煤”的价格（水力以煤来计量）加在区位 P' 的运输成本指数上。这个总和要同原区位 P 的运输成本指数和实际单位产品（在 M_2 的）煤价格之和相比较。如果前者小，P' 就是合理的，否则 P' 就不合理了。这个例子显然可以普遍地应用。那么，将水力及其作用纳入运输指向的理论显然是可能的。我们可以有把握地说，我们已经成功地把我们的理论用于现实的各种修正之中。

第四章　劳动力指向 95

第一节　劳动力成本分析

在一般经济术语中，工业的劳动力成本（就我们初步分析区位要素时给概念所下的定义的范畴里），是指赋予特定生产过程的人类劳动支出，它在资本主义制度中是以工资或薪金形式出现的，并在生产过程的进程中支付，它代表劳动力不是“工资”所能换来的，因为它同“商品”有些不同，这是显然的。然而，在当今资本主义制度中劳动力所耗费的能量的经济表达（指我们现在所说的“劳动力成本”）就是每单位产品的工资或薪金。并且，因为我们经常为讨论经济现象而讨论其具体表现形式——因为只有这样，问题才能搞清楚——所以我们将在进一步的讨论中探索这些工资或薪金，而在前面的理论研究中是以产品的“重量单位”来计算的。

劳动力成本只有从一个地方到另一个地方发生变化时，它才能成为区位因素，这一点不言自喻。但重要的是要认识劳动力成本的地方差异，因为我们仍在考察工业的区域分布，只有这种地方差异对工业区域分布有重大意义时才引为重视，这意味着劳动力成本只有以某种方式与地理确定的点事实上相联系时，才引为关

96 注,只有在这种情况下劳动力成本才能吸引工业到特定的地理点,并且以此影响工业基本的区域分布。劳动力成本中只有一部分实际的地方差异具有那种特殊的地理关系。一般说来,一种工业的劳动力成本的差异或许出于两类极不相同的原因:(1)由于不同效率水平和劳动力工资水平,即由于或多或少的主观因素;(2)由于不同的组织效率水平和被劳动力用于工作的机器设备水平,就是说,或多或少是由于客观原因。然而,只有来自主观原因的地方差异才存在必然的特殊的地理关系,即地理上被"固定"的关系。劳动力的地方差异是给定的人口空间分布的函数,就这个意义上说,劳动力的地方差异是固定的差异,表示工资水平以及工业各部分的操作水平的差异。另一方面,考虑到"机器设备"的效率水平差异,劳动力成本差异好像不再是地理间决定的了,是机器本身的利用水平决定的。后一种成本差异以某种方式成为决定区位的一个要素,在后面的聚集理论中将集中研究;但现在我们不予讨论。

所以,我们现在不能对劳动力成本作为区位要素的重要性做详尽的研究;因为我们只讨论劳动力成本差异的一部分,它产生于个人效率水平和工人工资水平上的地区差异。

97 引起工资和效率差异的,结果又引起劳动力成本差异的是什么特定条件这对于我们以及对于我们的整个"纯"理论都无关紧要。我们尤其不关注它们的实际水平,当然,它们不是一种"纯"经济现象,而只是极度变幻的历史和自然环境的变迁结果。所有这些都被纯区位理论完全忽略了,纯区位理论仅仅关注和考查地理决定的劳动力成本差异的基本意义。为此,劳动力成本差异的实际水平——甚至不管其实际存在与否——都完全无足轻重。纯理论把劳动力成本差异，看作一种“可能”、考察这种可能的理论结果。

然而，我们肯定对一件事情很感兴趣即称之为地理的基本“形态”，劳动力成本差异就显现在这种基本“形态”上。对于一个国家的给定时刻，我们要了解取决于工资和操作水平不同的劳动力成本，以什么样的一般方式进行实际的地理分布的。成本差异是“按地域”而来的吗？这样的话，人们可以说在这个整个区域的运营比其他给定的区域更廉价。不然的话，差异是“按地方”差异而来的吗？那么，所谓的地方与特定城市有关，或无论如何与多多少少集中的地区有关，一般地看来，视为“一个城市”（数学上的点），这样避免了产生太大的错误。这两个被假定的可能，无论前一个还是后一个对我们讨论都相当重要，可以通过数学手段帮助解决。在第一种情况下，我们必须讨论数学上的概念“面”，而后一种情况要讨论“点”。

关于这一点，如果我们不带偏见研究实际的情况，我们就必须澄清有关工资水平差异类型的各种区别。

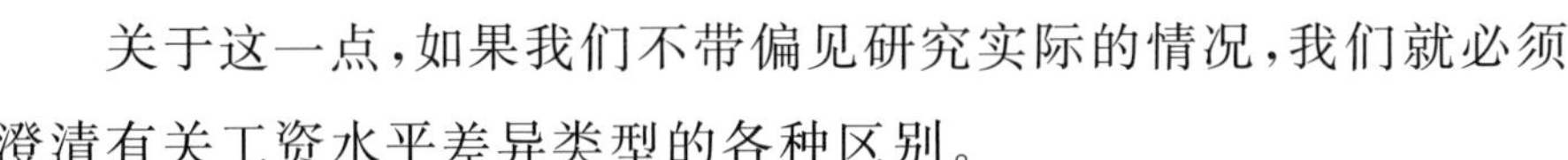

按照地区，我们能立即想到工资水平的某些差异。我们想到德国的例子，德国西部和南部工资普遍水平高于东部。我们会想到熟悉的医疗保险资料积累的地区平均日工资表；或许记得工资分布从西到东“像阶梯”一样逐步降低，也有些例外，那种点状例外，对工资水平的区域分布来说，一般是大城市造成的。如果我们 98
考虑了这些熟悉的事实，那么提示我们的“工资率”是作为一种现象考察的结果，是作为“按区域”而产生的基本差异。

这种图示是经常使用的许多统计简化的一种，尽管不酿成实际错误，但它在细节上却给我们造成危险的不精确的现实。

举个实例，让我们引用1901～1902年德国最大的工会之一的年报工资统计，主要是不熟练技术工人、贸易、运输、交通劳工中心工会组成（即门卫、包装工人、售货工人、赶马车的、出租车司机、家具搬运工等等）。下面数字对中部德国有很好的代表性，在那里工会非常广泛地分散在大城市之外。以马克计，平均周工资数额在哈茨山附近小范围内有以下变化：北豪森为14.2马克，桑格豪森为12.0马克，哈尔伯施塔特是15.7马克；对南部图林根森林地区，这块不算大的地方—松讷贝格为15.7，苏尔为15.3，萨尔费尔德是17.2，爱尔福特是19.3，耶拿是17.0；处在萨克森工业区周围的区域——蔡茨为17.8，格赖茨为16.7；普劳恩舒尔区为19.4，在此三个地区的工资差异都在2马克到2.7马克，即距离很近的两个地方的工资差异达到22%。任何地方都能看到同样的结果。如在西圣西恩县毗邻的两个地方斯楚哥、瓦尔登堡，工资分别是12.9和15.3马克。我们发现，即使对于非熟练劳动力，工资率“按地方”也完全不同。大城市工资自然要高于周围县的工资，就是在任何地方，即使在一个县本身的小地方也是如此。“按区域”而来的工资差异仅仅是很大地方差异的一般平均。

99 对劳动力，即使在最平均的范畴里，即劳动力被非常肯定地称之为一同质群体，那么显然，当我们研究技术劳动力的工资水平并遵照工资“按地方”分布的指导原则时，那么，工资水平的按区域分布的假设是不合理的。按照1903年冶金工人工会的报告，如中部

德国的模具制造工人(使用沙子)每小时挣得计件工资以芬尼计，在希尔德斯海姆为41，伊尔森堡为27，塔勒为39，桑格豪森为34，哥达为44——工资相差17芬尼或相差60％；在哈茨周围小区域内，蔡茨为24，格拉附近是34——相差10芬尼或相差30％；布恩茨芬为31，希尔施贝格为42，施韦德尼茨为39——相差11芬尼或32％。按照1902年关于木业工人十分完备又十分详细的报告，技术木工工人(如木器工、车工)挣得的平均周工资以马克计：在戈尔德讷奥谷地和埃尔斯特-撒勒之间的小区域内，弗兰肯豪森为13.6，卡尔伯为11.2；桑格豪森是16.7，施科伊迪尼茨为21，考贝莎为12，瑙姆堡为18.7——相差9.8马克或相差86％，这种差别也出现在其他地方。图林根森林地区则有下列数字：考伯格为14.7，魏玛为21，哥达为20，爱森纳赫是18.2——也就说每周工资相差6.3马克。

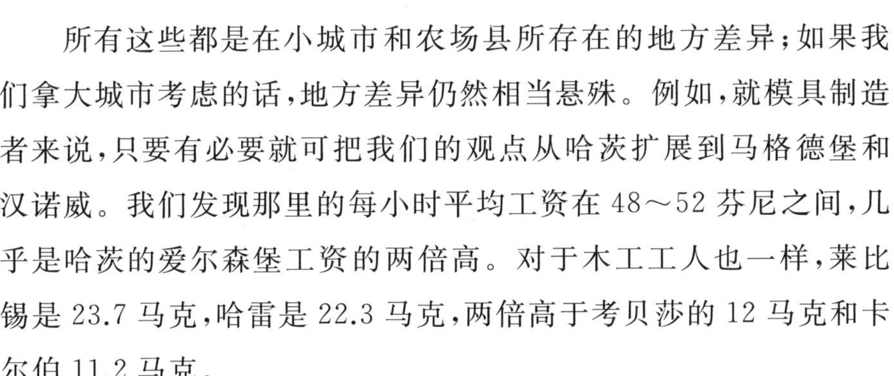

所有这些都是在小城市和农场县所存在的地方差异；如果我们拿大城市考虑的话，地方差异仍然相当悬殊。例如，就模具制造者来说，只要有必要就可把我们的观点从哈茨扩展到马格德堡和汉诺威。我们发现那里的每小时平均工资在48～52芬尼之间，几乎是哈茨的爱尔森堡工资的两倍高。对于木工工人也一样，莱比锡是23.7马克，哈雷是22.3马克，两倍高于考贝莎的12马克和卡尔伯11.2马克。

所以，技术劳动者的工资，即使对非熟练劳动者工资也一样形成酷似山地的地形，有低谷也有相对高峰。就考虑工资的范围内，即使一般工资水平的差异形成了整个区域广泛的基础，我们也将 100
想到点与点之间的变化。

众所周知，工资水平差异不能恰当表达劳动力成本水平差异的思想。二者平行关系受到效率差异的干扰。效率差异存在两种可能情况：同一工资或许存在着不同的效率，这种效率差异是自然和文化状况决定的（人口和环境性质）。这是一种地方性差异。另一种情况从经验的到社会心理的都是我们所熟知的，这种情况也是自然和文化状况的结果，高工资和高效率走到一起，并产生相当大的干扰。这一定理是说**工资**差异的地形图示反映出劳动力成本较小的地形差异。山和峡谷甚至完全光滑起来；或许偏差太大以至于高工资的地方成了低劳动力成本的地方。很显然在经验理论里，特定类别的工业事实上常是这种情况。同时，可以充分地指出，劳动力成本差异是否或多或少地平行于工资差异，或是否由于效率差异使二者偏差太大，实际上，在当今各种工业中的各个雇主都估计了（来自他的经验）“地方性”的劳动力成本的差异性，而不是“区域性”的。我们通过引入从一个地方到另一地方工资率的巨大跳跃的例子，试图弄清这些差异的地方变化，并且从中解释在纯理论中我们为什么不从区域而是从地方的劳动力成本变化开始的。我们将不说不同“劳动力成本的地区”而应当说不同劳动力成本的**劳动力区位**。

正如在一般导言中所通过的，现在我们有必要舍弃劳动力区
101 位实际具有的某些性质，只有这样才能准确地搞清劳动力成本作为区位理论的一个要素其成本变化的影响。必须忽略下述事实，在给定的时间和在一个劳动力成本水平上，无限供给的劳动力当然不会存在于任何劳动力区位中，所以劳动力区位的该成本水平的优势也就不能简单地吸引无限数量的工业。我们也必须撇下事

实的考虑，即每个区位的劳动力成本水平随着工业的各种运动而改变，因为工业运动引起对劳动力需求的变化。我们务必忽略上述情况并假想区位的劳动力成本水平是**固定的**，劳动力有效供给在每个区位中**不受限制**；只有这样做，我们才能清楚地分析劳动力成本**差异**对工业分布的影响并达到其最终结果。只有把每个区位的这种吸引力——以劳动力成本差异为基础的——视为能摆脱一切限制（除了空间限制之外），就是说，只要我们相信吸引力真正不受限制的话，那么就可清楚地追寻它对区位影响的踪迹。并且，把吸引力作为一个定量来引入当然是需要的；否则，它就不能以数学术语来度量。在此，我们必须把劳动成本差异看成是“给定的”，以及给定一个没有限制的吸引力。

要消除这些假设并且引入实际环境的图示我们都留给经验理论了，这种环境是抽象规律在其中起作用的实际环境，即实际环境的重要因素就是劳动力成本差异的变动性，这些差异同工业之间对劳动力的竞争相联系，因为在任意给定的时刻，在每个区位只有**有限**的劳动力供应下，只有求助于这样的经验分析，劳动力的地方移动和工业劳动力成本基础的一般变动才能被研究和解释。

第二节　劳动力指向的规律 102

劳动力成本的基础是怎样通过不同劳动力成本水平的区位影响工业指向呢？

一、理论解:等运费线[1]

让我们再假想有一个孤立的生产过程和分配过程及其粗原料产地和消费地。运输成本最小点是从区位图和我们熟知的原料指数构成成分产生的。围绕一个点的广大地区可能存在一些点,在那里生产一吨产品需要劳动力成本较小,那么决定是否在这样的点上生产将具有什么重大意义呢?

接下来的就十分清楚了:每一个较低劳动力成本的点很经济地构成一个吸引中心,该中心倾向于远离最小运输成本点向自己吸引工业。但是,这类中心的吸引本质上不是真正接近的吸引;因为接近较低劳动力成本的区位对工业不具有优势。只有工业本身迁移到那个地方才对它有用;在此产生了一个吸引备选问题:即工业应该在运输成本最小点运作还是要移往劳动力区位。

在什么条件下工业要移到劳动力区位,什么时候不呢?

区位远离最小运输成本点到有利的劳力区位,这种变化对运
103 输而言意味着一种偏差,即意味着运输距离的延长和运输成本的提高,高于最有利条件下的主导运输方式的成本。因此,区位的变化只有在每吨产品造成的成本提高被劳动力成本节约所补偿或较大程度补偿的情况下才能发生。区位从运输成本最小点[2]能够移到一个更有利的区位,只有在新地点劳动力成本可能产生的节约

---

① 等运费线是韦伯首先引入的新科技术语,它是建立在地理概念"等温线"的范畴上的,相类似的术语在现代科技文献里经常出现。等运费线包含着除熟悉的词根isos是"相等"的意思,dapane是"费用"、"成本"之意。——英译者

② 这个点以后简称为"最小值点"。——英译者

比为此追加的运输成本大的情况下才能发生，有必要精确地理解这个一般定理，并分析其结果。

要精确地了解其理论意义，我们必须把它同我们所使用的一般数学概念有机地联系起来。这项任务的工具，附录第二部分所讲的等运输成本曲线就是我们需要的。那么，讨论先从假设开始，假设从运输最小值点会在各不相同的方向上产生偏差；那么，在区位将走向的那个方向上，因偏离产生成本，存在成本相等的点（即偏差造成的每吨产品追加运输成本相等的点）。那么紧接着，也一定存在偏离的等成本点相连接的曲线，即围绕运输成本最小点，以一定距离画成的曲线，它随原料指数的变化而变化。该曲线是追加运输成本的等高线，它形成运输成本最小点和代表劳动力区位的偏离点之间概念上的连接环。为此，我们把它称之为等运费线（等成本）。

各种劳动力区位无论配置在哪里，一定存在着各自区位图的 104
等运费线。等运费线表达着工业以区位图运输成本最小点移到劳动力区位产生多大的偏差成本。

另一方面，在区位图上，区位的某些等运费线对应于劳动力节约指数，因此由运费线所体现的每吨产品偏差成本完全和每吨产品劳动力成本的节约相等。这可同运输成本最小点上的劳动力成本做比较。在此很显然，如果劳动力区位落在比刚刚讨论过的更低的等运费线上，那么显然其节约就超过了偏差成本；如果区位处于较高的等运费线上，则偏差成本超过节约。这就是说，如果区位配置于该等运费线区内的话，由于这种情况下它的节约比偏差成本更大，并且向那里迁移将引起的节约比由此造成的成本增加更多，劳动力区位吸引工业；反之，如果区位配置于该等运费线范围之外，那么它就不能吸引工业，也不能引起工业的迁移，在这种情况下节约比偏差成本小。关于劳动力区位的这个吸引力，我们称为临界等运费线。对于每一个劳动力区位来说，一定存在着一条对应的临界等运费线，而无论劳动力区位在何处及其怎样的经济指数。劳动力区位与临界等运费线的关系——无论劳动力区位落在线内或者线外——决定着该劳动力区位是否吸引所关注的区位图中的生产。

前面的分析把劳动力区位的吸引力引入（其能力是以劳动力指向代替运输指向）精确的决定性规律的范畴里，上述，在单个情况下所具有的条件已经充分地澄清了。

105 二、劳动力指向的条件

在单个情形中，把偏差和劳动力指向能够发生或将要发生的条件推到劳动力指向所依赖的一般条件，这些条件等待我们引入一般讨论的框架中。对此，我们可立即提出两个问题：第一，哪一个条件是代表单个工业特性的；第二，哪种条件是统一地应用于所有工业的条件——换句话说，哪种条件是“环境条件”？我们看到，同工业的基本运输指向相比较，即同原料指数和“区位重”仅仅依赖于单个工业的“特性”相比较，劳动力指向的种类和数量本质上决定于“环境条件”。

1.从我们曾经研究的单个分析中，让我们首先推断出各种可能的条件类型。由于劳动力区位而产生工业生产的偏差依赖下列要素：第一，区位图和劳动力区位的地理位置。第二，围绕区位图上的运输最小值点的等运费线系列。第三，每单位产品重量劳动力区位的节约指数。

区位图的地理位置和劳动力指向的地理位置明显不是直接与各种工业的一般特性相关联的。它似乎是种“偶然的”状态事实，独立于工业特性之外。然而，后面我们将把这种现状纳入一般阐述之中，并且把它从单个和偶然实事的圈层中抽取出来，这种事实似乎存在于该圈层里。

2.围绕区位图的最小值点的等费线系列依赖两个次要要素。一个完全隐含在给定工业的性质里，可以说原料指数和区位重都依赖它。附录中的图表达了(现在我们再详细多讨论些)该因素怎 106
样完全地决定了形成什么程度的等运费线的距离。然而，对于等运费线之间的相互距离，第二个因素开始起作用了，称之为一个区域内给定时间上的主要的运输价格。很清楚，如果人们围绕一个点划线，表示相等的追加运输成本，即线间距离被给定的追加成本单位所决定，那么线之间的实际地理距离决定于成本的单位运价覆盖多大空间距离，即决定于主要运输价格的水平。在此，我们进一步掌握了劳动力指向的条件，它独立于单个工业的特性并同样适用于所有工业。

3.为了分析单位产品重量劳动力区位的节约指数依赖什么，我们不得不寻求这种节约是怎样计算的(比如说，每吨产品节约10马克)。显然，每吨产品的劳动力成本以给定比例被压缩，比如5%、10%、20%等等，所以节约指数首先依赖于“压缩”的百分比。但这仅仅是一个因素。每吨产品总绝对节约究竟多大显然还依赖于被压缩的劳动力成本的**绝对**水平。如果劳动力成本计为每吨

1000 马克的话，压缩 10%，那么劳动力区位将产生节约指数每吨 100 马克。但是，如果每吨成本只是 10 马克，节约指数才只有 1 马克。每吨产品劳动力成本的绝对量是压缩建立的基础（在一定意义上说压缩的对象），在一个国家给定的发展阶段，在每吨产品必须使用的**平均劳动力成本**中，每吨产品劳动力成本的绝对量显然隶属于每一给定的工业。我们称之为**工业的劳动力成本指数**。
107 所以，每吨产品的劳动力成本作为劳动力指向的一个条件属于特定工业的特性。

然而，对于给定的劳动力区位压缩，工业的劳动力成本指数的百分比不是给定工业的特性，而是特定劳动力区位的特性。[①] 所以在各种劳动力区位中，劳动力成本指数压缩的实际百分比构成第三个一般的环境条件。

这样，存在着两个决定工业劳动力指向的一般性质：(1)区位重（特别是原料指数），(2)劳动力成本指数；还存在着决定劳动力指向的三个环境条件：(1)区位图的地理位置和劳动力区位，(2)运输价格，(3)劳动力成本指数实际压缩的百分比。

三、工业特性和劳动力指向

让我们先来讨论已讲过的一种因素，即决定单个工业的劳动力区位的工业特性，也就是让我们考察区位重或原料指数，劳动力成本指数，它们决定了劳动力指向。

---

① 对同一工业的劳动力区位来说，的确如此。

(一)单个工厂的指向

1.劳动力成本指数——劳动力成本的重要性非常简单并相当明显的了。遵照上述,公式是这样的:在高劳动力成本指数,下大量的劳动力成本可用以压缩,那么相对应的劳动力区位的潜在节约指数就大,并且对应的临界等运费线也高,因此我们发现劳动力区位的潜在吸引力大。反之,低劳动力成本指数,小量的劳动力成本可用以压缩等等。那就是说,对不同单个工业来说劳动力区位 108
的潜在吸引力,平行于工业的劳动力成本指数。劳动力成本指数成为度量工业被引起偏离程度的暂时标准了。对于许多工业,劳动力成本指数单独地稳固地决定着它们如何被指向的,这对所有那些工业,即劳动力成本很低以至于不能充分地引导有效节约指数的工业也同样适用。其他工业因每吨产品需要的劳动力数量指标而集中,这基本表述了该工业被引起偏离的程度。

2.区位重——然而,为了获得真实标准来度量一个工业被引导偏离的程度,我们必须考虑区位重和原料指数。

区位重通过等运费线的距离和形状的影响而影响工业被引导偏离的程度。先谈等运费线的距离吧,区位重影响它们的方式在理论上是很简单的:区位重小,每吨产品要运输的原料量小,则等运费线之间的距离大,临界等运费线的范围大;其结果工业被引致偏离可达到很大的程度。反之,亦然。区位重代表进一步确定特定工业等运费线距离的标准。就其影响这个距离的程度而言,它简明地提供了精确确定的暂时标准。这个标准在上述公式里已由劳动力成本指数完成的了。

然而，区位重不仅影响等运费线之间的距离，而且影响它们的形态。如附录中区位图所展示的，正是通过区位重所依赖的原料指数的大小和构成发生影响的。我们知道，给定工业要偏离最小
109 值点的倾向不需要所有方向相同的力。就我们能建立一般规则的范围而言，只有具备同等力量分量决定区位(在此是指有一个中心的区位)的工业，才勉强具有相同的倾向在各个方向上(接近环形等运费线)偏离最小值点的区位。若一个工业的各分量力量不同并存在一个离心化的最小值点(即最小值点接近一个角或就在该角上)，那么，区位在最强一角方向上更易于偏离，而且该分量越强，偏离程度越大。以使用原料表达的话，原料指数非常小的工业(地方原料很少，在此的消费分量占绝对优势)和原料指数非常大的工业(大量地方原料，并且某些原料分量占绝对优势)其偏离极不均等(偏差在被加强的角的方向上更容易些)。另一方面，具有中间原料指数的工业(比如说是 2)，特别是原料指数均衡地构成(1∶1)的话，那么在所有方向的偏离或多或少都是均等的。

然而，所有这些并不十分重要。其重要性仅仅对于短距离而言，实际上只对于偏离处在区位图之内或邻近的地方才显重要。对所有更远距离的偏离来说，等运费线近乎(如附录区位图所示)圆形，不论什么样的原料指数大小和组成都一样。而且这正是我们所预料的，因为，来自原料指数所引致的区位状态，对长距离来说，变得无关紧要了，这时的区位图越来越接近一个“点”。这时偏差代表同一线路上越来越多的往返运输，因此在所有方向上运输费用都相同。工业原料指数除了影响距离之外，通过它还给出了
110 等运费线形态，它对改变方向的小偏差具有地理意义，这种小偏差

是在劳动力成本指数的影响下产生的；通过这样改变可能的偏离“方向”，原料指数影响等运费线的形态，除了决定等费线相互间的距离之外。但这种影响对更远距离的偏离不起作用。并且，由于方向的地理差异，如区位图所示，即使对短距离的偏差（即使等运费线紧密且近似圆形）的影响也不太大，原料指数的重要性仅仅建立在非圆形的等运费线上的，在这个意义上，出于理论的广泛意图我们容许忽略原料指数，好像所有的等运费线都呈圆形了，那么理论应继续研究下去；通过区位重，劳动力区位的劳动力成本指数的偏离意义，实际的偏离意义，在这种情况中，只有所使用原料的绝对量的距离来决定。

3. **区位重和劳动力系数**——劳动力成本指数是以每吨产品劳动力成本的数量来衡量的（我们应该记得的），要通过区位重更为精确地确定劳动力成本指数的实际引致偏差的意义，我们不得不记住：区位重的每一点增加都削弱（通过收缩等运费线）实际引致偏差的意义，同时，区位重的每点减小都增加它的意义，产品重量不能度量（它应是以劳动力成本指数来度量的）实际偏离的意义。但是只能通过区位重（产品重量加地方原料重量）来衡量。还可表达为，与给定工业区位重相联系的劳动力成本的量，我们称之为**劳动力系数**，构成决定工业劳动力的偏差的一般特性。

的确，如果忽略等运费线的形状（即在不同方向上存在偏差的不同程度），如果一个偏差产生，那么不得不移动的正是区位重，这 111
一点是很明确的。所以，区位重是唯一平衡劳动力成本实际偏离影响的要素，它压缩了劳动力成本。但是，如果工业在各个方向上偏离的变化程度，以及偏差**定性**地取决于区位重和区位重的组分都无关紧要的话，那么区位重只需简单地同**定量**测度偏离能力的劳动力成本相比较，就可以形成计量偏离的基础。

“劳动力系数”概念就是因此而产生的。关于这一点，应明确指出劳动力系数是分数，如$\frac{100}{3}$（即每吨产品 100 马克劳动力成本与区位重 3 吨之比）。然而，在完全可比的基础上得到不同工业的劳动力系数是很有意义的，那么，我们可以减少劳动力成本系数以使区位重变成 1。换言之，我们要求得各个工业移动一吨区位重将提高多少劳动力成本。我们以后谈及的工业劳动力系数，总是在移动一吨区位重的劳动力成本的意义上的，或称之为是在移动一区位吨的劳动力成本的意义上的。[①]

在这个意义上使用劳动力系数的概念，这样我们就可以说，**工业的劳动力指向就其依赖于工业一般特性而言决定于劳动力系数**。

为了阐述这个定理的重要性，我们举例如下。胸衣制造业的劳动力系数是 1500 马克，陶器业大约是 55 马克，粗糖生产（从甜菜中榨取）是 1.3 马克。按照这些系数，在任何地方每节约 10%的劳动力成本即意味着每区位吨分别节约 150 马克、5.5 马克、0.13
112 马克）。如果我们假定吨公里运价为 5 芬尼，我们发现胸衣制造业发生偏离 3000 公里，陶器制造业是 110 公里，粗糖生产业则是 2.6 公里。这三个工业的整个指向行为存在巨大差异，差异可由上述数字来说明。

① 这样的每一区位吨必须认为是产品量和原料量组成的，对应于区位重的组分。

(二)整个工业的指向

在此,我们涉及的区位是孤立的单个生产单元被引致偏离的区位。不难设想,在劳动力系数及其压缩性的影响下整个工业指向的变化。要得到这种指向图示相当容易。第一,我们考虑给定工业的单个生产单元偏离单个区位图最小值点多远,这决定于特定的劳动力系数。第二,我们应记得在理论上有吸引力的每个劳动力区位将影响一个工业的所有区位图,而无论这些区位图处在那里,并且每个有吸引力的劳动力区位都具有从各条边吸引生产到自己的倾向。从这两点考虑出发,我们得出来自各方向的生产堆积于劳动力区位上的生产图。在那里生产堆积的区位的数目与偏离程度相关,观察到这一点很重要。综合这两种考虑、整个工业指向图示最后一点细微的差别也清楚了。如果一种工业各个劳动力区位的吸引力影响一个广大地区,正如该吸引力从各条边影响区位图一样,那么这意味着各个劳动力区位之间存在积极地竞争。同一种工业的某些劳动力区位更多地压缩了劳动力成本,那么这些劳动力区位比其他区位施加更加强烈的吸引力。那些吸引力更强烈的劳动力区位——压缩幅度也更大——将排除那些吸引力较小的劳动力区位。在劳动力区位有效影响(依赖于工业的特征)半
径内,劳动力区位将吸引各条边的生产导向自己。从各边吸引工 113
业的能力、排除“弱者”的能力将成比例于给定工业的劳动力区位的影响,这种影响依赖于某个工业将发生偏离的程度。结果是高度偏离的工业将集聚于少数劳动力区位,同时,低度偏离的工业将仍然分布在许多区位里。

通过过劳动力系数思考，我们能够描述整个工业指向的下列规则：**因为工业的偏差依赖于其劳动力系数的大小，所以工业将集中在较少数劳动力区位之中，并且劳动力系数越高，依照劳动力指向的倾向就越强烈。**

我们刚刚讨论了整个工业的指向，即使在建立这些讨论之前，上述一切作为正确的东西都是很明显的，而且是可以接受的。有关“集中”的点，我们如果仍没有找到这本应搞清楚的点，那么我们现在就应撇开整个工业指向这个问题了。这个点涉及在集中化过程中，通过（hindurchgeht）运输成本的变化而产生了劳动力区位吸引力的变化。举个例子，假想一种最简单的情况，即有两个区位图的生产集中在一个劳动力区位中，正如图 18 所示的。吸引该工业的劳动力区位将吸引每一种原材料，原材料需要来自不同的原料产地（第一种原材料是从 M_1 和 M_1' 来的，第二种原材料从 M_2 和 M_2' 来的），如果多于两个区位图的多种工业被吸引的话，假设每个区位图的工业都有其自己的原料产地，那么，劳动力区位将吸引原料产地，有多少个区位图，就吸引多少个原料产地，然而，很清
114 楚，对每一种使用的原料都存在一个对劳动力区位最有利位置的原料产地。假定这种最有利位置的原料地有足够的生产能力，很显然，当工业迁至劳动力区位时就不再需要单个区位图使用的不具有利位置的原料了。那种原料地将被“关闭”并以最有利位置的原料产地满足其需要。这种情况就是指 M_1 和 M_2' 将被关闭，对原材料的全部需求都由 M_2 和 M_1' 供给。吸引工厂的一个劳动力区位同所有工业各自区位图的相互联系，仅仅通过为区位生产的市场相联系，而不再通过它们的原料产地相联系；该劳动力区位，使其物品

"国际化"市场化(如我们日常能看到的),它只使用有充足生产力的最近的原料产地的原材料。

原材料产地的关闭是上述现象的特征的写照,是为了节约不必要的运输成本的目的产生的。其结果是在工业发生偏离的各自区位图中,旧区位图总偏差成本不再能抵消转向劳动力区位所产生的劳动力节约;使用最有利的原料产地而节约运输成本的量被总偏差成本削弱了。这种情况就是 A 提供的节约不再 M_1M_2C 或 $M_1'M_2'C'$ 全部偏差成本相能比较;因为就第一个三角形的偏差看,M_1'代替 M_2 节约了运输成本;其偏差成本被减少了,就第二个三角形的偏差看,M_2 代替 M_2'提供了节约。运输节约明显来自到原料产地的不同线路的长度,参见图 18。

现在为使劳动力区位的倾向更清晰些,我们换一种表达方式。我们说:对于劳动力区位提供的节约是通过较低的劳动力成本获得的,该节约又通过原料产地的代换获得节约的追加。所以,任何给定的区位图,为了弄清一个劳动力区位的实际吸引力,我们需要补偿的该区位图的偏差成本,不是简单的只有区位劳动力节约的指数,而且还有通过原料产地代换获得的节约。劳动力区位的吸引能力,第一,影响每一单个区位图,第二,其复合影响对所有落入其影响范围之内的区位图都起作用,只有在这种方式下,我们才能获得测度劳动力区位吸引能力的标尺。并只有这样,我们才确能获得整个工业一个正确的理论指向图示以及工业集中在劳动力区位上的规模和形状的理论图示。

由于这样一个偏离,即使是新的原料产地也被调动起来。新原料产地的开发,也就是原料产地的替代对于劳动力区位的相互

竞争将具本质上的意义，并共同决定工业的偏差。显然，新原料产
地因这种偏差而显露出来。对于利用原料产地，自然不必局限于
那些最初同区位图相关的原料产地，显然应包括在此没有使用过
116 的原料产地，它们处在劳动力区位的附近。图 19 所示一种非常简
单的情况。在利用有利位置的新原料产地时（一般地指由近在咫
尺的原料产地代替远离劳动力区位的同种原料的原料地，替代的
可能性），所产生的较大或较小的变化当然是选择劳动力区位的要
素。其附近有原料产地的区位，并有机会产生有效的替代而出现
偏差，这样的区位将消除不具有这种严格的机会的区位，这样严格
的机会是指与节约指数的吸收力有关，即通过运输成本的节约而
增加劳动力区位的吸引力的程度有关。[①] 前面的讨论我们已经看
到，只有替代原料产地的可能性限制着实际偏差量。很清楚，这种
替代影响劳动力区位的选择。从而影响偏差的具体图示。

工业偏差的一般范围依赖于劳动力系数。系数越大，距离上发生的偏离就越远，替代原料产地所能覆盖的距离也越大，在运输上的节约越有效，强化劳动力区位吸引力的节约越多。一个工业的劳动力区位吸引力与劳动力系数不能严格地平行增长，这是由于替代原料产地增多了；劳动力区位的吸引力的增长更快于按比例地增长。劳动力系数决定着工业的偏离度。这个一般规则可被更精确地公式化。劳动力系数和工业偏离度可以比作两条增

① 当然，通过一个劳动力区位同另一个区位的对比，我们可以精确地计算该区位的吸引力怎样受可能的替代所影响的。我们只需要比较劳动力区位到它们最近的原料产地距离。通过精确的距离，即一个劳动力区位到比另一个区位距离短，前一劳动力区位节约就比另一个要大，节约指数也就增加了一个适当的量。

长线，尽管偏差线增长快于劳动力系数线增长，但一条线依赖于另 117
一条线，我们可这样说解释这种事实，即偏离度不是简单地平行于劳动力系数的一种现象，而是一个更为复杂的函数现象。所以真正高劳动力系数的工业同时被非常强烈地被集聚了。

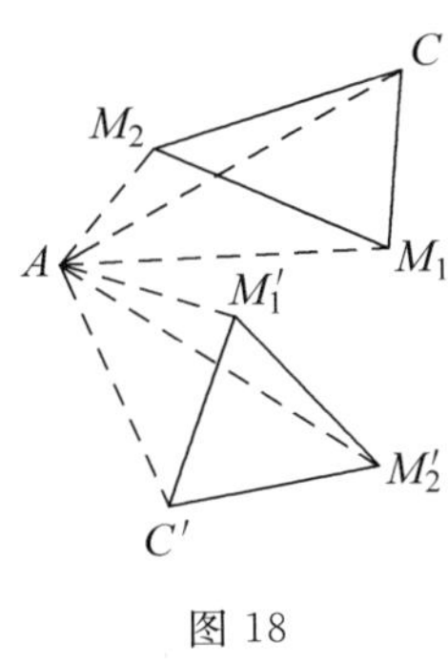

图 18

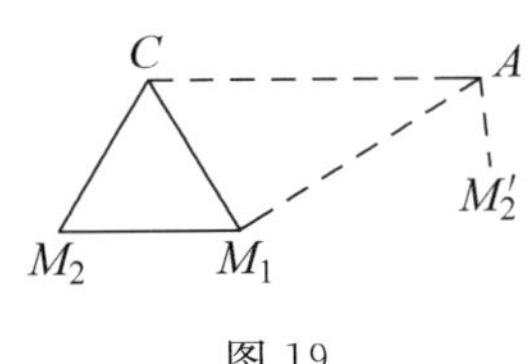

图 19

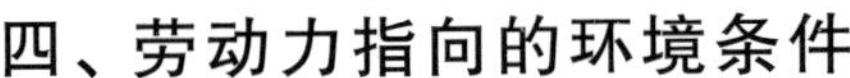

四、劳动力指向的环境条件

偏离度的两个环境条件好像是十分偶然的，好像不能以一般规则来陈述这两个条件是区位图与劳动力区位之间的交互距离以及劳动力区位的节约指数。[①] 这种表现在一定程度上被事实证明了。无论我们形成的是什么样的一般规则，因为与给定劳动力区位相联系的给定的区位图的实际情况，在各个例子中总是不同的，劳动力成本实际压缩幅度对每个区位仍是特定的幅度。然而，由此不可推导出，即在一般规则范围不存在这些条件，而实事上这些条件已经产生了。不论是区位图之间的相互距离还是劳动力区位

① 这句话意思是：(1)区位图之间的距离；(2)劳动力区位之间的距离；(3)区位图和劳动力区位之间的距离。——英译者

之间的相互距离一般都是决定于一对内在的相关事实，即人口密度和文明程度。

人烟稀少的区域同人口稠密的区域相比，很清楚，前者具有相当广阔的消费市场，区位图及其最小值点以大间距分布于一国之中；同样地，“劳动力区位”也更加稀薄地分布于一国之中。所以，区域图与劳动力区位之间的平均距离就大。另一方面人口稠密意味着一个区位图的位置更接近另一个区位图，一个劳动力区位紧
118 靠着另一个劳动力区位，那么区位图与劳动力区位之间平均距离短为主。需要克服的偏离距离以人口密度而变化。人口密度的增长总是意味着要克服的距离更短些，因而也意味着偏离将产生越来越有利的条件。这就是这种似乎偶然的和无关的区位图和劳动力区位所服从的一般规则。

用一种有效的更深入的说法，我们可进一步说人烟稀少的区域是落后文化区域，或称之为“无差异”文化区域更好。劳动力的效率对不同区位不是极为悬殊；同样地，工资变化也不大。在此，劳动力成本差异小及其压缩的相对幅度低。反之，劳动力成本的差异和劳动力成本的相对压缩幅度随着人口密度的增长将会增加。这就是人烟稀少区域要遵循的一般规则。

二者（区位图和劳动力区位之间的距离，劳动力区位的节约系数）将受到人口密度及其相伴随的文明水平提高的影响，以这种方式促进加强劳动力指向，因为增加了的压缩幅度，像减小了偏差距离一样当然推进生产向劳动力区位移动。所以，在人烟稀少的区域，工业显然主要按照运输工具指向的；相反，在人口更加稠密的区域主要按照劳动力指向的。

最后是第三个环境条件即运输价格，它们重要性很简单。吨公里运价什么时候降低，表达偏差成本的等运费线什么时候就走向远处，劳动力区位的节约指数就成比例降低。结果呢，劳动力区 119
位有效地吸引更远的地方；换句话说，按照劳动力的指向将影响越来越多部分的整个工业，这可由生产单元来定量量度。通过扩展劳动力区位的吸引圈层，越来越多的偏离的工业生产集中在最有利的劳动力区位上。这就是在这个环境条件下所遵循的一般规则。

或许我们看到在19世纪下半叶中期手工业和大规模工业之间斗争的精彩的一幕，它是最后一个规则的明证作为降低运输成本的成果。业已表明，由于工业原料指数的变化，手工业的衰落意味着其生产在消费市场上的消失。现在，我们会说这种衰落通过铁路推动工业向最有利的劳动力区位偏离这个事实而加速了。当铁路运价开始急剧下跌时，劳动力成本指数的地方差异（这样说是因为运输成本被严重掩盖了）突然显著起来并具实践意义。这样，良好的劳动力区位围绕本身汇集了大批最先由运输指向的工业；即它们曾配置在市场附近，因此能在手工业基础上进行组织。在第二部分我们要展示这些适用于哪些特定的工业。[①] 但同时，诸如家具、篮子、桶等产品从消费地（在那里通常是手工生产的）移向最佳的劳动力区位，我们要问是什么移动了这些产品呢。尽管制 120

① 正如前面提到的，第二部分韦伯从未写出来过；但是，单个工业研究在韦伯指导下，由他的一些学生研究了，并在图宾根由 J. C. B.默尔发表了，另见导言。——英译者

造业的条件在技术上总是变化不大，但在该劳动力区位上出于产品大规模市场化的目的，产生了制造业。我们将发现这种变化是较低运输价格产生的。

五、发展趋势

所有环境条件的变化具有加强劳动力指向的倾向。在正常时代，一般的发展进度显然沿着运输成本降低的方向，而且也沿着人口密度增长和文化差异化而推进偏离的方向。

另一方面，技术的发展降低了运输成本，同样的技术发展通过生产过程的机械化改变了工业的一般特征，这样，工业劳动力系数降低了，因为劳动力系数两个因素都被改变了，即使用劳动力的数量和每吨产品的原料量。很明显，通过使用煤和失重原料，增加了所使用的原料量，同时，提供了剩余手工劳动力，并因此减少了劳动力使用量。结果是劳动力需求越来越少和区位重越来越大。这是一种连续的趋势，即劳动力指向的工业不断向运输指向的工业转换。如果我们希望通过我们的理论工具完全弄清走向综合的趋势的全部意义，那么就应当记住，一方面等运费线收敛是原料指数增长的结果，代表着偏离的“难度”；另一方面要认识，每吨产品劳动力成本的压缩量是怎样降低劳动力区位的节约值的，这样推动劳动力区位的临界等运费线更接近最小值点，并再次减小偏离的
121 可能性。如果我们把这两件事情一起考虑的话，我们能看到由生产过程的机械化所产生的综合趋向势必非常强烈。

这种趋势是否比前面讨论过的“非综合趋向”更强烈些，由于它们都处于历史发展之中而不能抽象地断定。对只有一对相向的

合力与反合力(就是减少运输成本和原料使用量增加)抽象地建立相关关系,其净影响通过多多少少熟知的事实来评估。出于暂且了解总体发展趋向的目的,考察二者关系是有价值的。

使用原材料的增加意味着偏离最小值点所必须运输的重量的增加。运输价格降低意味着同样支出可运输的量增加了。如果工业所使用的原料量加倍的话,运输价格同时减小一半,那么二者的影响相平衡,从工业偏离度来看,一切和以前保持一样。等运费线的位置依然不变。推动等运费线分离(运输价格减少)的倾向和向一起吸引的倾向(原料指数增加)相互平衡。那么从这个结论开始,我们终于该谈到 19 世纪后半叶有关结合和反结合倾向的总效应问题了。由于蒸汽机引起运输巨大跌价,吨公里运价下跌到原来的 1/4,甚至 1/20,现在或许很少工业在其生产机械化过程中(然而其扩张主要得益于蒸汽机的帮助)相当大程度增加运输重量。然而,当运输价格减少时,为了完全平衡等运费线扩张的一般 122
倾向,增加运输重量是必然的。所以总的看来,按照工业的机械化程度有些工业扩展程度大些,有些小些,等运费线一定是扩张了,但对所有工业总体来看以一种显著程度扩张了等运费线。

我们从等运费线扩展到 4 倍和 10 倍(发生这种情况很有限,因为工业各部门尚未受到机械化的影响),即使对目前相当大的工业部门,我们得到区位条件演变的图示——由于劳动力区位的吸引圈层的巨大扩张引起的这种演变;例如,我们得到关于手工业和制造业的斗争程度的图示,可以简单地设想为是由于劳动力区位吸引力增加的结果。

在那些正在实行机械化的工业中,等运费线的扩张受到阻止,这可以引出以下思考：就扩张产生而言——正如我们所看到的，主要是这种情况——必然会产生一种工业的松散化和劳动力指向的强化。现在，由于劳动力区位节约指数的减小，这意味着把临界等运费线推向最小值点，所以我们得到适用于机械化的工业部分的下列图示：等运费线间距拉开（扩展），同时临界等运费线被推回到由扩张的等运费线形成的中心环之内。只有在这种情况中，即由于二者的运动，回推的临界等运费线比其机械化之前的情况更远离最小值点，并运输成本降低使各种松散加剧。对于大部分工业实际中是否就是这种情形，运输指向或劳动力指向是否在总体上
123 发展最快，进一步说在当今二者之中的哪一个仍然是发展的，有关这些阐述都是经验研究的部分。

最后是关于这些问题应用于具体现实的讨论，现在就我们纯理论研究的范围内，有可能撇开劳动力指向规律了。在我们所建立的规则的基础上，要决定在什么程度上工业被劳动力指向和在什么程度上被运输指向，这将是经验材料研究的主要任务之一。显然，通过一种有感染力的事实，这种经验研究是一种最好的方法来检验我们理论的正确性。在此，工业自身指向劳动力区位的能力，我们已建立了一般标准即劳动力系数，它是工业的一个清晰的特征，在现实中不难识别。要证实任何工业的劳动力系数对工业区位偏离最小值点的重要性理应是可能的。

第五章　集聚 124

运输成本和劳动力成本要素是区位中两个仅存的在区域内起作用的要素。已经知道，任何其他对工业的地方积累和分布起作用的因素都包含在集聚力或分散力部分中，并且只在区域性因素所形成的一般框架中发挥作用。我们现在的任务是介绍这一类因素的作用，并引入我们的一般理论之中。

第一节　集聚与分散因素分析

一、研究对象

为此，我们要做的第一件事就是从原则上说明理论没有必要把集聚和分散划分为两组因素，而只是作为称之为集聚（agglomeration）的一组因素。所有分散因素其真实性质只是集聚产生的相反倾向而已。但如果分散因素果真如此的话，那么我们的理论就可忽略这些非独立的因素，而视其为集聚的对立面。由于理论不研究走向集聚的运行趋势的动态相互作用，也不研究走向派生的分散的相向趋势，而研究该过程的最终效果，因为只有这种最终效果改变了区位的状况。

然而，最终效果可能是集聚倾向完全丧失了（即在这种情况下不改变我们已经得到的区位图示），或者是集聚倾向持久而强烈
125 （在这种情况下，我们的原理必须引入集聚要素，作为可能改变原有区位图示的因素）。所以，我们的理论事实上只讨论可能的集聚——即作为集聚复杂过程的结果。

然而，如果抽象原理能深入分析造成该“结果”的集聚和分散因素动态相互作用的组成成分，如果抽象原理能区分每一组因素（如同在运输成本和劳动力成本中的那种情形）并且确定每种因素对每一单个工业多大程度的影响，那将是很乐观的。

遗憾的是这些不能由纯粹的推理所完成。至此，所考虑的两个区位原因都是简单的量，都是通过一些孤立工业过程已知事实推导出来的，对每个工业的影响程度也是从这些条件推理来的。相反，现在要考虑的区位要素分类，是从生产的社会性质条件来判别，而通过分析孤立的生产过程大概难以分类。在社会要素集中化的情况下，要预先说出生产成本高抑或低是绝对不可能的。要推导这种预言，其复杂的已知前提是不存在的。我们只具备个别情况的经验知识，告诉我们工业生产过程中某些元素廉价了，另一些则昂贵了。因为在一般原理的内涵里，我们不了解形成集聚和分散倾向的特殊区位因素的类别，那么通过推导当然就不可能找到确定集聚和分散要素对单个工业影响程度的明确的一般特征。

这样的话，一般原理的任务在这里必须比前面章节更受限制。
126 准确地说，原理只能寻求集聚倾向影响区位的行为和程度最一般的规则；要找到单个集聚和分散因素，要把一般集聚规则应用于各种工业必须依赖经验。

然而，给出一定的事实基础（不要求完善）对我们讨论很有价值。接下来对更实质性因素做简短考察，这些因素已知是以一种集聚或分散行为在发挥作用的。随着讨论的深入，很清楚至少在开端先安排工业集聚和分散的初步分类，并作为我们纯理论的内容。

二、定义

就我们讨论的意图看，集聚因素是一种“优势”，或是一种生产的廉价，或者是生产在很大程度上被带到某一地点所产生的市场化，分散因素是由生产的分散化（生产不在一个地方）产生的生产廉价。对任一集中化的工业，集聚和分散因素的相互作用总能产生单位产品的一定**成本指数**，该指数是集中化规模的函数。大规模的集中化与小规模的集中化相比，如果前者的成本指数低，那么显然这个成本指数对我们所研究的工业来说就成为节约指数了。可以指出，在一定集中化程度下，成本因工业的集中化而降低。单位产品的成本指数比工业完全分散情况下的成本指数要低，也比较少集中化的工业要低。

利用**集聚经济函数**的概念我们来讨论节约指数，集聚经济函数可简略为一个工业的**经济**函数。当我们试图建立精确的数学判 127
定判断集聚量时（参照数学附录Ⅲ §2），而不能很好表达这层渐趋重要的关系时，集聚函数的表达或许有用。

经济函数由单个节约指数构成（每单位产品的），单个节约指数对应于集中化的每一阶段。如果集中化过程存在若干阶段，每一阶段存在单位产品成本的附加节约，那么，这个工业就具有一个真正的经济函数。另一方面，如果节约是由特定的集中化规模产生的，并且是在进步的集中化过程中不连续地增长，那么这种工业就具有一个固定的集聚经济指数。显然，要完整地理解这两个概念，集聚要素的影响必须考虑。为了解释经济函数的根源，还要解释固定的经济指数的根源，现在，我们必须分析各种集聚和分散要素。

三、集聚和分散因素

（一）集聚因素

（1）在这类因素活跃的地方我们能识别集聚的两个阶段，简单地通过企业扩张使工业集中化，这是集聚的第一阶段又是低级阶段。第二阶段，每个大企业以其完善的组织而地方集中化，这区别于街道小作坊的分散的生产。同小规模生产相比，大规模生产显著的经济优势（注意，这里不是大企业同小企业的优势对比，我们不讨论这些）就是有效的地方性集聚因素。一定集聚微量会使一
128 个工厂给定的技术应用产生一定比例的节约量成为可能；若继续增加集聚微量就可能造就特定的工厂劳动力组织的形式，这样也产生一定比例的节约量；直到最终，一定微量的集聚确保工厂迈进一种经济关系中，即低廉的批量购买，低廉信用等等成为可能的经济关系中。这类混合的集聚因素形成了大规模工厂的最小有效规模。在第一阶段，大工厂同小工厂相比，其节约系数就是该工业的集聚系数（大规模生产指数）。

（2）工业不论是仅仅通过工厂扩张的集中化倾向而集聚，还是这种倾向的深化影响而吸引工业集中，都依赖若干工厂紧密的地

方联合产生优势大小。为了初步地系统地考察（我再次强调“初步”）这种**社会集聚**，我们注意到若干工厂的地方集结易于带来大工厂所具有的长远利益，并且，构成高级阶段的社会集聚的集聚因素同样是构成大规模工厂的那些因素。对于高级集聚阶段的基本因素，我们又细分为三个因素：技术设备发展、劳动力组织发展、整体经济组织良好的适用性。

①技术设备的发展。在高度发达的工业生产中，一个生产过程必须贯穿完整的技术设备，设备如此专业化，以至于生产流程的微小部件都要使用专业机器，即使是很大规模的工厂也不能满负荷地使用这些设备。这类专业化机器与同属于生产过程它们自己 129
的部件联结一起，从单独大的工厂提取出来，而且必须是为若干单独大工厂服务的，并变成独立的辅助工业基地。在理论上，这种辅助工业车间可以从其服务的主厂分离出来，而不会导致主厂的地方集中化。然而事实上，它们同其服务的主厂共同构成一个技术整体。假若其相互依存部分地方集中化，那么技术整体自然功能显著，因为所有部件都相互“连接着”。属于技术整体的专业化机器和辅助设备其发展产生了技术集聚微量，并且，这种技术微量一旦引起工厂的社会集中化，就超过前面所讨论过的工厂集聚微量。因此，技术设备的发展就成为一种集聚因素。

我们经常看到，更新与维修机器的好机会具有十分相似的作用（并产生同样的结果），因此，可以把它视为社会集聚的原因并作为第二个要素。更新和维修车间也是技术设备的一部分，在一定意义上称为“治病”。生产方面的高度专业化发展只同大型的成套技术设备相联系是可能的，这些设备超过了单独一个工厂的规模。

在这种情况下，工厂服务于主厂、工厂区位可能分散，“遍地开花”；但是，最优最低廉的服务保证只有“在城市”。因此专业化技术功能的发展大抵成了社会集聚的因素。

②劳动力组织的发展。一个充分发展的、新颖的、综合的劳动力组织也是一定意义上的设备。这种设备也具有很专业化的部
130 件，一般来说这些部件如此专业化而不能适于单独的大规模工厂。在此，它们也倾向于形成专业化的辅助工业或零部件工业；并且，正如上述讨论的技术要素的情形一样，这些建立在“劳动分工”基础上的贸易关系有助于社会集聚，对此不需要重复其中的缘由了。

③市场化因素。这是最后一组要素，(它们建立了很有效率的市场)也能在社会集聚阶段中找到。孤立的大规模工厂比小规模工厂更有效力，因为前者能够大批量购买和出售，因而也就消灭了中间人。由于这样投资安全，也就能得到更低廉的信用。特别是在购买原材料和在市场化中，成组的大规模工厂还能进一步获得节约。在购买原材料时，集中化的工业获得了需求时间里保证数量和质量的原材料。另一方面，孤立的企业在购买未来所需原料和存储上压力很大，这意味着单个企业的一种利益损失，并因此增加支出占用。经济学中称之为现有资金沉淀损益，其实它是能积极用来使用的。那么，在产品市场中，因为集中化的工业产生了一类大统一的产品市场，制造业者的整个市场组织甚至可以免掉了，集中化带来经济。代之以采购员的，将是亲临生产地直接购买。它不仅代表着个体的节约，而且也是一般节约或社会节约，因为在此过程中节约了“劳动力”或社会力量。

④经常性开支成本。因为上述原因和其他原因，工业对一般

经济环境的良好适用性，如果在我们现在所研究的高级阶段里已经成为一般集聚因素的话，那么应当指出，在低级集聚阶段起作用的（大工厂同小工厂相比之下）“一般经常性开支成本”的降低会再 131
现于高级阶段；在高水平技术发展和有效利用阶段，煤气、自来水管道、街道、整个“基础设施”使单个企业廉价是可能的，这通过社会集聚来实现。

简而言之，对各种工业如果存在一个工厂规模指标（工厂高度依赖于或很少依赖于技术组织等条件，不论在什么时候），每吨产品的单位成本对应于工业企业规模的每个阶段，并且工厂规模指标代表集中化的低级阶段的集聚倾向，那么这一类因素将可能——一定是经常性的——引导工厂远离该集聚阶段。

从此，集聚的倾向产生并创造了社会集中化。这些同低级阶段的集聚倾向一并决定着第二阶段或高级阶段集聚的程度。作为集中化的积极要素的初步考察，这些已经足够了。

（二）分散因素

已经注意到，任何集聚都能引起相反的倾向，即增加支出。在一给定情况下，这类积极因素和相反倾向平衡后的差额才是有效的实际集聚能力。

这些相反倾向产生了集聚规模大小，而集聚要素同各种工业的特定性质如技术、组织水平等相联系，与之相比较的相反倾向则与这种性质无缘。相反倾向的活动能力和方式仅仅依赖于集聚规模。同等规模和形状的任何集聚都产生同样的行为。这些分散因素都随土地价值增长而增长，因为伴随集聚产生了对土地需求的

132 增长。需求的增长不仅提高了土地边际利用的重要性，而且提高了投机商边际利用的贴现率。分散的趋势都是从经济地租（地租）上涨开始的。因此，我们可以把分散因素作为经济地租的各种结果来分析。

在这里，不是深究这些结果所产生的各种问题的地方，而且也不讨论各种生产费用增长产生影响的类型和程度。我们只关心理论上的状态讨论。当我们进一步深化有关内容时，也只注意到所有这些结果仅仅表现着聚集倾向的弱化。我们假设，经济地租使工业对土地面积的需要增加而增加更多的支出①，即一般经常性费用增长，那么我们前面讲过的通过集聚可以降低的费用现在却要增加了。如果我们假设经济地租增加劳动力成本，那么具有高效率的劳动力组织将被采用，它能部分地或全部地降低劳动力成本。只要地租存在或上涨二者居一的话，就意味着没有基本的新指向因素在发挥作用，而只是集聚因素的效应经常降低而已。但是，一般的情况总是只要地租同集聚规模同步增长。

综合上述。可以得出以下主要结论，第一，我们考虑到了分散因素的重要性，甚至是详细地考虑到了，作为集聚因素的弱化——弱化产生于一定的环境条件，同步于集聚规模的增长。第二，集聚因素总是适用于分散的单个工业单元，或一个、或多个相关的工业
133 部门，那么弱化集聚（产生于集聚因素本身）的趋势仅仅同规模——集聚规模相联系。因此，即使集聚来自不同工业部门的偶

① 假若成本增加工业不能向集聚界域内移动而完全避免移动的话。

然聚合，也能产生这种弱化，假若集聚的工业是相互孤立的，又因为集聚的节约指数总是部分地受同时产生的分散程度所决定，那么随之而来的，一定存在单个集聚工业理论上的“纯”节约指数。但如果其他工业加进来，那么所带来的集聚因素的弱化以及节约指数大小将部分地取决于后来工业集结在同一区位的偶然条件。这样的话，一种工业指向的纯理论图示将因集聚的实际情况而变形。按我们调查的指导原则，这种实际的变形我们现在不能考虑了。在这里，我们只讨论集聚倾向以及纯的节约指数；更严格地说，我们将假定各种工业没有相互干扰，以此作为各种工业在同一区位的集聚的共同的结果。

根据上述并参照实际，我们应当清楚，也十分清楚所涉及集聚产生的节约指数和相对应的经济函数的含义（见第 127 页）。在抽象理论中，我们为什么把“经济函数”作为单一指数表达集聚随增长的每单位产品节约的逐步增长；而且随集聚增长而节约增长越来越慢，所有这些都将进一步得到澄清。对此，一方面我们具备了
有关已知的经验知识，各种集聚因素，诸如技术发展、组织发展等， 134
它们本身的衰退加快了。另一方面这种衰退由于集聚因素受制于集聚规模和地租的增长而必然被弱化。所以，我们认为经济函数像半边抛物线，越来越慢地趋近最大值。

我认为，关于“固定节约指数”，我们只了解了一个集聚阶段并在第 127 页已引入理论之中，该指数仅仅起个理论辅助的作用，是一个中间假设也不曾与实际情况相吻合，因此更充分地阐述“固定节约指数”没有必要了。显然，我们熟知集聚要素总要产生一系列的阶段（伴随不断增长的节约），从区位绝对分散到理论上集聚最

大值的阶段；在现实中，既不存在绝对分散，也不存在一个“给定规模的固定的集聚”。然而，关于这个固定集聚存在的假设在我们理论中担负着相当重要的辅助作用。

第二节　集聚规律

依照上述讨论，集聚理论研究工业的地方集中化，工业在集中化的生产复合体中，因单位产品的生产更加经济并以一定数量节约而进行生产。在此，理论不讨论由其他指向原因导致的生产地方集中化，这种生产的地方集中化是独立地存在着，而集聚不论是否具有某些优势或没有任何优势。这是一种常见的现象，如果运输设备使工业集中接近原料、煤产地或接近大的消费
135 市场[①]，这种现象就不属于集聚理论的范畴。类似的情况有，“劳动力区位”吸引力的壮大，以这种方式形成大的集聚中心[②]。凡此种种，都来自偶然条件，这是集聚不能形成一种独特因素的偶然条件。我们的集聚理论仅研究作为集聚因素必然结果的集聚，不研究其他指向原因产生偶然结果的集聚；只有具有独立集聚倾向的那一部分工业的集中化，我们才有兴趣。在此，我们把理论研究的集聚将称之为“纯”的或“技术的”集聚，以区别于其他力量的偶然集聚。

① 参见上文第 71 页(中文版第 82 页)。

② 对照上文第 112 页(中文版第 118 页)。

一、运输指向中的集聚

当生产只有运输指向区位，并且“劳动力区位”也不引起变形，那么出于技术的原因，集聚倾向对生产的影响应首先考虑。在这种情况下，以一固定指数的集聚的倾向会具有什么影响呢？

（一）固定指数的集聚

现在假设某种集聚是一个精确地确定了节约的集聚单位，那么，提出两个问题：集聚将何时产生以及程度如何？如果产生集聚，又将在哪里产生呢？

1.什么时候产生集聚？程度如何？

通过前文已用过的最小值点和等运费线有关方法，易于推出问题的答案。我们很有必要回忆一下劳动力区位的节约指数及其 136
影响的有关内容。对于分散的生产而言，集聚中心也形成具有一特定节约指数的吸引中心。如果生产移向这些中心，其运输成本比区位最小值点的成本要高，那么一种偏差也就随之产生了。偏差成本自然在根本上依赖于第 120 页所阐述过的同样条件。吨产品偏差成本必须小于吨产品的节约，吨产品节约用单位集聚的节约指数来表达。等运费线用以表达吨产品偏差成本。对于任何单个工业部分或生产复合体单元，一定存在着偏差成本指数的临界等运费线，该指数严格对应于集聚单元的节约指数。

以上所述如果能清楚地理解了，如果若干临界等运费交叉，并且一个单个工业单元的生产量增加了交叉部分其他单元的生产量，使后者达到了有效集聚单元，那么就能立即考察单个生产单元的集聚过程以及促进集聚中心的形成过程。如果临界等运费线交叉，那么对于各种单个工业单元来说存在它们某些公共点，在这些公共点上集聚经济不被偏差成本所吞没。并且，当生产量被集中到一个点并达到假定的集聚单元规模时，则集聚受益；这是能完全实现的。准确地说，集聚中心的形成以及单个生产单元在该中心的集聚依赖两个条件：第一，与假定的集聚单元相联系的临界等运费线的交叉部分存在，第二，在这些交叉部分中必须达到一定的生产量。当这两个条件满足时，单个生产单元将发生集聚，这种集中
137 化影响生产复合体的任何部分。单个生产单元无论在什么情况下，无论什么样的产出量，**只要它的临界等运费线同其他足够多的生产单元的临界等运费线交叉形成集聚单元，那么它将和它们一起集中**。

为了澄清这两个条件，还必须注意以下情况，这又同劳动力影响区位的情况相似。从理论上讲，生产单元能够被吸引一起的只有那些与特定的生产量相联系的集聚节约超过了偏差成本的单元，因为只有这类单元的临界等运费线确实存在交叉部分。然而事实上，集聚（生产要达到必需量）有时超越这种理论限制，而吸引某些距离遥远，临界等运费线不能相交的生产单元。这种情况是会出现的，即如果节约与偏差成本的比率对集聚的其他部分（其他生产单元）很有优势，以至于集聚节约一方扣除整个集聚工业的偏差成本还有剩余，即使把来自集聚的一部分节约必须用以抵偿“飞点”的节约与偏差成本的负差值；因为在这种情况时，“飞点”的吸引将带来整个集聚工业的低成本。集聚不能走向也不会走向这类集聚单元，因为它们是不完善的（距离远，临界等运费线不能相

交。——译者注）和偶然补给的；因为“有效的集聚单元”直接形成了集聚的边界，这正如后面要阐述的。只有把许多集聚单元投在一起才产生足够的“剩余”，才能在大范围内吸引等运费线不能达到交叉部分的生产单元。位居遥远的集聚单元从其自身的立场考虑，整个集聚体就不会很大改动（只有相对不太重要的变动）集聚依赖的两个条件；如果整个工业的生产部分混合化或集中化足以形成有效的集聚单元，那么下述的基本前提依然成立，即给定节约 138
指数的一个集聚单元会把那些部分都带到一起，各部分临界等运费线以该集聚单元估价的话发生相互交叉。

2.什么地方发生集聚？

集聚中心将位居何处呢？通过等运费线也易于搞清楚。集聚中心显然位于临界等运费线相交的公共部分，因为在公共部分中，存在着集中生产的，没有阻抑作用的偏差成本的点。公共部分的每个点都是可能的集聚点；在集聚条件下每个点上的生产能产生比分散的最小运输成本点更廉价的生产。但是，集聚中心实际上在哪里区位呢？它应区位在若干可能的集聚点之一，这些集聚点对全部集聚总量而言都具有最小运输成本（见图 20）。

参加集聚的各个单元具有不同规模的产出或生产量，生产量大的单元移向集聚点同小生产量单元相比需要更大的运输成本。在公共部分里，集聚的区位因大生产量单元改变较大，而小生产量单元改变较小，因为这样保证总偏差成本降低。换句话说，大生产量单元会吸引小生产量单元，其区位接近大生产量单元原有的运费最小值点，并在那里安置集聚中心。

我们以下述方式更准确地阐述该动态过程的结果：参与集聚

139 的所有生产单元，同它们的公共生产区位（集聚的中心）一起构成了一个大区位图，这已经是我们所熟悉的一类图了。图上各角代表各原材料供应地和各构成生产单元的市场。区位位置（集聚区位）是由各角的组分决定的，并严格按照我们业已研究的区位图规律来决定。集聚中心的精确区位就是区位图上运输成本最小值点。集聚的区位一定落在等运费线的相交部分之中，其中，集聚区位或许被相当确切地确定下来。

3.集聚单元的规模

在已知的交叉部分中，生产将发生在哪些点上，这个问题解决之后，随之而来的是生产单元将在几个可能的集聚单元中选择哪一个的问题，据此可导出集聚中心规模的重要规则。如果某一单个生产单元的等运费线同其他单个生产单元在几处和几个方向上相交——即该生产单元有若干可能的集聚，那么该生产单元将集聚在那个公共部分，其中的集聚中心距这个生产单元原来的最小值点最近。所以，来自节约指数的最小运输成本附加和最大剩余
140 便产生了。关于这一点要注意，当其他单个生产单元紧密配置，以使临界等运费线交叉部分大，集聚点最有可能接近这一特定生产单元。请对照图 21 所示。然而，交叉部分中的实际集聚区位依然依赖于生产量的相对规模，正如我们前面研究过的。其结果，即使每一个生产单位都倾向选择最大的交叉部分（即它们的集聚最近于各自生产单元），但每一生产单元也倾向于选择最近的集聚点的那一特定交叉部分。在一个生产单元邻近的若干交叉部分中进行选择，将选择下面一种情况，即可能最小的生产量追加就能满足集聚单元必须获得的总量要求。稍稍变动一下表达方式，以极其烦

琐的抽象术语来说(遗憾的是,它几乎不能充分地表达事物):孤立的生产单元同其他就近的生产单元不会贸然地集聚或漠然地集聚;而是同刚好能满足集聚单元必需规模的最小生产单元发生集聚,并且这些孤立生产单元能吸引很远的生产单元,首先吸引那些较小的生产单元,而后再吸引那些较大的生产单元。

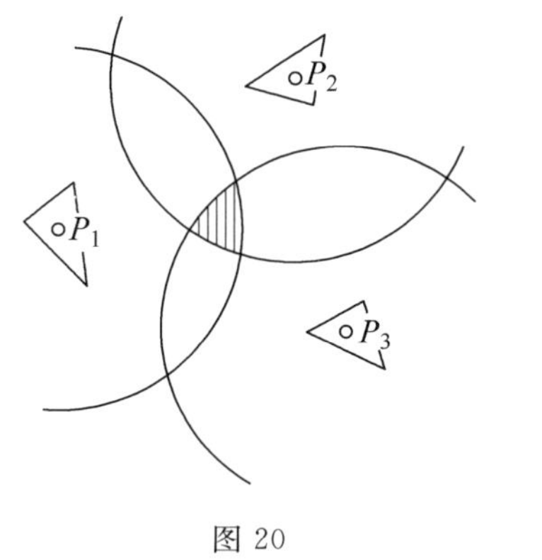

图 20

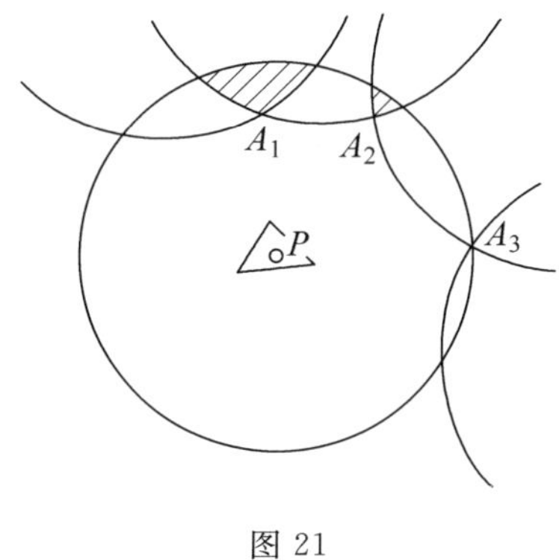

图 21

这是个定理,它提供了对这类指向的基本性质的可靠考察。在集中化过程中,每一单个生产单元从接近它的那些最小生产单元(能满足一个集聚单元所需的规模的)中进行选择,基于这种事实,那么作为集聚的一般性质:生产单元的集聚倾向不超过集聚单元的必需规模,并因此这种倾向集中在许多集聚中心中,有多少必须的集聚单元就有多少集聚中心。这个结果也能达到,因为每一 141
个集聚就表示着派生成本及其偏差;而且,产生这些成本的偏差并不会使由于补偿这些成本形成的集聚单元偏离得太远。然而,通过准确而详细地分析单个集聚中心的形成,做出进一步地阐述是很重要的。

4.修正

我们现在(在此,我们又严格按照有关对劳动力区位吸引的讨论)必须修正关于原料产地所产生的集聚中心的吸引力。对引向同一个地方的若干生产单元,其每一种使用的原料都有各自或多或少有利的原料供应地,这些原料供应地各自的优势依赖于原孤立单元的旧供应地同新生产地供应地的供给关系,因此,做些修正是有必要的。这样的话,正如“劳动力区位”的情况一样,不利的原料产地就取消了(如图 22 上的 M_1' 和 M_2 点),而且供给(假设生产力充足的话)应限定在每一种原料最有利的原料地上。

这种变化的产生是正常的,除此之外,或许碰巧发生了集聚地有时配置在一个原料地附近,这个原料地直到现在尚未动用。因
142 为在新的生产条件下,新原料地最有利,所以新的原料地将取而代之(取代了同种原料任何曾利用过的其他地方)。参照图 23,M_1' 同 M_1 相比没有优势而取消,但同样 M_2、M_2' 也被取消,理由是二者都比新原料地 M_2'' 的优势为劣。

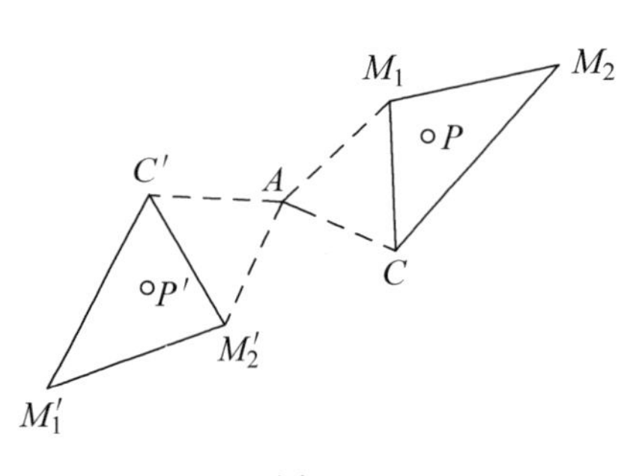

图 22

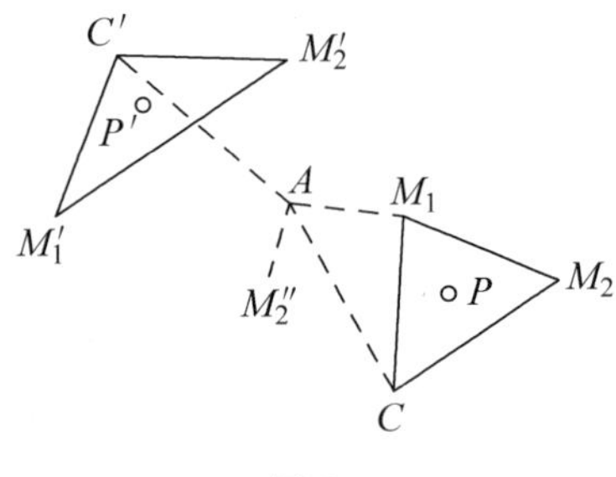

图 23

通过节约运输成本,上述两种情况都以一定量强化了集聚中心的吸引力,这一定的量增加了集聚的节约指数,节约指数增量越

大，原节约指数的吸引扩张得越远。结果呢，更远的生产单元受到吸引，而且在消失了的不利的原料来源地和启用的有利的新来源地之间其比较优势差别更大。所有这些同我们认识的劳动力区位的情况相似。

吸引劳动力区位的位置在消除了某些原料产地之后不发生变化（因为这种劳动力区位是固定的），但这个消除过程对集聚影响深远。消除某些原料产地也影响着吸引集聚的地方的地理位置，因为位置本身依赖（位在等运费的交叉部分）于它们自己的区位图。如果区位图各部分中止其有效的决定作用，那么指向的整个基础都将发生变化。但应立即指出，集聚的新位置易于确定，同老基础的分裂不会完完全全；老原料产地仍继续发挥潜在的影响，并在一确定方向上影响集聚过程。最后一点是显然的；因为新原料产地或许渐趋枯竭，到后来必须求助于老原料产地了。

那么谈到新位置，①集聚点所服务的消费中心，②仍在使用的原料来源地。这两个因素是需要作为新区位图基础及其对应的分 143
量重来考察的唯有的因素，根据这两个因素以便找出将在哪里配置集聚点；按我们所熟知的规律，很简单，集聚点就是新区位图的最小值点。在区位图 22 中，A 是 $C'MCM'_2$ 的最小值点；图 23 中 A 是 $C'M_1CM''_2$ 的最小值点。很明显，集聚点一般处在可选择的原料产地附近。原料产地分量集中压在位数不多的几条强线上时（这是范力农模式所使用的概念）。对大量的市场和分割的市场来说，其相向原料地分量的吸引力相对软弱。此外，这些市场还由于必然的相向位置，它们的力量便相互抵消。结果使集聚点的原来位置依然待在这些（新的）原料供应地附近，或者至少不会变化太大。

(二)节约指数增长的集聚

现在该讨论一般情况的集聚了。对一个要研究的集聚单元来说,不仅存在给定集聚单元一定的节约,而且伴随集聚规模的不断扩大,也存在着连续增长的节约所形成的经济函数。一个经济函数完全是由单独的不同规模的集聚单元的各点构成的,每一点具有一个特定的节约指数。如果我们把集聚倾向的影响设想为与各种规模集聚单元及其节约指数并存的影响,那么集聚倾向的影响(对分布的或分散的工业)能被搞清楚。每一集聚单元遵照我们已
144 认识到的规律,以其集聚能力大小把分散的工业部门带到一起。在这里我们认为,各种集聚单元的竞争共同影响着集聚的形成;同时,在各种参与斗争的集聚单元里,集聚是按照我们已经发展了的规则产生的。关于不同规模集聚单元如 a_1、a_2、a_3 等所构成的经济函数的影响,我们提出下面简单的问题:集聚将产生于哪一个规模的集聚单元呢?这个问题选定之后,所有其他问题按业已建立的规则产生。

哪一个集聚单元将会获胜,从单个生产单元的角度推导或许相当简单。围绕每个生产单元的最小值点扩散的临界等运费线,对应于每个集聚单元的节约指数。高级单元及其高节约指数的临界等运费线比低级生产单元的临界等运费线扩散得更远一些;例如 a_2 比 a_1 的距离更远,a_3 比 a_2 更远等等(参照图 24)。通过下图 25～图 28来表达一个经济函数和两个集聚单元 a_1、a_2 的集聚活动。较高级集聚单元的临界等运费线很可能同许多

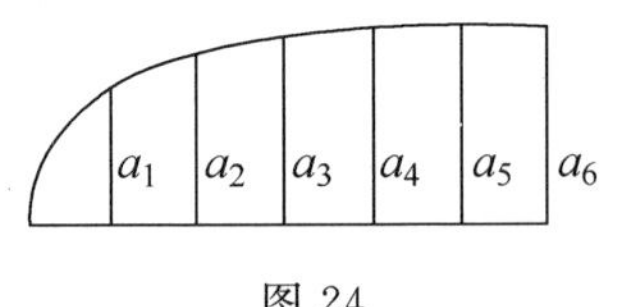

图 24

其他孤立生产单元的等运费线相交，而较低级集聚单元的临界等运费线与之相交的其他等运费线则少些。然而，较高级集聚单元也需要较大的生产量，才能投入运行；它们务必把许多孤离的生产 145
单元带到一起。而且，较高级单元要同较低级单元展开竞争。看看两个集聚单元 a_1、a_2 竞争的简单例子，就更清楚了。

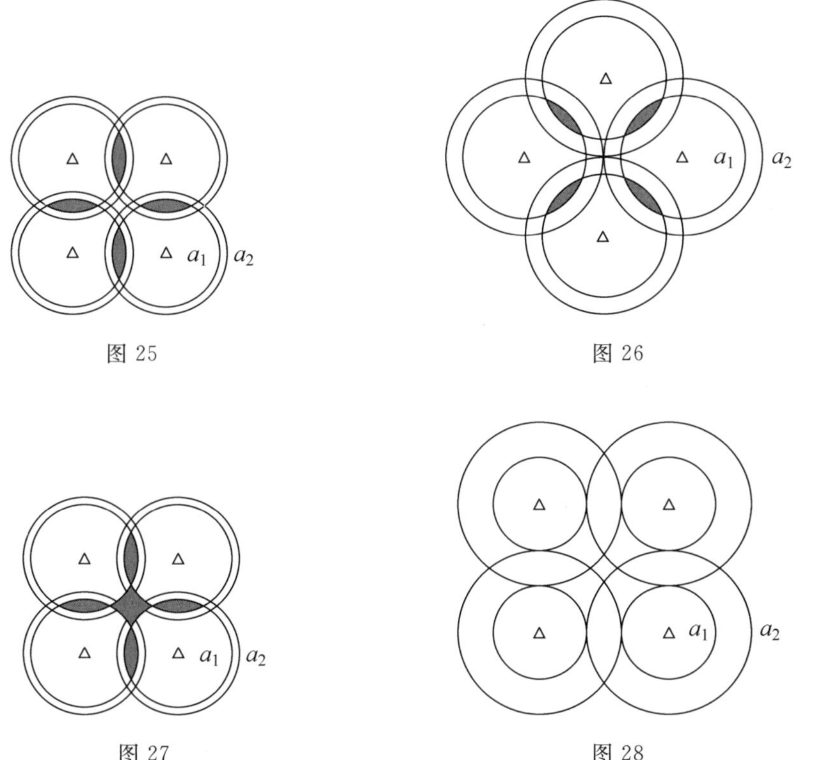

图 25　　图 26

图 27　　图 28

较高级单元的等运费线（用 a_2 代表）不会比较低级等运费线所带来的生产单元更多，因为等运费线围绕最小值点画的，如果较高级等运费线距离较低级等运费线增量太小的话，就不会和其他更多的生产单元享有共同的交叉部分（见图 25），这是同较低级生产单元能形成的交叉部分相比较而言的。在这种情况下，较高级集聚单元无力同较低级单元竞争。或许可能是这种情况，即较高级等运费线实际上在其交叉部分中包括了大量生产单元（图 26 中 a_2 包括了 3 个单元，图 27 的 a_2 包括 4 个单元，而 a_1 在各种情况中仅有 2 个单元）。假定现在生产量充分地满足集聚的要求，那么两个集聚单元的竞争就开始了。竞争的结果将依据集聚经济与运输成本附加的比率是否有利于 a_1 的集聚，这要同 a_2 集聚情况作
146 比较。① 这个比率可以由两条等运费线间的距离来准确表达，一条是所研究的生产单元的集聚地实际所处的等运费线，另一条是该生产单元的临界等运费线。要记住，临界等运费线表达了集聚于该生产单元所能获得的节约程度。集聚地实际上处于的等运费线表达实际增加的运输成本，我们不得不假定运输成本产生了附加，以便使成本附加能影响这一特定的集聚。必需的成本附加和实际节约的差异越大，越有利于集聚的形势。在此，必须①以单个生产单元的角度出发考察不同生产单元临界等运费线的公共交叉部分（即如 a_2 和 a_1 形成的交叉部分），②在这些交叉部分中，确定集聚点同临界等运费线间的距离哪一个最大，从而得知哪一个交叉部分将要发生集聚。暂时假定生产单元大小相等（就可在交叉部分中心摆放集聚点），那么集聚点到临界等运费线间的距离增加成比例于交叉部分的大小。假设对于所有生产单元的交叉部分生产量都充足的话，那么只需要观察交叉部分的大小即可了解集聚

① 有关内容在前文已有重述。——英译者

倾向产生在哪个生产单元。图 26 中，集聚将倾向于 a_1 产生；乍看集聚好像能进入较高单元 a_2。但实际上不是这样，因为较低级单元的交叉部分更大些；表现出集聚点到临界等运费线之间更长的距离和具有更大的实际节约。但在图 27 中，较高级等运费线远离 147
较低级等运费线，因此使这些较高级等运费线不仅在交叉部分包括了更多的生产量（生产量充足足以构成高级单元所要求的更大生产量），而且其交叉部分比较低级等运费线的交叉部分要大，那么，在这种情况下较高级集聚单元将会获胜。

以一般术语概括上述讨论：只有当围绕最小值点的较高层生产单元的等运费线距离越大时，较高级的集聚将排除较低级的集聚，距离之大足以①集结了交叉部分所要求较高层集聚的生产量，而且，②形成了较大的交叉部分，并因此提供了单个生产单元更有利的集聚点，这是同较低级临界等运费线的交叉部分比较而言的。

当然，也可能是较高级的集聚单元的临界等消费线才能形成交叉部分，较低级的集聚单元则完全不能接触（比较图 28）。在这种情况中，较低级的集聚就不能与较高级的集聚相比了。这种情况与上述第一种情况正好相反。这后一种情况中，较高级集聚的等消费线所围绕的最小点值比较低级集聚所围绕的最小值点在距离上要大得多。

（三）集聚条件

基于上述讨论，集聚形成所依赖的一个条件我们应当清楚了。这个条件是以各种规模单元的**依次排列**的临界等运费线的**方式**表现的。据前面分析，临界等运费线排列密集表示集聚将移向较低

级的集聚单元;疏而分散的等运费线表示集聚移向较高级的集聚单元;因此,集聚首先依赖等运费线的比例。这个比例代表着一种
148 比率图示,即随集聚单元系列的节约增长的比率。经济函数的增长可以图解——投影在水平面上(参照图29、图30)。如果每吨产品的节约指数随集聚单元规模增长而迅速增长,那么相对应的等运费线(参见图29中的a_1、a_2、a_3)间的间距拉大。反过来,如果节约指数增长缓慢,则等运费线密集(参见图30中的a_1、a_2、a_3)。上面的分析只是讨论了集聚规模依赖经济函数迅速增长或缓慢增长的精确表达方式(以某种方式的表达)。经济函数通过确定集聚单元的数量和规模,并以某种方式展示出它是影响集聚的第一个因素。

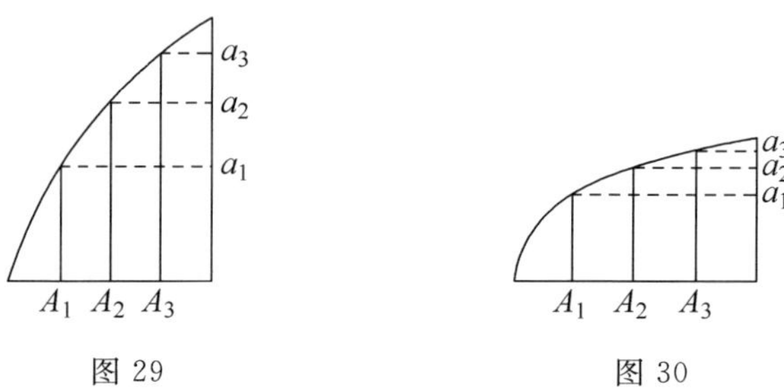

图29　　图30

但是,通过更为密切的考察还要揭示其他有关因素。除了等运费线系列之外,显然还有其他三种因素应当考虑:

第一,按照空间上基本圈定的临界等运费线的距离,应当清楚地理解为它与等运费线系列比例上有些不同。一给定临界等运费线的系列按照其空间间隔大小(参见附录第241页之前),或许呈大幅度疏散的圆环形,或呈一窄狭的漏斗状。况且,每一条等运费
149 线对集聚都必须具有独特的意义。现在,我们将着手讨论这方面

的内容。

第二，生产单元的自然距离。如果单元之间非常分散，分散在一个国家之中，则其等运费线形成公共交叉部分的可能性很小，这是同工业布局紧凑的情形相比较而言的。

第三，生产单元的生产量。这依赖于交叉部分被集聚的生产量大小。这个条件决定着从众多交叉部分之中哪一个(若有的话)能满足集聚单元所要求的接近的生产量。

为了进一步分析这三种要素，我们做以下的观察。

从劳动力指向的讨论中，我们已经熟知第一个因素了。在那里我们发现等运费线的基本距离决定于：①工业区位重(内含在工业特征中的条件)；②一般运输价格(一般环境条件)。所以第一个因素被分成两种条件，且各自独立地活动着。

另一方面，由于第二个和第三个因素都依赖于同一个独立的条件——工业密度，所以它们可被合并起来。若干生产单元的生产量跨越相互间的距离集在一起，构成了给定地区的工业密度。把这两个概念合并成一个工业密度概念大有裨益，因为在现实中二者同是一般环境条件人口密度的反应。人口密度从经验上看包含两个方面：①特定地方的人口密度=生产单元的生产量；②人口中心的数量=单个生产单元的人口分布。 150

在研究劳动力指向上，我们发现工业特征中固有的两个条件，且集聚中心的偏离依赖于这两个条件：①**工业的经济函数**；②**工业的区位重**。同样，我们也找到两个环境条件：**运输成本和工业密度**(或者，作为我们的经验之谈，称**人口密度**)，这些都是与影响劳动力区位类同的环境条件。

现在，首先让我们更密切地考察区位重以及两个环境条件的影响性质；其次，我们至少要做出在所有条件综合影响下的一般集聚图示。

大概以一般方式重述**区位重及运输成本**的作用不大需要了。我们已知，如果二者降低的话，等运费线就会扩张；如果二者增加，等运费线就趋于收缩，换句话，两种因素的作用是一致的。工业密度所依赖的两种因素之一，即称之为**单个生产单元间的距离**，具有同样的影响，认识到这一点非常重要。因为区位重和运输成本的变化（或任何一个原因）扩张或收缩等运费线（不改变其大小规模的次序，而实际上也如此），相当于等运费系列的增长或消退。因此，这种扩张和收缩增加了等运费线交叉点的数量，这正如引导等运费系列靠近，**不改变**每条等运费线**大小**，就会增加交叉的数量一样。因此，关于区位重、运输成本以及生产单元的距离，视为同一类相同影响的模式，因为它们的影响是一致的。

151 在注意交叉部分的形成及集聚规模的同时，不改变等运费线系列的扩散指的是什么意思呢？一开始，起码不能把它同等运费线的比例次序视为一回事——这种改变是指经济函数所产生的变化。不改变等运费线系列的扩展不能同等运费线比例次序的改变混为一谈。但是，正如后者较高级等运费线进一步扩展意味着促进了某些集聚一样，那么引起等运费线向一起靠拢将具有同样的影响；因为这种接近明显增加了交叉部分，有助于交叉部分堆积充足的生产量；换言之，交叉部分的数量及充足的生产量这两个决定因素受到有利的影响，并引起在一个更大“规模”产生集聚。从图 31、图 32 看，以上所述是很清楚的，这是一个经济函数和仅有

两级单元 a_1、a_2 的简化图。两图上的等运费线间的距离(即经济
函数)都完全一样;两图的不同仅在于生产单元间的距离不同。图
31 比图 32 单元间的距离更大一些,图 32 上的单元间距缩短了近
1/4。图 31 中,或许只存在倾向于 a_1 的集聚,甚至只能假设两个 152
单个工业单元能够满足所要求的生产量才能集聚。然而在图 32
中,如果我们假设 4 个生产单元总生产量必须而充分地满足构成
a_2 集聚所要求的总量的话,那么倾向 a_1 和 a_2 的集聚的可能性都
是存在的。假设集聚产生在较高级单元 a_2 方向上,事实上也是这
样,因为 a_2 的临界等运费线到交叉部分中点(集聚点)间的距离比
a_1 的更长一些。概括起来:引导等运费线向一起接近会影响集聚
的“规模”。它的影响比经济函数变化的影响要小;因为如果我画
区位图时,所有等运费线间的相互距离都是给定的,包括较低级的
等运费线的距离也是同一给定的距离,那么它们都会向一起接近。
所以,每一步的总节约都按比例增长,但较高级等运费线的节约增
长迅速,较低级等运费线的增长缓慢。(从低级等运费线到较高级
等运费的一个系列,如果各条等运费线之间的距离给定的比例扩
大的话,那么新的等运费线系列比前一系列获得更大的节约。这
里的“每一步的总节约”指任意两条等运费在前后两个系列中节约
的对比产生的节约。——中译者)然而,我只要改变等运费线的比
例系列的比率,即只让高级等运费线伸展更远一些,那么不同等运
费线中只有那些较高级的等运费线相互靠近,而且总集聚节约的
增加也仅限于这些较高级等运费线。由此可见,集聚规模受到的
影响更直接。其后,我们的任务是更精确地使各种因素影响的量
度差异公式化。届时,表达它们的各种作用方式将一览无余。

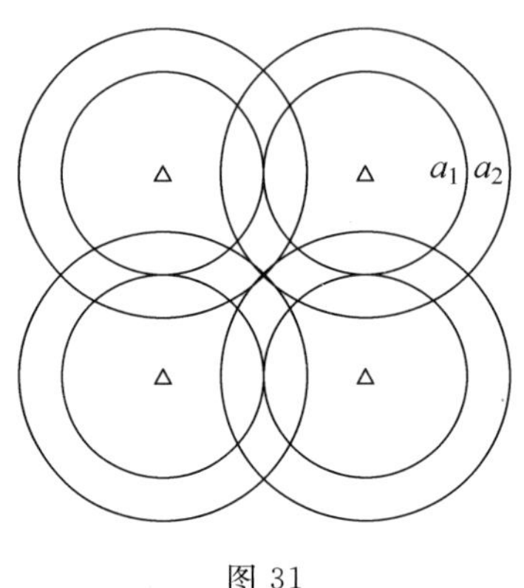

图 31

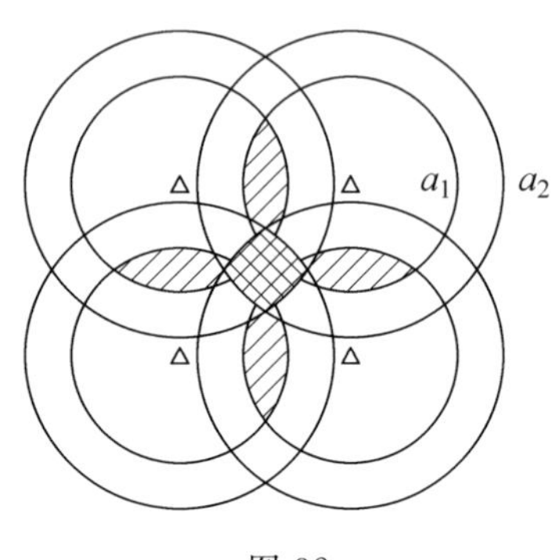

图 32

现在，我们回头考虑第三个因素的第二部分：生产单元的生产
量。我们只能说增加生产单元的生产量很明显有助于集聚，即增
加了集聚“规模”；当然减少产量就减小集聚规模。如果单个工业
153 的生产量充分地增加了，不曾大幅度扩张的等运费线的公共交叉
部分现在将包含着集聚单元所必需的生产量。同样地，等运费线
系列的较高等运费线的公共交叉部分过去不具有必需的生产量，
那么等运费线现在具有这种能力了。生产单元甚至通过“自身”达
到如此高的生产量，以便能代表经济函数的各种水平，甚至不包括
集中化产生的经济函数；人们会想到极端情况，总经济函数仅仅通
过增加生产单元的生产量而实现，不需要工业发生偏离。以上这
些表达生产量对集聚的基本影响，或许已经够了。由于区位图及
其等运费线在澄清有关生产单元的生产量问题时，作为图示帮助
是无效的，因此，在这里不可能提出更多的基本思想。

（四）集聚公式

然而，当我们试图囊括所有因素说明其重要性时，而通过其他方法获得进展是可能的。通过假定工业均匀分布且每个地方都生产同一种产品,那么有可能建立各种因素影响程度的精确的解析公式。这样,我们就可以透视因素的各种综合产生的整个工业的指向。通过所建立的集聚公式已经达到了这个目标,在附录里有这些集聚公式。[①] 但是切记,某一给定地域上工业密度均匀分布的假设十分重要,这种假设当然在任何实际工业和现实国家里都不能成立。在各种因素综合影响下,集聚公式提供我们集聚中心的数量和规模,就这个意义上说,集聚公式仅具有理论价值。它仅仅提供了一般的思路(或许与现实脱离太远),即我们把现实(当然,不必期望同实际相吻合)与公式得出的图示作比较的思路。公 154
式在这一点仅仅有助于理解,但这只是公式的一个方面。毋庸置疑,公式非常重要,它使我们精确确认了任何一个集聚因素的变化所产生的对整个集聚的影响。而且,公式提供的这种功能不仅可应用于理论而且还应用于任何给定的情形。因为一给定的工业因不同区位实际遇到不同的工业密度无论多少,我们讨论的因素按照它们对均匀分布工业的影响程度的相对程度,一定在不同区位里起作用(而且,作用于该工业整体)。这样,均匀分布的工业仅代表实际工业体中各种密度等级的一种。

我们试图弄清楚在附录里完成的成果,并把公式翻译为非技术的语言。直到现在,我们研究的仅仅是绝对节约,即在集聚的每个阶段每吨产品所达到的绝对节约。这种节约视为集聚规模的函数,并使用了“经济函数”的概念。然而根据附录,人们会问到相对

① 参见下文第246页之后。——英译者

节约的概念，它是随集聚规模的增长而产生的，即从任一给定的集聚阶段开始，因加入新工业单元而产生的节约增加。因为这种增加的节约只依赖业已达到的集聚阶段；如果我们设想一个小工业单元，小到可同大工业单元作对比，大工业单元吸引小单元，那么，我们会用第二个函数来表达各阶段集聚的吸引能力。
155 第二个函数在附录里称为“集聚函数”。集聚函数 $f(M)$ 是由追加节约构成的，追加节约对应于集聚的一个阶段到另一个阶段每一步的增长。在附录里，集聚函数同经济函数（前面已讨论过的）的关系已经分析过了；两个函数表现出密切的相关关系，并以某种方式相关。

现在，我们所关心的是下列情况：集聚函数精确地表达大工业单元对分散的小工业单元所施加的吸引力。大单元对小单元的吸引程度，我们用公式 $R=\dfrac{f(M)}{As}$ 表示，其中 R 为集聚扩展半径，A 是工业区位重，s 为运输价格。所以，我们认为大工业单元的吸引力与集聚函数值成正比，与工业区位重和主要运输价格成反比。

有关三种集聚因素的讨论就到此为止了。如果我们希望深入了解实际扩展的集聚半径以及确定实际集聚量，那么有必要把至今仍被忽略的第四个因素“工业密度”纳入考虑。工业密度 ρ 也决定着半径 R 的长度，半径 R 必须把各生产单元集结起来，以形成任一给定的集聚量 M。公式为：

$$M=\pi R^2\rho \quad 则\ R=\sqrt{\frac{M}{\pi\rho}}$$

156 如果把 R 值代入集聚方程，代换未知的集聚半径 R，那么：

$$\sqrt{\frac{M}{\pi\rho}}=\frac{f(M)}{As}$$

或

$$f(M)=\frac{As}{\sqrt{\pi\rho}}\sqrt{M}$$

式子的含义为：假设工业区位重 A，运输价格 s，工业密度 ρ 已知，如果我们希望知道工业集聚函数 $f(M)$ 的哪个值会起作用，换言之，当集聚条件已知时，如果想得到多大集聚“规模”会成为实际的工业区位因素，那么我们必须给出公式中的 M 值，即集聚量，才可得到集聚函数 $f(M)=\frac{As}{\sqrt{\pi\rho}}\sqrt{M}$。这一公式解决了所求的问题。附录中以简单的图示方式表达了相应条件下起作用的 M 是否存在，并是否因此产生集聚。也表达了我们如何决定 M 值。附录里进一步研究了如果我们知道单个集聚单元的规模，我们也就知道了产生于已知总生产量的任何地区的集聚中心的数目。以总生产量除以单个集聚的生产量，就得到集聚中心的数目。

二、集聚指向和劳动力指向

关于这一点，我们所做的研究已经应用到集聚力对运输成本最小点的工业指向的影响上。如果考虑到集聚力对劳动力区位指 157
向的工业发生影响，那么结果会是怎样呢？

为了分析这种情况下会发生什么，我们应记住，劳动力区位是从最小值点偏离的一种形式；集聚是另一种偏离形式。当集聚力对指向劳动力区位的大工业起作用时，集聚偏离和劳动力偏离之间产生了竞争，斗争创造了“集聚区位”①，以区别于“劳动力区位”，两者都是在运输基础上产生的。两种力谁能提供较大的净节约，即超过或大于运输指向的净节约，谁将是获胜者。

如果我们考虑集聚区位和劳动力区位之间的纯竞争，我们就会简单地去比较净集聚经济和净劳动力节约，乍一想这样做是对的。但这不是一个正确的进项计划，因为劳动力区位正如我们已经知道的，或许在大多数情况下其本身就是一个集聚点——我们所命名过的偶然集聚，与偶然集聚相联系的集聚经济将会出现，这种集聚经济是准确地依照代表集聚规模的经济函数来测度的。这些集聚经济是分散的，与吸引工业向特定劳动力区位的劳动力经济是不同的。如果我们希望得到劳动力区位在同纯运输的集聚区位竞争时的总节约量，那么，偶然集聚的集聚经济因此成为劳动力经济的追加。接下来的问题是，集聚区位上的集聚经济和劳动力区位上的劳动力经济加偶然集聚经济哪一个大呢？

158 这意味着在劳动力区位上的偶然集聚建立的集聚单元等于或大于运输指向基础上纯的和独立的集聚单元，在这种情况下，所有工业都保持劳动力指向。因为在此情况下来自偶然集聚产生的节约大于集聚区位所能提供的节约。只有那些工业在偶然集聚建立的集聚单元较小的情况下，才**可能**有其他指向。但这些只有在集聚经济的损失（由于小型单元）不能被劳动力区位所提供的劳动力

① 从此以后，有时出现“agglom-location”是“locations of agglomeration”的简略词（中文译出时没有区别——译者）。——C. J. 弗雷德里奇

经济补偿时才会产生。

很有必要记住两件事：第一，高度发展的劳动力指向的工业存在一个劳动力区位的选择问题，这是由劳动力区位之间竞争引起的。正是这个选择过程对更有利的劳动力区位引起一个相当偶然的集聚；劳动力指向本身表现出集聚的倾向。第二，偶然集聚的强度依赖于独立集聚倾向的强度所依赖的四个因素中的三个。区位重、运输价格和人口密度影响劳动力指向，并以同样方式影响相伴生的偶然集聚，正如它们影响竞争的独立集聚或纯集聚方式一样。第四个因素是阻止劳动力指向产生偶然集聚的，如果阻止力量之大，以致偶然集聚经济（加上劳动力经济）无法抵制独立集聚，那么，第四个因素的确与众不同。所以，只有具备相当高经济函数和非常微弱劳动力指向的那些工业（因此在劳动力区位中有非常小的偶然集聚）其纯的、独立的集聚才能获得成功的竞争。在运输指向基础上，独立集聚不可能大幅度削弱任一工业的劳动力指向。

159

相反，劳动力经济上的集聚经济将在重要的工业部门里（称之为，由于劳动力指向产生大规模集聚的任何情况下）强化劳动力指向，而不是强化运输指向。因为劳动力指向无论在哪里引起的偶然集聚大于运输指向基础上的任一可能的独立集聚的话，二者的差额就增加了劳动力区位的节约，这不是从其他方面所能获得的节约，它强化了劳动力区位的吸引力。

通过下面的例子，我们要搞清楚这些影响的意义，例子的选择是偶然的：我们考察下列经济函数对一系列不同工业的影响：

吨数	100	200	300	400	500	600	700	800
集聚经济/每吨	1	4	6	7	7.5	7.75	7.82	7.88

在吨产品劳动力成本分别为10美元、50美元、100美元、200美元、300美元的情况下，集聚经济将工业产生什么影响呢？我们假设劳动力区位中的劳动力指向引起的偶然集聚计为：50、100、200、400、800吨。当然，运输指向基础上的独立集聚单元在所有工业中都是一样的，按照前面提到过的经济函数能够得到独立集聚单元。姑且把它计为300吨。

表1是对比了“独立集聚”和“劳动力指向”在各种工业中的情形。

表 1

	A 劳动力指向				B 集聚		C
	劳动力成本/T·P（美元）	节约/T·P（美元）	集聚单元（吨）	总节约/T·P（美元）	集聚单元（吨）	节约/T·P（美元）	A 节约－B 节约
第一组	10	1	50	1	300	5	－4
第二组	50 100	5 10	100 200	6 14	300 300	5 5	＋1 ＋9
第三组	200 300	20 30	400 800	27 37.8	300 300	5 5	＋22 ＋32.8

注：T·P表示每吨产品。

160 我们发现有三组工业：第一组是劳动力成本指数相当低的工业（每吨产品低于50美元），劳动力指向本身非常微弱，只能引起小偏离和小的集中化。在这种情况下可以找到独立集聚的优势，即有较大的集聚单元和较大的集聚经济（5∶1）；这种势态导致运输指向基础上的集聚区位指向。然而这种区位变化的类型不能带来任何引人瞩目的移动，因为属于这一类的工业仅仅产生某种轻微的偏离。正是这个原因，第一组工业的移动没有很大实际意义。

第二组，独立集聚单元比劳动力指向产生的集聚单元更大些(第二组工业，300 吨对比于 200、100 吨)。但是，劳动力经济的偶然集聚经济增量使得劳动力指向的总和节约大于运输指向基础上的独立集聚的节约。其结果，倾向劳动力区位的指向产生了(节约比率是 6∶5 和 14∶5)。

第三组，劳动力区位中集聚单元大于独立集聚单元(400 和 161
800 吨相对于 300 吨)，其中集聚经济增量只单单强化了劳动力指向的影响。但是，假定这些附加节约普遍地加强了劳动力指向，那么，附加节约将如何影响劳动力指向基础上的工业呢？

一般来说，正如原料产地替代产生运输经济附加一样，附加经济以完全相同的方式延长了劳动力指向的吸引半径(参照上述 113 页)。只要我们把劳动力区位所提供的经济都加进来，我们就能量度每个劳动力区位的吸引力，劳动力区位提供的经济不仅包括来自原料产地替代的那些经济，而且也包括来自受吸引的生产总量所产生偶然集聚的全部经济。

这意味着关于工业的最终区位，第一，那些依然指向运输成本最小点的工业部门将向劳动力区位偏离。由于偶然集聚经济的附加，使劳动力指向整体上超过运输指向，运输指向不再占优势。也意味着，第二，在工业劳动力指向中，强大的劳动力区位(即能提供大幅度“成本降低”的优势，吸引弱小的劳动力区位引向自己)获得进一步的“优势”，因为集结在该区位的生产总量表征享有集聚经济的集聚单元。结果它们的吸引半径被进一步扩张，吸引相当遥远的弱小区位的生产。劳动力指向本身的强度更强化了。

集聚倾向对劳动力指向的本质影响，助长了劳动力指向在少 162

数区位集中化的内在倾向。

第三节　重新回顾现实

如果我们现在试图把上述章节的结论应用于经济休制的实际发展中，那么我们这样做是因为我们希望更清楚地理解这些结论的含义。但是，我们并不关心结论的归纳验证。

一、制造业（通过价值增值）系数（Formkoeffizient）

为了上述意图，也只是为了这种意图，我们要讨论下面问题：一特定工业的集聚量依赖什么性质？由于方法论的原因我们曾忽略了这个问题。问题引起我们对依赖于特定工业性质的集聚条件进行更为缜密的考察。

存在这样两个条件：区位重和经济函数。其中区位重是各种工业简单而明晰的性质，不存在什么问题，也不需要驻足来讨论。

但经济函数则是另外一回事，它不是可见的有形的东西，而是相当不确定的东西；可以说它只是其他某种东西的产物，它深深根植于各种工业性质之中。通过推导给定工业的哪一种性质是经济函数所依赖的，怎样依赖的，我们不能得到。即使我们提出了更完善的模式建立经济函数，也不能确保更充分地确定这些性质，正如
163 标题为“集聚要素”部分所做的尝试那样。的确，经济函数及其赖以建立的集聚要素和各种工业的性质之间存在显然的联系，而且两类最基本的集聚要素（即称之为劳动力组织发展和各种工业技术设备发展）会产生不同的经济函数以及相应的集聚单元，这也是显然的，

但是，我们不能抽象出明确的准则以表达给定工业的什么性质决定着集聚单元的规模及其系列，一句话决定经济函数的形状。[①]

如果我们要获得经济函数的一般概念，要理解它同工业特征的关系，那么我们必须另辟蹊径。只有那些工业其产品价值相当大程度是工业（或形式上的）过程本身的结果，才可能具有大型集聚单元，大幅度的压缩成本[②]——一种有效的经济函数。我们说这类工业体现出“来自制造业（Formwert）的高附加值[③]”。为什么只有来自制造业高附加值的工业才有有效的经济函数，原因很简单。我们已从劳动力价值和劳动力成本指数得到类似的原因。[④]我们认为，只有那些吨产品高劳动力成本存在的地方，吨产品劳动力的显著的节约才能受到影响；对一般制造业成本来说，包括机器成本等等，这种思考同样是正确的。一般地说，制造业成本出现在 164
通过产品制造而产生附加价值中。只有成本自身高，通过大幅度的压缩，制造业成本才能伴生出高节约指数。一般制造业成本正是这样一种成本，即通过劳动力和技术设备（这是集聚要素最重要的两类）的有效配置而倾向于降低的成本。它们代表着通过集聚减低成本最基本的目标。但是，劳动力和技术设备的有效配置甚至建立了第一，大型集聚单元，第二，相对于小集聚单元的大单元

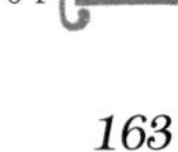

① 参见下文数学附录。——C. J. 弗雷德里奇

② 参见前文第 106 页。——C. J. 弗雷德里奇

③ “Formwert”一词的含义为“来自制造业的附加值”最为贴切。但是，由于制造业是粗原料给出“形态的过程”，因此，“形态价值”不会是不可能的术语。A.普雷德尔使用过它。参见《政治经济学杂志》第 XXXVI 卷，第 311 页以下。而且，已经建立了“形态利用”一词了。——英译者

④ 参见上文第 107 页（中文版 114 页）。——英译者

大幅度的可压缩性；通过该工业制造只要产生了吨产品的高附加价值，两者的发展对工业的指向举足轻重。我们将通过制造业的吨产品的附加价值为特定工业的**来自制造业的价值附加指数**，或简称**制造业指数**。如果指数上升，则同等集聚单元，同等比例的成本降低代表了吨产品更大节约，而且对应于区位图的临界等运费线将进一步扩展、集聚单元的吸引力将会增加，等等。

来自制造业的附加价值指数在某种程度上是通过集聚各种试图降低成本的目标——且我们已经注意到最重要的两类集聚要素以此方式在发挥作用——该指数给我们提供了测度工业集聚的有效倾向的标尺。然而，应当指出测度标尺没有告诉我们任何最终关注的向特定工业集聚的实际倾向，也没有告诉我们其实际经济函数；它只勾画了集聚的有效倾向而已。因为测度标尺没有指出
165 现实中存在哪些降低的成本（由于劳动力和技术设备的精心配置），所以也就不能告诉我们集聚单位系列的什么次序。但是，既然工业经济函数及其最优集聚对工业一般特征的依赖性我们尚不清楚，那么，我们正好可以使用手头这个测度标尺。的确，我们应当很好地更为详尽地考察来自制造业的附加值指数，并阐述它与工业第二个一般特征即区位重的关系。

来自工业制造业的附加值有两个主要的构成要素：代表工资和薪金的劳动力成本，机器成本，后者是从最广泛意义上说的，它包括固定资本的利率和分期付款以及动力成本。我们把这两个要素划分为“来自劳动力的附加值”和“来自机器的附加值”。那么最为重要的（如果我们去使用制造业指数作为集聚的测度标尺的话）是要知道两个要素各以什么比例参与了来自制造业附加值指数。

如果来自制造业的附加价值在某种程度上是由机器产生的，那么便出现了控制集聚的一种要素。这种要素就是使用燃料的增加，即特定工业原料原料指数增长。可以说，来自劳动力的附加值是一种纯的集聚要素，而来自机器的附加值要素在很大程度上被增长的原料指数所冲淡了。只要我们不忘记平等地考虑包含在原料指数和区位重中的第二个测度标尺，那么事实上就不能阻止我们使用来自工业制造的附加值作为集聚的最优测度标尺。我们同时保有两种标尺是必需的，正如前面在分析劳动力指向中的劳动力 166
成本指数和区位重指数的情形一样[1]，这要求我们把来自制造业附加值的含义同区位重的含义联系起来，建立制造业指数同区位重指数的相关概念。让制造业指数不涉及产品吨，而只同需要运输的全部重量——“区位吨”相联系是可能的。同前面使用的“劳动力系数”相似，我们建议使用“制造业系数”，以便描述来自每区位吨制造业的附加值。现在可以得到以下结论：制造业系数高的工业其集聚的倾向强；制造业系数低的工业集聚倾向弱；而这些倾向属于工业的内在性质。这个结论相对简单些，但应当注意，我们在建造该结论的过程中，曾做出相当多的假设。

二、现实集聚形式

下面要提出的问题是，我们刚刚所勾勒的集聚的一般规则，我们详尽特征化了的集聚的构成力量，其集聚的实际结果会是怎样呢？在现实中我们将找到什么形式呢？

① 参照上文第 110 页。——英译者

我们知道集聚不仅影响运输指向的工业，还影响劳动力指向的工业。集聚只要简单地加强对劳动力区位（按照讨论过的规则）的收缩即可影响劳动力指向的工业。只有那些非常微弱倾向于劳动力指向的工业，才在运输指向基础上体现纯的和独立的集聚指向，并代之体现劳动力指向。

我们也知道显著的技术集聚的产生仅仅与高制造业系数相联系，系数是由来自劳动力和机器的附加价值构成的。但是，因为来
167 自机器的附加值总是与大量原料（煤）消费相联系，产生的区位重高，所以该附加值难以使制造业系数成为高系数，除非同时产生了人力（来自劳动力的附加值）消费也显著地增长。其结果，高劳动力系数的工业将表现出最为强烈的集聚倾向——只要迄今为止机器意味着一种大量原料消费的话。但是，这些工业被强烈地劳动力指向了的，因此也已集聚了。

技术集聚的主要结果是在现有条件下对劳动力指向的强化。另一个结果是通过建立集聚而改变运输指向，这个结果在比较研究中不显著。因为在后一种情况中，集聚倾向的一般作用伴随低制造业系数，因此集聚倾向不会像在劳动力指向工业中那样强烈。

两种结果对我们现实的考察都很重要。分述如下：

第一，我们可以发现，运输指向工业的某种集中化，且集中的位置不会太远离最低运输成本点。

第二，无论在哪里遇到工业显著地偏离运输指向的话，我们在假设的前提上和留有疑问的情况之下可以有把握地认定它是一个指向劳动力区位的工业。这个结论对我们后面的事实分析显然很起作用，因为它确保我们把工业分为两大类：即运输指向工业和劳

动力指向工业。记住，分类所依据的这个简单结论，并且忽略（至少在初步研究中）所有更为详细的区分，这为我们接近现实提供了可能性。

三、发展趋势 168

当我们更密切地考察作用于现实生活中的集聚后，我们将找到集聚怎样的发展趋势呢？从分析中我们已知集聚的各种条件；包括人口密度、运输价格、制造业系数。

前两个条件的趋势及其重要性是清楚的。显然，人口密度增长、运输价格下降是现时代演变趋势。它们必须不断地推进集聚。区位图的临界等运费线随着运输成本降低而连续地扩张，并因此创造了高级集聚单元的有效交叉部分；高级集聚单元所需的充足的生产量也由人口密度增加而不断地创造着，这同时促进区位图紧密地向一起靠拢。因此，有关我们现在所讨论的发展趋势，不需要更多的时间和篇幅了。

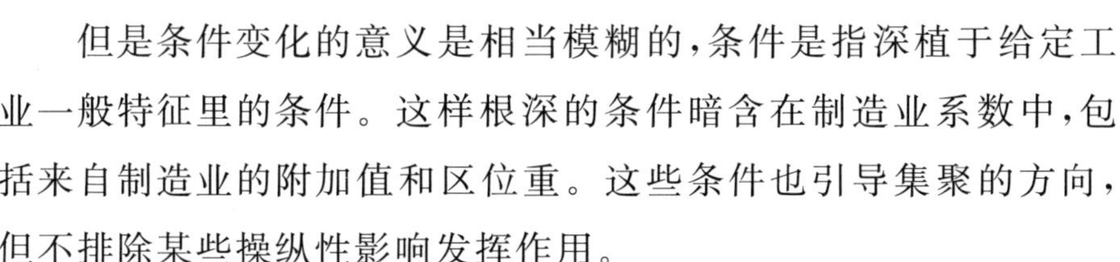

但是条件变化的意义是相当模糊的，条件是指深植于给定工业一般特征里的条件。这样根深的条件暗含在制造业系数中，包括来自制造业的附加值和区位重。这些条件也引导集聚的方向，但不排除某些操纵性影响发挥作用。

一方面来自制造业的附加价值成为显著集聚的原因。因为我们知道，在18世纪和19世纪劳动力和技术设备的有效配置意味着创建和扩大了工业生产的大型框架。结果就是创建了集聚的高级单元，并且在较高级集聚单元开始起作用的情况下，很剧烈地降低了（压 169
缩）各种工业制造业系数。以我们理论术语表达这些现象的话，可以说，组织和技术的发展给定了各种工业来自制造业的附加价值；如果工业使用组织和技术的发展，在其影响下来建立高级和有效的集聚单元，那么工业具备组织和技术的发展是必需的，其重要性未曾有过的。可见，组织和技术的发展无疑具有巨大的集聚影响。

另一方面，这些发展引起了操纵集聚倾向的力的出现。这样做是通过这些发展影响原料的消费、消费又影响区位重来实现的。创造崭新而宏大的工业生产结构在很大程度上是机器设备取代了手工劳动，即以来自机器的附加值替代了来自劳动力的附加值。所有这一切，结果增加了为生产必须运移的重量，收缩了环绕区位图的等运费线，同时，最终产生高级集聚单元而必须克服的阻力加大了。

一方面，现代发展的趋势就我们研究的集聚的范围内指明了制造业系数的重要性显著地不断提高；但另一方面，通过降低同一制造业系数（由于生产的“原料化”过程），而减小了这些新集聚单元的变革影响。

如果要了解 18 世纪和 19 世纪工业革命中集聚倾向所起作用的话，我们必须牢记上述事实。显然，从这一部分理论的观点看，
170 手工业到工厂生产的变化（构成工业革命最重要的方面）是一个巨大的集聚过程。前面论述的发展，即使本身有能力显著集聚（由于制造业系数高）的生产部分，依然分布于单个生产单元中，最有可能分布在消费地，正如前面已经指出的，这是因为主要原料指数低。对所有这些工业而言，其制造业指数在新的高度发达的生产结构中有能力大幅度降低，这种事实的发现意味着逐步地调整——即前面提到的革命。革命只有在 19 世纪生产量迅速增长，伴随运输成本同样急剧地下跌，只有在这样严格的条件下才得以

产生。但是,代替古老马车的将是什么,集聚要扩张多远,集聚单元要发展到多大规模,集聚中心将定在什么点上——所有这些问题都十分显然地依赖于工业原料指数随工业技术和组织的发展而产生变化。换言之,这些问题依赖于煤原料地介入的程度;依赖于最有利的劳动力区位上的主要集聚受运输指向基础上的集聚多大程度的干扰。在现实里,所有这些问题是作为劳动力区位和煤原料产地的竞争出现于现实中的。然而,结果则是选择了劳动力区位,并注意最近的煤产地。但归纳研究[①]总是过分估计了集聚接近煤产地的必要性;就现代集聚单元而言,其有效的最重要的部分 171
是劳动力区位上的不断加强的工业集中化,并以各种方式出现。归纳研究也指出了工业在煤产地的集中化在很大程度上代表着已经指向原料产地的工业的再指向;的确,它们是各不相同的且分布十分分散的原料地。所有这些集聚以我们的理论观点看都是偶然的集聚;不存在技术上的必须。而且,我们会发现,处于最有利的劳动力区位的新集聚单元在何种程度上受生产的原料方面不断加强的影响,且怎样影响;不仅是对吸引劳动力区位的影响,而且是对劳动力区位上集聚程度的影响。关于这一点,很显然,只有那些工业已经达到了“技术集聚”最高阶段,技术集聚即是来自制造业和来自劳动力的附加值的比例变化不超过某最大量。

但是,归纳研究特别表明,集聚问题没有被详尽无遗地研究

① 不公开的。参见韦伯的贡献,《社会经济学概念》第Ⅵ卷“工业区位理论(区位的资本主义纯理论)”(*Grundriss der Sozialökonmik*, Vol. VI, Industrielle Standortslehre〈Allgemeine und Kapitalistische Theorie des Standortes〉)。——英译者

了，在广大原料产地上的偶然集聚的研究，特别是煤产地，甚至在劳动力区位上技术必需的集聚也没有充分的研究；存在着超过和高于我们所思索的、超越其范围的是“社会集聚”类型。这种集聚在劳动力区位上（很大程度上排除了技术的必需）完善了劳动力集聚的一些规则基础。正是刚刚提到的，这是归纳研究的主要任务之一，第一，社会集聚及其工业和大都市地区的创建以哪种特定方式发展，这是在我们前述段落所分析过的简单且很受局限的集聚形式的顶
172 峰上的发展。第二，我们需要表达的这一类集聚不涉及属于“纯”经济制度（我们在前面讨论过了）的原因，而是根植于现代经济制度的特定社会结构中的各种不同要素的结果。如果这种集聚类型所属的社会结构不出现的话[1]，那么，该集聚类型也就不出现。

① 阿尔夫雷德·韦伯的理论出现之后，关于这一点就有大量文献或多或少地进行深入研究。参见对韦伯本人的研究。(〈工业区位论，第二部：1860 年以来的德国工业〉(*Ueber den Standort der Industtrien* Ⅱ.*Teil*：*Die deutsche Industrie seit* 1860)的系列研究修正，开始是奥托，施利尔的“1860 以来德国工业主体”(1922 年)(*Die Industriekorper seit* 1860)。对于目前变化的分析见埃德加·萨林的“德国国民经济的区位移动”(Standortsverschiebungen der deutschen Volkswirtschaft)(见《德国国民经济的结构变化(1928)》(*Strukturwandlungen der deutschen Volkswirtschaft*，由伯恩哈德·海姆斯修订)。对美国学生来说特别感兴趣的是安德鲁斯·普雷德尔最近的两篇论文，见《世界经济档案》(*Weltwirtschaftliches Archiv*)所载“美国棉纺织工业的南迁”(1929)(Die Standorte der amerikanischen Eisenund Stahlindustrie 以及 Die Südwanderung der amerikanische Baumwoll industrie)。最后，应注意到汉斯·里彻尔和约翰·J.豪拉斯的研究，里彻尔的论文是“生产部门区位的纯动力和历史动力”(Reine und historische Dynamik des Standorts der Erzeugungszweige)，见《施莫勒斯年鉴(1927)》(*Schmollers Jahrbuch*，1927)，豪拉斯的论文是“关于假设的和具体的区位前提问题，以荷兰大屠宰业为例”(Zum Problem der hypothetischen und konkreten Standortsbedingungen，Dargelegt am Beispiel der Grosschlachterei in den Niederlanden，载《世界经济档案》(*Weltwirtschaftliches Archiv*))——英译者

第六章　总体指向 173

我们前面讨论的是建立在下述基础之上的：与工业生产和分布过程相关的活动是一个不可分的整体，受区位力的驱使，这一整体只能倾向远离原料地和消费地，而且其走向完全独立于其他工业活动，但事实上这种不可分性和独立性是不存在的。

现在，我们需要考虑下列事实：首先，几乎每种工业的生产过程都是由不同的部分组成的，它们在技术上相互独立，并因此可在不同地方完成。我们可以把生产过程看做是一堆小球，它们由于前面所讨论的(动态)区位要素的作用而滚向同一地方，而且受区位要素作用还会重新分布；第二，这些能使小球(生产过程的各部分)运动的力并不局限于某一特定生产过程，而是一个国家工业生产不同部分相互扭结形成的合力综合体中的一部分而已。我们把第一类看做是某一特定生产过程或企业(Produktionsstufengliederung)的不同阶段的组织，把第二类看做是这些独立生产过程的统一体(Ineinandergreifen)。

第一节　生产过程各阶段的组织 174

一、生产阶段和运输指向

假设工业只受运输成本的影响，而忽略了劳动力和集聚引起偏差的影响，那么生产过程就无须在一个地方完成，可把它分成不同部分在不同地方完成，这意味着什么呢？

很明显，导致生产过程分离为不同部分，并导致不同部分到不同地方适当迁移的唯一原因是为了节约吨英里。把吨英里降低到最小量是调节运输指向的唯一原则——该原则产生了区位，这些前面已经讨论过了。相应地，如果生产阶段或生产部分的位置被分开，我们必须考虑吨英里量①是否降低了。如果降低了，我们就得确定该工业的运输区位。

（一）

我们首先来看一个简单的实例，一个企业有三种原材料产地和技术上分成的两个阶段组成。第一阶段两种原材料加工成一种半成品；第二阶段半成品与第三种原材料加工成一种成品。假设最终产品所需一定比例的原材料，按照所述区位原则便可确定不可分部分的生产

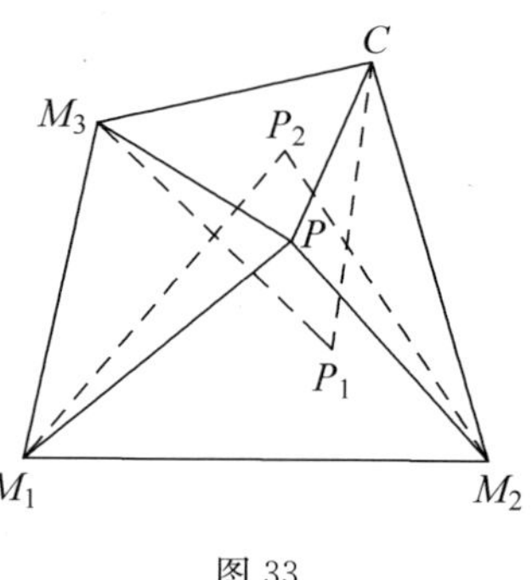

图 33

175 区位 P（图 33）。假设可分部分的生产区位为 P_1 和 P_2；P_1 为第一阶段，P_2 为第二阶段。分离之后的结果会如何呢？显然，两个具有三个角的区位图取代了一个具有四个角的区位图。第一区位图是 $M_1M_2P_2$，两个角是生产第一阶段两种原料产地，另一个角是生产第二阶段的生产地，显然它也是第一阶段的消费地。第二个区位图为

① 当然，我们必须想到整个吨英里贯穿整个生产过程。

M_3P_1C，它取决于第一阶段的生产地、另一个原料产地和最终产品消费地。第一生产阶段 P_1 的区位是第一个区位图中的运输成本最低点[①]，或我们所说的最小点。生产第二阶段 P_2 的区位是第二个区位的最小点。因此，各生产阶段区位的确定则正是我们需要分析的范围。它涉及确定新区位值的各个角顶点和位置，这些顶点便是各生产过程的位置，因为这些顶点就是分离的生产过程的地点。如果我们找到了各角顶点，问题就解决了。有关数学问题见附录Ⅰ，§8[②]。176
我们将利用有关答案，但我们先看看生产阶段何时分开。

要回答这一难题，我们必须改变我们的问题。即问题不是何时可分而是何时不可分，生产在什么时候仍然保持单一呢？如果我们再看看区位图，很快就会发现，单一区位的产生只是各个生产过程的可分阶段多种区位的特定情形。当第一阶段区位图中的生产地和消费地重合时，当第二阶段区位图中的生产地与半成品的生产地重合时，便出现了这种特例的区位。一旦这种重合发生，两个区位也就重合。而在其他情形下两个区位是分离的。区位何时分离这一问题引出了以下这个问题：在什么特定情形下分离阶段的生产地重合呢？我们先只考虑有两个生产阶段的企业。

乍一看，我们会认为仅当第一阶段的生产地在消费地时（因为重量比），并且仅当第二生产阶段的生产地（也由于重量比）在第一阶段半成品原料地时，才产生重合。如果真是这样的话，区位分离则概莫能外（假设在各种技术条件下生产过程是可分的）；实际上，

① 参阅前文第53页（中文版第67页）。——英译者

② 参阅下文第234页（中文版第224页）。——英译者

包含若干技术阶段的任何生产过程都存在各技术阶段的区位。但
177 并非都要具备这些条件,只要第一阶段位于消费地或第二阶段位于半成品产地就行了。一方面,如果第一生产阶段位于消费地,那么第二阶段的任何区位将由第二阶段区位图的重量比决定,比如,区位走向第二阶段消费地,或者原料产地,或走向任何中间位置。这样当然促使两个区位重合。另一方面,如果第二阶段位于半成品产地,那么它就会跟随半成品地点的任何位置。比如说,区位在初始原料产地或任何中间位置,在这种情形下两个区位也重合。

相应地,无论是在第一阶段还是在第二阶段,区位不发生分离的条件(重量比)是:一个阶段的区位跟随另一个阶段的区位。然而,如果技术上可行,下面的分析将表明分离是何等的频繁。为使第二阶段生产跟随第一阶段的区位,半成品就必须要有一个至少同未来产品重量与所有辅助原料重量总和相等的区位重量进入第二阶段——遵循我们前述的原则。这意味着产品在第二阶段失重很多。不过,第二阶段和其后的工业生产阶段通常只涉及纯原料的加工,只有少量废物(Materialrückstände)损失。因此,这些阶段很少会有这样的区位,除非它们是原煤指向。这
178 一点就不多谈了。另一方面,如果第一阶段的生产地要跟随第二阶段的生产地的话,那它就必须布置在消费地,这意味着第一阶段不能有原料损失,或至少损失部分由广布原料补偿了。由于工业生产的第一阶段通常是提取纯原料称之为废料损失的过程,所以,这种情形也很少见。总之,在任一情况下,两阶段重合的条件都不常见。至此,在初步分析的基础上我们可以说:技术

上可分的生产过程的规律是：生产分离为若干区位，而单一生产区位为特例。

（二）[①]

下一个问题是：当生产过程可分时，其区位应该位于何处？我们将通过解答生产过程何时可分这个问题来解答。

我们所指的各阶段的区位作为新区位图的顶点能被固定下来，在这些顶点处完成分离生产阶段。新区位图依照一般区位必然建造在这些区位图之中。关键是找出各个未知的顶点，见附录Ⅰ，§11[②]。这些未知的顶点即是各生产阶段的区位。我将把附录中的结果用于几个重要情形。 179

我们先假定分为两个阶段的生产过程每阶段需要两种原料。显然，两个阶段区位图都是三角形。因为我们知道“两个区位图带有一个区位角（顶点）”的重量三角形（图 34），所以我们知道两个未知角即两个区位所在的两个圆所在的位置（即过 M_1M_2 和 M_3C 的两个圆）。我们还知道，从圆上取两个点（图 34 上的 O 和 O_1 两点），两个区位就落在两点的连线上（见附录Ⅰ，§9 和§11）。该直线与圆相割的点就是两分离生产阶段的区位（圆上相邻的两点 P 和 P_1）。我们很快就会发现，这条简单的规则是很有用的。

① 读者会发现这一节中的两部分的推理很烦琐。这并不是针对那些只希望了解主要观点一般梗概的人的，这可以忽略不看。但是，科学的严谨性要求这样分析，因为应表明我们理论的数学答案在多大程度上适合多重现象和现实问题。

② 参阅后文第 236 页（中文版第 226 页）。——英译者

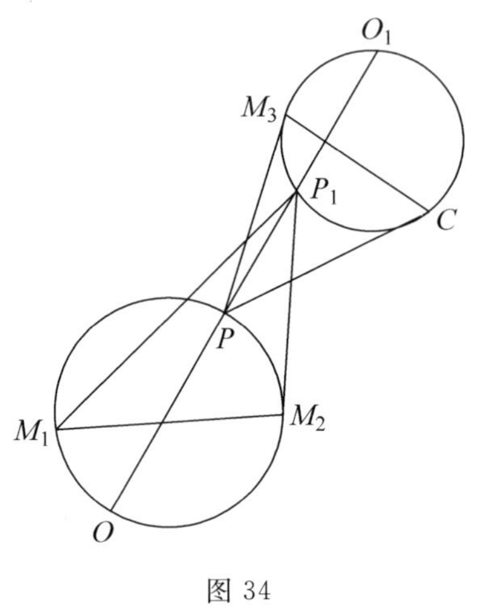

图 34

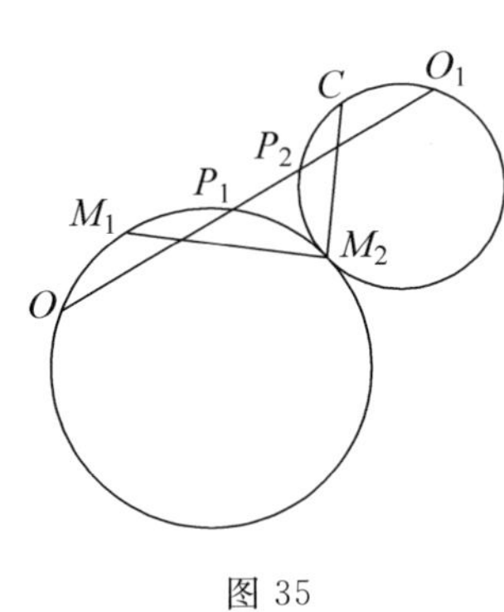

图 35

现在我们假设一个生产过程需要两种原料以便整个过程可在
一个区位图中完成，再假设这个过程可分，第一阶段加工这两种原
180 材料，而第二阶段再使用其中一种原材料（如煤）与半成品一起生
产出成品。所给出的两个阶段的区位图解相当简单（对照图 35）。
过原材料产地及其第一个重量三角形作边界角所组成的圆就是第
一阶段区位的范围；相应地，由第二个重量三角形（作为圆的外周
角）、过第二个原料产地和消费地所组成的圆即是第二阶段的一般
范围。圆上 O 和 O_1 两点的确定将在下面阐述[①]。连线 OO_1，交割
两圆的两个点 P_1、P_2 即为两个区位。

假设一个生产过程需要 5 种原材料，且该过程在技术上可分为 3 个阶段。第一阶段加工前两种原材料；第二阶段加工第一阶段的产品和另外两种原材料，第三阶段加工第二阶段的产品和第

① 参阅后面附录第 237 页（中文版第 227 页）。——英译者

五种原材料，生产出最终产品。

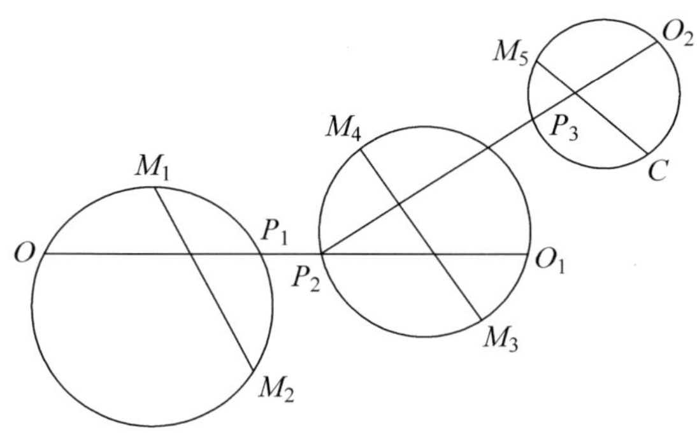

图 36

图 36 说明了各阶段区位是怎样确定的。原则上说，当生产过程分为并列过程而不是连续阶段的过程时，其图示很相似。

以汽车制造为例，铸造厂和钢铁厂把金属部件加工成半成品，木 181
材加工过程中加工其他部件，其他部件的半成品在各相应企业完成并最后把所有半成品组装成成品。图 37 表示了生产过程和各阶段的区位。总之，我们找到了一般答案，但有一个重要的限制条件，即当各生产阶段只加工两种原材料时结论才成立。各阶段用三角形来体现其区位图。这一局限性似乎令人沮丧，其实不然，因为很少会出现彼此衔接生产阶段的每个阶段都是复杂的混合过程的情形。只有当若干个复杂生产阶段彼此衔接时，运用我们目前创造的这种方法才不奏效。在所有其他情况下，我们都可以确定比较简单的生产阶段的区位所在的圆（参阅图 38，M_4C 表明一个相邻的简单生产阶段的圆，于是，这就能找
到弧线（P_1-P_1'），其上存在着更复杂连续的生产阶段的区位。182

为此，我们可以使用范力农构架[①]，即沿相邻阶段区位的圆周移动复杂区位图的一角，便可得到这样的弧线）。通过这种方法，我们得到了两个区位具有相当深度的一般方法。即便是生产过程再复杂些，我们当然可以通过更高级的数学手段来解决。特殊情况特殊对待。但我们只限于讨论一般规则。

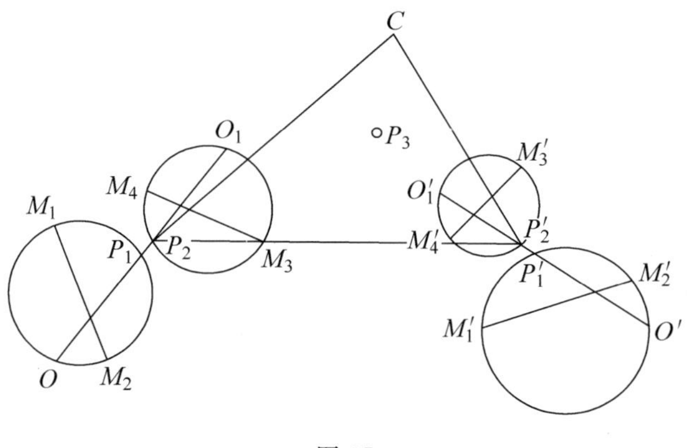

图 37

（三）

上述结论的另一个方面是很有趣的。简单的图示不仅能使我们确定可分生产过程的区位，它还可以更准确地回答“分离何时发生”的问题。附录（见附录Ⅰ的§11）的数学分析告诉我们：如果确定各阶段的圆相交，同时确定区位的直线穿过两圆的交叉部分，分离则不会发生。

但这在理论上并不重要，它只适用于某些特定的地理位置，它只是不同阶段原材料产地偶然接近的结果。显然，确定区位的直

① 参阅附录第 229 页（中文版第 218 页）。——英译者

线与圆相交的交点落到了圆的公共交叉部分，分离则不会产生，因 183
为交点彼此相背（见图 39）。相交后两个生产阶段的因素仍然两分归属，结果是相交部分形成公共区位。

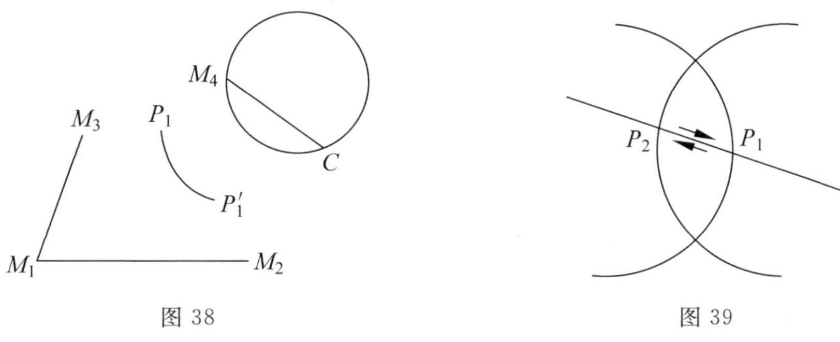

图 38　　　　图 39

（四）

前面讨论的方法很有意义，即便是可分离生产过程的原料产地因启用新原料地而发生变化，这种确定区位的方法也适用。当最后生产阶段的原料产地处在消费地附近，或当第一阶段原料产地位于主要原料产地附近时——比那个不分离生产的区位图内非常有利的实际原料产地更近，这种新原料地代替旧原料地的现象是常见的。图 40 表达了这种情形。原料地 M_2' 在第一阶段取而代之。同时，M_3' 在第二阶段被使用，因它们比 M_2 和 M_3 更有利于分离生产过程，而 M_2' 和 M_3' 则更有利于不可分的生产过程。显而易见，原料地的取代，并没有使确定分离的生产阶段区位复杂化。我们在新原料产地基础上遵照前面的规则进行作图。

即便是原来不可分生产过程只使用一个原料地的一种原料现在代之来自不同原料地不同的生产阶段，由于这种原料进入了各个阶段，那么我们的方法仍然成立。常见的例子如煤。总之，生产过程的分离迫使不同原料产地的更替，这是我们的作图法的基础。这种作图法不会遇到特殊困难。

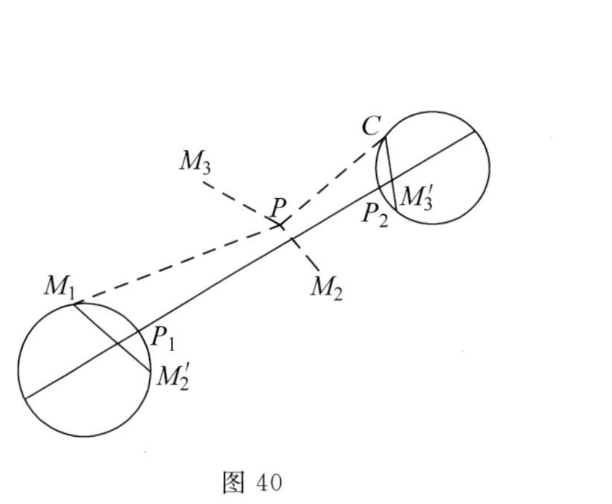

图 40

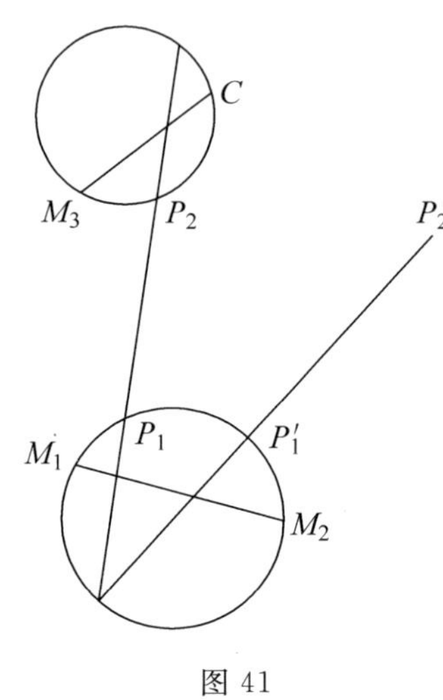

图 41

184 二、生产阶段和劳动力指向

让我们接着假设一个工业在其生产过程或部分过程中是劳动力指向。那么，如果工业生产过程被分离且指向各阶段的区位，将产生什么影响呢？

如果该工业受运输指向（其基础毕竟是劳动力指向），已经把工业分解成各个生产阶段，那么，每个阶段的区位就可看作是一个分离生产过程的区位。按照我们已知的原则，区位将会受特定阶段上劳动力区位的影响。如果劳动力区位坐落于其生产阶段区位图的临界等费用线内，便会出现偏差。如果偏差发生了，这偏离的点就取代了运输区位。由于偏离点成为该特定阶段的区位，从而它会影响相邻阶段的区位图。结果，各阶段区位的作图就得简化，因为该阶段的区位图中一个固定的、确定的角代替了要通过作图 185
来寻找的未知角顶点。

结果是劳动力区位不但改变了本阶段的区位，而且也改变了在它前、后阶段的区位。因为这些区位不可确定，进而所有区位便会相互影响，单循环式地产生影响。两个相邻阶段的区位会按它们之间的劳动力区位各自选择指向，正如图 41 所示的有两个阶段的生产过程，劳动力偏差影响了第二阶段。由于这种偏差，便可节约部分运输成本（$P'_1P'_2$的距离小于 $P_1P'_2$）。这个条件增加了出现的几率，对此，要从本阶段区位图的临界等费用线上作出推断是困难的。

我认为没必要深入探讨所涉及的这个小小的变化。更值得注意的是，在这种情况下，老原料产地会被更有利的区位的原料产地所取代①，在一个可分的生产过程中，这可能是意味着整个生产阶段的区位消失。而代之以建立完全不同的原料地基础上的区位，而且这些不同的原料地恰好接近有吸引力的劳动力区位。在某些情况下，仅由于某一阶段的劳动力偏差，便可能使整个生产过程的所有阶段的一系列区位发生巨大变化。但是，这种原料产地的更换区位建造当然不会带来任何困难。从理论上看，其影响虽然完全等同于在一个不可分生产过程中原料产地的替代：给劳动力区位的吸引力的加强完全成比例于产地替代所带来的运输成本节约。

---

① 参阅前文第 113 页（中文版第 119 页）之后。——英译者

186 最后，我们还想提一下，劳动力偏差自身引致某些区位的偏差，导致生产过程分离，这些区位过去曾随相邻阶段的区位而定。这是劳动力偏差的影响，表面上影响很大，但它不包含任何理论问题。

三、生产过程和集聚

有了上面分析为基础，如果把集聚因素考虑进来，那么我们要判定这将意味着什么。我们主要还是探讨同样的问题，即探讨劳动力指向引起偏差时所遇到的问题。

集聚的一个独立的功能存在于各个生产阶段之中，并独立地影响各个阶段。集聚按其一般规则施加影响。[①] 正如我们所熟悉的，具有集聚可能性的生产阶段，其区位图等费用线系列之交叉部分的形成制约着集聚中心的产生。

在劳动力偏差中会产生这样的问题，无论集聚实际产生在何处，生产阶段的区位也会出现偏差。这些生产阶段位于产生集聚的生产阶段之前或之后。但是，在劳动力偏差情况下所讨论的在集聚偏差情况下同样成立。然而，这个问题的意义比起原料产地替代所产生的意义，简直无足轻重。同在此不用的、更接近集聚产生的新区位的原料地相比较的话，那些被取代的原料产地的位置更为不利。这是因为偏差点吸引力的强化更为重要。

187 比我们在劳动力偏差情况中所遇到的问题更为重要的是，当集聚点所处的基础区位图改变时，集聚点的“位置”也发生改变。

---

① 参阅后文第 246 页(中文版第 236 页)。——英译者

但是，我们前面[1]已经看到当生产过程不可分离时聚集中心也会发生迁移，这是因为放弃了糟糕的原材料产地。前面谈到的情形在此同样成立：集聚中心依然取决于消费地和最有利的原材料地的区位，并且移动不大。因此，这个问题无须再讨论了。

对于给定生产过程可能阶段的指向性质的理论分析，至此可以告一段落了。下面我们讨论生产过程中指向的性质所依据的条件，以及已知的现实变化对它的影响。

四、重新回顾现实

（一）一般观察

工业区位的分离是其技术特性的结果。因此，分离似乎只依赖于那种工业的一般特征，而完全独立于环境条件，如运输成本水平和人口密度。实际上，分离取决于生产过程的性质；这种性质的任何变化都会引起分离性质的变化。更准确地说，一个工业生产过程的技术性质和运行方式将决定生产过程是否存在技术上独立的部分，决定各部分使用什么原料更方便，并进一步决定一般经济 188
发展是如何影响各部分的独立性和材料的便利性的。由于这些事实而产生和改变了若干区位图。

可以更通俗地说，当更多的原材料投入使用，当附加原材料使用于几个独立的生产阶段时，这就促进了工业的分离。对于一个有一系列独立生产阶段的工业来说，如果只有第一阶段需要加工若干种原材料，而其他所有阶段只附加使用了劳动力，那么，运输

① 参阅前文第 141 页（中文版第 143 页）。——英译者

成本基础上的分离就没有必要了。在这种情况下的图像表示出第一阶段的区位靠近原材料地，同时其他阶段的区位将在第一阶段的区位和最终消费地之间的某个位置上。事实上由于市场(Absatz)优势其他区位几乎总是分布在消费地。尽管生产过程可能有独立的生产阶段，但我们只把它分成两个阶段，称之为原料阶段和消费阶段。那些在其高级生产阶段不使用煤的、陈旧而又简单的。尚在运营中的工业可作为我们的典型情况。但是，如果原料进入一个或几个高级生产阶段，那么独立的区位图以及固定的独立区位将会出现。值得注意的是：只有使用重原料，如煤和粗原料，才能真正延长区位系列。因为使用纯原材料或广布原材料具有推动生产倾向消费地的影响，从而不改变原来的情形。如果生产过程可分的话，那么在生产高级阶段煤的使用无疑是现代发展激励生产过程分离的主要因素。

189 然而，如果说给定工业要分离的趋势与高级或后期阶段所用原料失重大小成比例的话，那就错了。因为即便所用原料有微小的失重，考虑到运输成本，一个独立的生产阶段及其一个分离的区位就产生该原料基地，失重大小大体上不会影响这种情形。它所决定的只是该生产阶段的区位受该失重原料地的吸引程度。如果参与高级生产阶段的原料是煤，那么，这种吸引力强烈地将分离阶段重新统一在煤储藏地上。

上述对生产过程分离程度依赖于原料参与生产过程的程度的分析并未详尽讨论分离过程的环境条件，只考虑运输成本参与时分离是由生产过程的性质决定的。但是，我们已经看到分离还因为劳动力或集聚[1]引起的偏差所致。至于偏差产生的可能性，分离依赖于两类指向所服从的条件。由于运输成本和人口密度共同决定劳动力指向和集聚指向，因此，要分离一个生产过程中那些未曾分离部分，更要依靠运输成本和人口密度。如亚麻布（Wäsche）的生产，原来是偏向大量劳动力的区位的，而现在却被分离，把中间的布的刺绣阶段（如德国生产的）转移，远离了《马德拉岛》[2]。显然，这种情形的分离的原因一部分在于运输成本这一决定因素 190
的降低。我们应对这种一般趋势稍加说明。

（二）实际发展趋势

前面说过，生产过程的性质及其运作从根本上决定着不同工业群体是否组织为生产阶段，如果组成为生产阶段，又以何种方式组织呢。如果认为中世纪商业的技术差异微不足道那就大错特错了，以此，我们正是从这儿开始对实际发展的分析。当时存在着生产阶段的技术结构，生产当然来自传统工具，这些传统工具曾经是欧亚文明（vorderasiatisch-europäischer Kulturkreis）的公司财富。这些生产工具尽可能地把生产过程分成许多技术上独立的部分，因而它们从技术上把生产过程撕成了碎片。金属、木材、皮革、纤维以及绝大多数食物原料度必须经历这一漫长的生产过程，而且存在许多独立的阶段。但是，中世纪经济制度却有两个很典型的特点：第一，附加在技术分离的生产上的经济组织没有分离出任何显著的内容。能够形成独立经济组织的连续

① 参阅上文第 186 页之后，德文版 184 页之后（中文版第 182 页之后）。

② 写于 1909 年。——英译者

的生产阶段仍旧很少[1]，很少超过两三个；第二，独立经济组织的生产阶段一般仍集结在消费地。同时，伴随生产过程轻微的经191 济分离不会引起生产各阶段区位的地方分离。众所周知，中世纪城镇经济政策的一个必备部分就是防止出现过多的连续生产阶段（以及在城镇市场上生产的保持力）。

但是，怎样制定政策才能使技术上独立的生产部分集中在城镇市场周围？显然，技术上潜在的生产可分不会促使他在空间上可分。所有这些生产过程单个的、独立的部分大都指向于消费地，就像我们看到的那些中世纪手工业不可分割的单元都指向于消费地一样。

对那些不指向消费地的工业，出于工业集中的目的，采取城镇集中的政策是行不通的。实际上，只要我们把中世纪较大的农村贸易（Landgewerbe）设想成“生产阶段”的话，我们就完全理解了农村贸易的发展了。把用于城镇的贸易政策用于乡村贸易就一定失败，因为这些政策不能克服生产阶段指向原料地而不是消费地的区位原则。其结果，城镇集中政策从不试图把铸造厂圈入城墙之内；铸造厂总是指向于原料地的。同样，城镇也不能把成长中的玻璃厂引向它们自己，因为玻璃厂指向燃料原料地。14 世纪以来，水利逐渐用于生产，因而生产过程初期和中期阶段增加了“原料化”[2]，尽管有城

① 参阅布赫尔的著名文章“贸易”（Bücher，“Gewerbe”），载《国家知识手册》第Ⅲ卷（*Handwörterbuch der Staatswissenschaften*，Vol.III）。

② 这里的“原料化”是指利用地方原料的程度，地方原料加强了区位图的原料分量。从广布原料到地方原料的变化也叫“原料化”。由于中世纪工业大量使用广布原料（如木材），其工业生产很少有这种“原料化”。

镇集中政策，这些生产阶段——钢铁厂、炼铜厂、造纸厂——跟随那些已经落脚于城外的生产阶段也落脚于城镇之外。192

正是中世纪生产中这种小小的“原料化”导致了生产阶段的细微的区域分异。

要分析深入的发展是如何导致生产过程的进一步分离是很有意义的。我们认为，在15世纪、16世纪组织和配置体系中，大规模纺织工业是工业迁移出消费地的代表，它们大规模的生产填充甚至摧毁了旧的手工业生产。抽纱和纺织业从缝纫业中分离出来，迁到了劳动力成本最低的区位，而缝纫也仍就指向消费地。显然，是环境条件而不是技术条件的改变，淘汰了旧的手工业生产区位单元。由于运输条件的改善并伴随人口密度的增大——出现劳动力剩余，促使劳动力成本降低。按照配置体系而组织的生产过程的那些部分迁移到更有吸引力的区位。

第三次大变革期间，从18世纪后半叶到19世纪末，生产阶段的区位进一步拆散了。这个时代旧重商业主义工业在配置体系中运行着，手工业自身也逐步机械化并逐步壮大起来。当机械化的抽纱业从机械化的纺织业中分离出来；当机械化的木料设计和精制厂把自己推在锯工厂和各类成品生产之间时；当靴腰加工出现于制革、制靴和制靴业之间时；当纸浆生产在造纸业中形成一个独立的阶段时；当机械化的金属加工使半成品生产工厂（如锁、表、汽车的零部件）广泛出现在原料产品和成品之间时；简言之，当生产的机械化创造了新的具有独立区位的生产阶段时，生产的曲折过程又前进了。193

毫无疑问，生产的机械化和资本化做出了像19世纪大工业革命时期所做到的，因此造成的印象是生产过程由于劳动分工和独立的指向而加速分离。可以肯定地说，这一过程值得作为“国际劳动分工”表层学说的基础，它与自由贸易理论紧密相连。通过这个学说，我们认为，一个由于劳动分工不断加强使独立存在的生产过程的各部分十分自由地迁移到它们最佳区位，并且同样的部分会集中在这些地方，这些部分地方性地集结着。因此，首先应当考虑的是生产过程中该部分的区位分布。经济学家观察了劳动分工怎样使生产过程发生分异的，但他们不区分生产各阶段的专门化和分异；他们只观察各阶段独立的地方指向；由于劳动分工的思想通常变成了所有经济学家休眠的枕头，我们也背靠（在区位理论范围
194 内）在这个地理或国际劳动分工的思想上，或许是一个美妙的思想，但缺乏实际意义。

生活中我们随处体会到生产过程新增部分持续分离的全部概念——这是一种建立在劳动力分工基础上的概念——真正揭示了一个短暂的生产阶段，随之而来的是一个大为不同甚至是完全相反的发展阶段。我们今天正面临这样一个现实：工业过程的资本化和机械化正沿着和集中化相反的方向发展。在某种意义上说，如果机械化把生产过程分化成最小的部分，以便使这些部分受制于他的力量并且赋予它们适当的形式，那么，同样的机械化现在是收集机械化了的、组织优秀的部分结成单元。这样，机械化通过大规模的集中来改变带来全新而巨大的工业区位变革。这种集中过程首先是资本的集中，它们不必影响生产的复合部分在技术上和

组织上的独立性，而使某一生产阶段的原结构及其区位继续保持完整。但事实上，在资本的集中倾向和技术的组织倾向之间存在许多相关环节，此时，有关环节的讨论使我们过于离题了。显然，资金的集中为组织和技术过程的集中创造了框架，新框架汇集那些过去曾经独立的生产过程。大家都了解钢铁工业的发展，曾经独立的采矿、冶炼、轧钢过程已汇集成一个不可分的过程。在这个发展过程中还有许多并行发展，这些发展似乎不那么显眼，但不是没有作用的。毛织品制造商需要有一个纺线作坊并试图同自己的纺织厂联合起来；五金制造商随着配套体系的成熟把不同的生产 195
部分联合起来；枪支制造厂包括了从原材料到成品的所有生产过程——这些都是一般发展的几个特殊例子。每个地方的资本积累都依靠技术和组织的联合作为其更大框架。生产阶段的结构被简化了，被分离的各部分又重新组合起来。新的“区位单元”产生了，它们有时包括一系列的工业。这些新单元必然按照因联合而产生的“区位重量”、“劳动系数”和“制造系数”重新调整自己的指向。一个全新的指向在发展的开端必然藏在背后；某些强大的工厂会吸引其他生产阶段，这样，该工厂便成了结晶的中心了。铸造厂可能吸引轧钢厂或锻造厂；锻造厂可能吸引适当规模大小的铸造厂或硬件厂。即便是这样，发展的开端可能会意味着引人瞩目的区位变化，它可能使工业失去一些专门化生产的部门，导致整个或部分工业区的停滞。

但是，漫长的历程并未在工业生产各部分或阶段被吸引到更强的结晶点时便戛然而止。就是说，这种长期运动是连续的，直到

它充满整个工业。这样，长期看来，由联合产生的大单元就必然产生一个新的基本指向。由于大量的固定资本在卷入了这些工业巨人的分散区位之中，而且大量固定资本随着区位的历史发展而投入区位绝对的分量，这个新指向的产生可能较慢。但是，当区位完
196 全由经济规律决定时，新指向有时肯定形成了，并推动新单元进入由区位重量、劳动力系数及其形成系数所决定的区位之中。至此，从最新发展开始到集中的区位变革宣告结束。整个 19 世纪我们都受到区位变革的影响，这种变革从单元式的、简单的手工业组织开始，最终形成老式的独立的大规模工业一种非常混乱的指向。今天，我们正处于一种新变革的发端，它可能带给我们一个更为简单的新取向，带给我们联合组织化的大规模工业的区位单元。

第二节　独立生产过程的相互作用

迄今，我们所做的深入的推演，是依据下面的假设，即各种工业生产过程之间互相独立，不发生丝毫联系。实际情况并非如此。它们之间事实上以各种不同方式互相作用着。这种相互作用留待探讨，或许有以下三种类型：

第一，相去迥然的产品可能出自同一家工厂（Betrieb）。依我们的观点，这是一利独立的生产过程的地方联合。

第二，产地各异的不同产品，可能依赖于同一系列原材料和半成品基地。于是，若干个不同的工业过程通过最初阶段的原材料取得联系了。

第三，一种工业的产品可以进入另一种工业。这种进入，虽然不是前述情况下以原材料和半成品的形式发生联系，而是所谓“生产手段”或“辅助产品”（例如包装材料）。这可以描述为一种工业和其他工业的市场联系。

一、独立工业生产过程的联合 197

假如不同生产过程的产品——因为每个产品在理论上都有其自身的生产过程，我们可以简单地说，假如不同产品——在同一个工厂生产[①]，那么这可能是归于技术上的原因，抑或是经济上的原因。出于技术上的原因，很可能若干不同种类的产品必然同时生产，如某些化学工业。但是这种技术要求并非必不可少。生产电缆、蓄电池和其他电子仪器的工厂，生产斗篷、外套、披肩、短袖衫等等的制花厂如此操作，以示同时生产，则出于经济上的考虑，尚非技术原因。总的来说，这种差别，如对工业区位一样，是相当重要的。

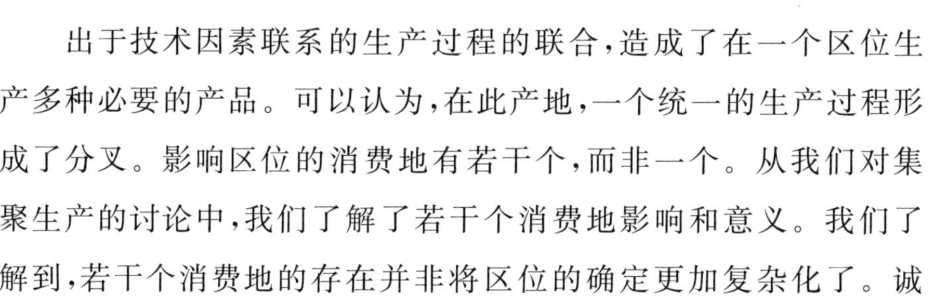

出于技术因素联系的生产过程的联合，造成了在一个区位生产多种必要的产品。可以认为，在此产地，一个统一的生产过程形成了分叉。影响区位的消费地有若干个，而非一个。从我们对集聚生产的讨论中，我们了解了若干个消费地影响和意义。我们了解到，若干个消费地的存在并非将区位的确定更加复杂化了。诚然，在考虑此类型生产指向时，必须将几个消费地的分量考虑在

① 工厂（Betrieb ）与企业意义不同，因为一个企业不必局限于制造业的一个地方单位内。

内。其结果，区位图包含若干个消费地分量，分量总数由产品总数决定。这些分量的权重对应于各种产品的重量，如此而已。对于综合了两种生产的工厂，其孤立生产单元的区位图，看上去有些像图 42。然后，其区位根据一般规则而决定。

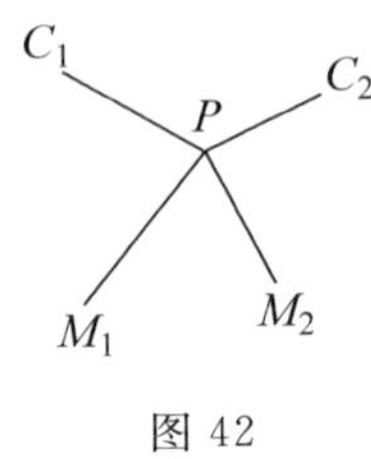

图 42

198 人们可能会认为，当技术上的生产过程的联合不必要时，将会出现与技术上的生产过程联合相同的情形。毋庸置疑，最终产生的区位图会相当类似，但它是从一种完全不同的方式得出的。因而，从区位意义上讲，完全是另外一种含义。联合过程的区位图总是涉及偏差。由于偏差，这些生产过程被隔离而致孤立时，便将从其占据的区位中迁移，除非这些联合的生产过程具有共同的原材料地和消费地，而这一点并不经常发生。很明显，假如它们的消费地和原材料地不同的话，联合的生产过程就会有不同的区位图和不同的最小点。假如生产确实联合了，从最小点产生的偏差就可能已经发生。而联合的类型，将遵从我们建立的关于劳动力指向和工业的集聚定位的偏差规则，并且据此加以分析。这一分析可以由劳动力偏差的特殊性质以及集聚的性质所决定。

若干生产过程在新区位联合是可能的，因为该区位对每个生产过程有可能提供劳动力供给的一定节约。例如，这些工人特有的技能，可以确保工业更好地抵抗商业循环或时兴翻新带来的消
199 极影响，这一点的确不构成特殊问题。此类劳动力区位点造成若干生产过程向它偏离；该区位将根据对每个过程的节约指数的影

响力而实施牵引。如我们所见[①]，这一影响将由各自的劳动力系数来决定。不和的原材料地的取消，大区位引力的增强，凡此种种，都将根据我们已知的规则运行。仅有的差别是每个地方吸引若干个不同类型的生产过程，而不是吸引同种类型的生产过程。因此我们需要分别研究这些过程受影响的方式。这一点易于做到。

其他情况似乎更复杂些。生产过程的联合及生产过程所担当的偏差都起因于凝聚力，这是可能发生的。产生联合是因为通过这样一种生产过程关联，有可能弥补生产部门独立生产所不能及的优势。这些优势可能得归功于组织活动，归功于机器使用，归功于批发买卖——独立生产为其规模狭义所限制，对此任何一种方式或所有方式是不容实现的。于是，若干工业组成的集聚单元将会产生。集聚单元决定于经济函数或集聚函数[②]，它是若干工业的而非一个工业的集聚函数。关于该经济函数如何集聚所涉及的单个生产过程这一点，不存在特殊疑难。我们只需利用已经建立的规则，便可确定等运费线交叉部分的形态。其差别——新的因素——是涉及若干个不同工业的等值线。

但是，一般集聚公式的应用似乎相当困难，这个难点继而转化
为理解此类合并的生产最终指向的困难。看来我们必须应用若干 200
工业的若干集聚函数。然而，虽然这一公式是一种理论上的临时替代者（正如我们经常强调的），但是，解答并不像乍一眼看到的那样困难。在集聚公式中，我们必须以 $f(M)$（集聚函数）代表合并

① 参见前文第 110 页（中文版第 116 页）。——英译者

② 参见德文版第 126 页（中文版第 134 页）。——英译者

的生产过程，其区位重量是 A。假如我们求解这些产品中的任意一种产品遵循哪一类集聚趋向，理论答案为双解，假如这些产品全都分散生产，它们将遵循单个集聚公式所指示的趋向；假如产品被合并生产或同其他工业联合生产，那么，它们将服从于合并的生产过程的集聚公式所示的趋势[①]。然而，一般来说，这一复杂公式并非必要，因为若干不同的生产过程在同一个工厂（而不是企业，参阅前文）协商的合并，通常，仅仅对假定相同的劳动力、机器或原材
201 料被用于不同产品的生产时才有益[②]。这意味着，只要一个生产过程具有相同的集聚函数和相同的原材料指数，而不论该生产过程集聚一种，或另一种，或若干种产品的生产过程，那种协商的合并就能发生。粗略地说，我们不必区分孤立的集聚过程和联合生产的集聚过程的差别。二者的集聚公式完全等同。

关于协商联合生产过程的这种思考产生了一个相当重要的派

① 此处原文的意思不明确。原文（原文为德文）是："……当它们全部开始分离生产时，这种生产和那种生产的趋向都可从简单的公式中求得；如果同其他生产过程联合，那么这些生产可从联合的公式中求得。"从这一段及前文章节所述来看，很可能这句话表达了下述问题，在各种集聚倾向的影响下，一个已知的生产过程将进入它与其他生产过程不牵涉联合的集聚中去呢，还是进入牵涉联合的集聚中去？必须假定某些集聚趋势形成于一个单元或几个正被吸引却不牵涉联合的集聚单元；另外一些集聚趋势则形成于一个单元或几个牵涉联合的生产过程。根据它出自于两个或几个公式的比较这一点来看，对此问题的解答在文中已有所指示了。——英译者

② 在联合出于技术需要之处，情况当然完全不同。在这种情况下，出自同种原材料的产品，时常要求完全不同的机器和劳动力。但是在这些指定情况中结合两种本质不同的产品，除非是技术上的需要，否则毫无价值。因为既没有达到更密集地利用机器，也没有可能得到原材料批发——那些意味着最重要的集聚节约的内容尽皆匮乏。事实上，现实中只存在两种形式：即部分不同的生产过程技术上的联合以及松散联系的生产过程的协商联合。关于副产品，请参阅下文。

生结果。须记住，在讨论现实中生产过程集聚的可能程度时，必须考虑生产密度，它必然被加进集聚公式。生产密度必须从一个给定区域内所有生产过程所需要的空间总量上来决定，且那些生产过程彼此类似，可以联合和合并成为集聚单元。该空间总量明显地决定了无论是分散的生产过程的集聚，抑或是联合的生产过程的集聚都将在现实中出现。这一点成立，就几乎无须进一步证明前文所述，但是，它或许是前述分析所得出的最重要的结论，以补充一般区位理论。

二、通过原材料的联系

各种独立的生产过程可能通过它们所用的原材料发生联系，如此联系，可能出于技术的或经济的原因。当一种生产过程的原材料是另一种生产过程任何一阶段上次主要产品的副产品时，生 202
产过程技术上的联系就发生了。例如：毛纺工业通过其原料与皮革工业的某个生产线发生联系。因为皮革工业分支出羊毛生产最初阶段之一的次主要产品。类似地，漆料工业与其他使用焦炭的工业相联系，因为炼焦油（漆料工业的基础）是焦煤燃烧的副产品。假如一种给定的原料或半成品既可以用于这一生产过程，也可用于其他生产过程，则生产过程就通过原材料从经济上发生了联系，这种情况经常出现。现代工业结构，被其作为独立生产过程运行的无数分支弄得千差万别，然而却根源于少得可数的几种原材料。换言之，此类工业结构的大部分是通过原材料发生联系的。因为，诸如木材、金属、土地、皮革等原材料可以被不同的工业部门备选使用。

通过原材料而发生的两种联系（技术联系和经济联系），其效果绝不相同。

每个单独的生产过程出于技术原因通过原材料与另一个生产过程发生联系，那么，它将在某一地方加进其他生产过程（参见图 43）。假如不同工业的原材料在连接点产生时，表现出清晰的
203 排列次序，即假如这些原材料的其中之一是主要的，而其他的原材料明显是副产品[①]，甚至废料，那么，所导致的指向问题就简单了。其原料是主要原料的生产过程具有控制地位。并且，其共同的初始阶段将指向该生产过程的区位。其结果，区位是使用副产品的其他工业的原材料产地，问题都迎刃而解。

图 43

但是，假如从区位点的观点来看，在连接点生产的所有产品有其重要性（这是由于是重量或是由于其价值，参阅 201，页脚注），那么就留有一个问题。在这种情况下，相联系的阶段是若干个具有同等重要或相近重要的生产过程的一部分；因而，它有两个或更

① 它们可能是副产品，因为它们虽然在价值上相同，重量上却逊于很多。在那种情况下，它们无论如何也不会对连接点的区位发生什么影响，因为其决定力量太微弱。因而，羊毛生产并不会明显影响其共同产品，皮革的生产指向。虽然羊毛是制革厂次主要的具有价值的产品，或至少是这样的。另一方面，副产品即使不在重量上考虑，也因为价值很低而影响甚微。假如它们没有因经济原因而被排除考虑的话，它们就必定影响区位。举个屠宰场的案例，屠宰场的区位不会因牲畜骨头价值的实现而受到可估量的影响，因为相比较而言，副产品的价值太小。

多生产行业持续其生产过程。所有这些生产行业影响生产过程共同起始点的连接点的区位。其结果，这个连接点区位须加进一步地分析才能确定。答案与在相反的情况中一样，在那种情况下，两个或多个系列生产过程通过一个联合过程而生产一种产品。为了看清若干系列生产过程的共同起始区位（在此代替共同的最终区位）和后继区位将如何相互影响，我们只需想象一下我们在第181页（中文版第177页）所给出的应用于相同地理位置的区位图。

更简单的是在总体情况下，不同的生产过程因经济缘故通过 204
原材料的联系。这种情况也相当重要，因为它渗透在整个工业结构之中。理论上我们必须从单个生产过程的思路开始，因为该思路迄今为止总是被应用。单个生产过程的运输指向仍将根据已知的简单的规则进行。在个别生产过程中用到的原材料也可能在其他不同的生产过程中备选使用，但在这里不考虑原材料是否用于其他生产过程。单个生产过程不必关心其本身——从而不去关心其本身——它的原材料是否也将用于不同的生产过程，同样也不必关心其原料是否将用于同类工业的其他单个生产过程。所遵循的规律只是，经济结构（我们总是必须从此开始分析）中的基本运输指向与通过原材料的这种联系漠不相关。虽然钢铁在今天数百种不同生产过程的重要原材料，并且供给这些生产过程的钢铁来自同一个原料地，但这些事实不会影响基本的运输指向。木材、皮革等等也如此。运费决定的区位的基本工作——考虑现在除了归因于劳动力和集聚因素的改变之外——将不会受到诸如众多不同生产过程是否使用一种且是同一种来自同一产地的原材料，或者是否将使用多种原料恰好来自一个且同一个原材料产地等等此类问

题的影响。不同的生产过程内在互不发生联系，因为它们都使用同一种原材料；它们只是偶尔碰上了同样的地理起点，别无再多瓜葛。

205 如此一个可能的共同地理起点的重要性，只有当我们考虑到集聚和劳动力指向影响运输基础时，才开始表现出来。但是，在此不产生新的区位问题，恰如集聚和劳动力指向为同一工业的初始阶段确定共同区位。它们将为那些使用同一种原料和半成品的不同工业的初始阶段创造共同的区位，结果与第一种情况无异。属于不同的后继生产过程的单个生产阶段（即属于不同工业的），将根据同样规则，如同类生产初始阶段时那种同样的方式发生集聚。虽然不同生产过程根植于同一地方从而互相接近对集聚来讲是重要的，但是，并无任何理论上的重要意义可言。然而，所幸的是，依我们的规则，事实上通过原材料发生联系的不同生产过程，其初始的孤立的指向图式及其区位图式，对于在工业结构中，不同生产过程间的指向是如何互相联系的这一明显复杂的问题，给出了清晰、简明的轮廓。整个工业结构透过原材料的经济联系扩散开来；乍一看，似乎无从考虑孤立的单个工业指向，也不可能定义规则。因为有许多其他工业好像对它发生影响。然而，既然我们已经看到通过原材料的经济联系仅仅导致运输指向的基础工作的第二次变换——一个建立在孤立的生产过程基础之上，且完全独立于此类经济联系的指向。那么，对此类孤立的生产问题的考虑和分析看来这

206 是可能的，也是可以接受的[①]。假如整个工业组织是单一的，并且

① 这些规则已经针对因劳动力和集聚造成的偏差作了仔细推敲，它们在第四、五章中被提出来。——英译者

是一体化工业，那么，偏差的产生就依同样运作的规则而行。我相信，对这些研究的理解将判定这种方法正确，我们全部理论建于其上，如其所为，对单个工业甚至是单个生产过程作隔离地分析。

三、市场联系

正如前文所述，一个工业过程的产品进入另一个工业过程时，并非要作原材料或半成品使用；它可以是一种固定的工具，抑或是一种辅助产品。与适合所研究的情况相比，新情况是两个工业过程不再由一个共同的生产地联系的事实所构成，其联系的原因被代之以一种生产过程为另一种生产过程造就消费地的事实；这种情况存在于它们通过某些生产方式而发生联系的地方。或者，其联系在于创建一个共同的市场(例如主要产品和包装材料被带到一起)；这种情形发生在生产过程通过一些辅助材料而联系的地方。这两种情况都不能称之为“生产的联系”，因为能够创造新产品的原材料并未发生转移。两种生产过程之间并未发生有机联系。联系仅仅建立在彼此间市场的纽带之上。

这一联系可能产生了及其重要的结果，即影响生产工具和辅助产品的区位。以下事实除外，即主要生产过程造就的消费地在任何情况下都对这些生产过程的区位产生影响。可能出现的情况是，生
产工具或辅助产品的生产如此强烈地受到主要生产过程的牵引，以 207
至于与其联结。如果情况按我们基本区位规则运行的话(即，因为在辅助生产过程区位图中的区位坐落于消费地，因而遵循其原材料指数)，那么该情况不含任何明显的理论价值。主要工业生产的区位简直就是辅助工业的区位，因为前者是后者的消费地。但是，假

如辅助生产过程因为一些特殊缘由被引向主要生产过程的区位（例如，由于考虑辅助工业产品的性质，它需要与主要工业生产发生地方性联系——时常发生于机器制造业中），那么，一种特殊情况好像要产生了。但要立即强调的是，并不出现真正的问题。我们在此所能说的一切都是特殊区位要素——这些要素经常干扰区位规则——将辅助工业的区位引向消费地，虽然根据一般区位规则，它该位于其他地方。因为消费地由主要工业明确给定，区位规则无所损害。

在这里最好指出，特殊的区位要素无疑对生产工具和辅助产品的生产有其广泛的作用。事实上，正是这种特殊要素，使得诸如辅助工业一类的这些工业的性质一目了然。然而，应该强调的是，不管生产地的联系是否由这些特殊区位要素引起，最终将不会改变这些工业的基础区位的性质。机器制造业仍将保持与市场及其

208 主要工业的消费地的联系。无论其区位是否被引向消费地（称为主要工业的区位），或是否在其自身区位图中，依一般区位规则而指向，这一点都是成立的。因要求地方性联系的存在而狭化辅助工业的定义是完全错误的。任何一个通过市场与主要工业发生联系的工业都是辅助工业。

唯一的例证是，当主要生产过程被影响时，这样的市场联系对基本理论产生了作用。这一点是可能的；地方联系的必要性可能导致主要生产过程（例如在一定生产阶段需要一定类型的机器）趋向该机器的区位。因为它可以在那里找到便当的、可靠的修理机会，找到由地方联系带来的技术发展进步的激励。在那种情况下，主要生产过程或许要向该类机器制造业的区位偏离。但是，这种

类型的偏差已为我们所知，它属于集聚的范畴。因为就机器制造厂而言，出于地方联系的目的，会试图寻找使其生意兴旺的区位。这些区位是主要生产过程的集聚单元。我们已经看到了同机器制造厂（参见前文第 129 页，中文版第 133 页）的地方联系是怎样成为造就这些聚集单元的因素之一的。

如前所述，在这里要弄清这些力的动态运作或许有点困难，对地方联系的要求是机器制造工业本身指向主要生产过程的缘故，我们仍坚持这一范例。获得地方联系的结果是可能实现的，但它只能在拥有大量该类生产的区位时实现。这种倾向也存在于主要生产过程中，意味着生产过程的节约；但是这一节约仅仅出现在该生产过程从另一方面与之相关联的集聚单元中，于是便成为集聚
要素，从而按照集聚规则影响主要工业。机器制造业走向主要工 209
业的集聚地；同时，主要工业向那里集聚的部分原因却又是机器制造业走向那里。

四、总体指向

我们已经给出了对区位来说是至关重要的不同工业的联结纽带。除了生产过程通过原料的技术联合和技术联系外，如果终究要改变的话，它们都只代表工业指向基础工作的第二次改变，工业指向基础是建立在孤立工作部门的理论基础上的。所有这些第二次改变都是按照一般的、简单的区位规则而发生的。这些改变事实上只是我们熟知的归因于劳动力和集聚产生偏差的某些特定方面，它们服从于确定此偏差的熟知的规则。这两种真正干扰运输指向基础的联结生产过程的技术关系都按熟知的规则而产生。它

们确实只是作为生产的不同阶段而考虑的一种且同一种现象。它们的干扰丝毫无损我们的指向分析所建立的基本理论基础。

因而,以此推得的理论基础和规则确实在定量和定性上包含了最终的、整个的工业指向。从量的意义上,因为它们涵盖了每一种工业生产过程;从质的意义上,它们包容了理论上孤立的所有生产过程的指向及其最终指向,同时考虑到了影响它们的所有基本
210 关系。假如我们从单个工业出发,然后,假如我们清楚地理解每一单个生产过程系列从消费地回到原材料地的最小运输成本点,并且,假如我们根据劳动力偏差和集聚的规则最终分析了这些单个生产过程彼此间的联系及其结成现代工业结构所代表的错综复杂的组织形态的方式,那么,我们就达到了对生产过程最终指向的完善的理论理解。这一切,包括不同产品生产过程之间的联系,在理论上是清晰的,可用以解释在当今现实工业世界和它纷繁的产品中很常见的工业复杂联合的发展。

第七章　经济系统中的制造业 211

现在，要提到我们迄今为止研究的规则将在何种程度上决定在一个国家的特定地理界线内所有工业单元的地址分布问题。我们业已作过的阐述都不能解答这个问题。或许，推演出来的规则决定在其所有组成部分中相互独立的生产的地方分布，而且还开辟了生产活动遍布整个地区的大不相同的方式自我组合的可能性。

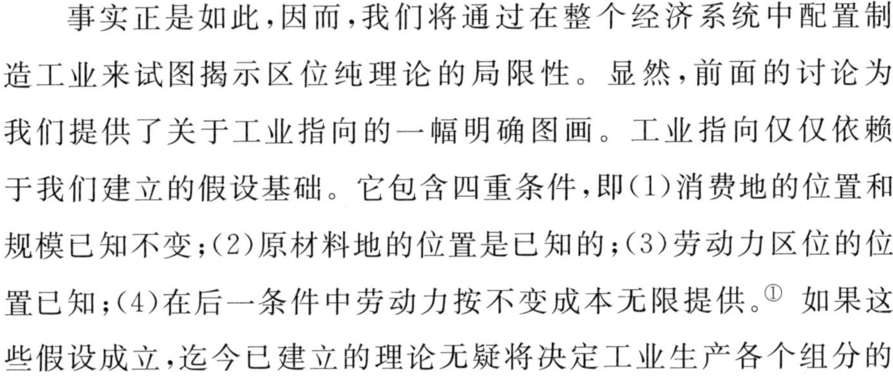

事实正是如此，因而，我们将通过在整个经济系统中配置制造工业来试图揭示区位纯理论的局限性。显然，前面的讨论为我们提供了关于工业指向的一幅明确图画。工业指向仅仅依赖于我们建立的假设基础。它包含四重条件，即(1)消费地的位置和规模已知不变；(2)原材料地的位置是已知的；(3)劳动力区位的位置已知；(4)在后一条件中劳动力按不变成本无限提供。① 如果这些假设成立，迄今已建立的理论无疑将决定工业生产各个组分的

① 据观察，这一点与劳动力具有完全能动性的假设(只是理论上的可能性)有关。为了尽可能清晰地回顾所作过的论述，上文较原文有稍许变动。——英译者

区位。[①]

212 然而，这些假设条件要经得起推敲。从区位理论的观点看，消费地区位和规模并不比劳动力区位和工资水平知道的更多。原材料产地的区位也是如此，至少农业原料产地如此。相反，它们在一定程度上，抑或完全是由主要区位条件决定的。为此，这些基本假设不能作为区位理论的前提，而必须被解释。我们必须支持这些已知的假设，因为这些假设被证实对我们的分析有帮助。试图深究这些假设将说明理论是否发展到了足以解释工业区位的地步，或者是否存在进一步研究以弥补缺口。

213 “要分析假定已知的那些要素”涉及对我们的区位规则的分析，因为它们将在活生生的经济系统中作为一个整体而实实在在地发生作用。难以想象一个似乎不可打破的力的循环图立刻呈现出来。消费地的区位，劳动力区位，原材料产地等等此类被假定为决定工业指向的条件，都是工业指向自身的结果。对于工业生产的每一个组分。它们在区位要素的影响下运动到某一确定地点，形成一个考虑到了在新区位雇佣劳动力的新的消费布局，从而，这

① 原文中，这一点上插入下述方法论：“依赖其他一些确定的因素，例如运价、人口密度、工业的区位重以及来自制造业和劳动力成本的价值附加指数，而推出的区位图像在理论上完美无缺。这些因素的引入不损伤理论上的完整性；因为从区位理论的观点来看，这些因素的确是‘已知的’。”它们服从于与区位理论有差别的独立的规则。运价和原材料指数是总的技术发展的结果，同时，劳动力成本指数和来自制造业的价值附加指数部分是技术发展的结果，部分是经济组织和工业技术一般发展的结果。人口密度和生产密度也根植于区位圈层之外。总而言之，在其塑造的一般形式中作为我们理论的决定因素（即，人口或总产量需求的规模与区域规模之间的比率），在所有这些条件下，我们不会假定任何理论本身应该解释的东西。——英译者

便可能形成进一步的区位重新组合的基础。这种工业生产组分创建了将被利用的新的原材料基础(或者,就农业原材料而言,即使已经创立了的话),接着,这个新原材料产地就将成为工业进一步指向的基础之一。

一

为了打破力的循环,我们可以说:在某一给定时刻,工业区位的均衡是原先均衡态的一个变迁,而这种变迁是由一般区位分布条件的发展所驱使的。从一个特定时期来看,这个均衡表现为一个历史发展系统的合理变迁。当那个系统变得部分不合理时,就产生变迁。工业生产区位。消费地和原材料产地区位的历史系统都是已知的事实;那么,依此基础而运作,我们的规则便可根据诸如运输价格、原材料指数等一般条件的发展来决定区位。

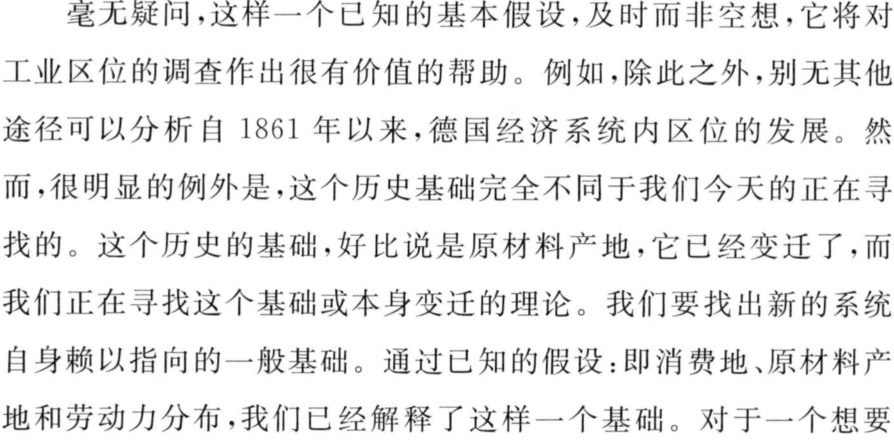

毫无疑问,这样一个已知的基本假设,及时而非空想,它将对工业区位的调查作出很有价值的帮助。例如,除此之外,别无其他途径可以分析自 1861 年以来,德国经济系统内区位的发展。然而,很明显的例外是,这个历史基础完全不同于我们今天的正在寻找的。这个历史的基础,好比说是原材料产地,它已经变迁了,而我们正在寻找这个基础或本身变迁的理论。我们要找出新的系统自身赖以指向的一般基础。通过已知的假设:即消费地、原材料产地和劳动力分布,我们已经解释了这样一个基础。对于一个想要 214

分析的新系统，既然没有任何假定的已知条件，我们就必须进一步分析经济系统本身。

二

从区位的观点来看，什么是联系一个孤立的经济系统各个不同部分的最一般的力量呢？假如有人出于建立一个此类孤立经济系统的图的，去占据一个尚待开发的全新的地区时，假如我们自问究竟何种决定区位的动力会得以发展，那么，我们就会明白问题的答案了。当然，我们假定，该孤立系统的区位组成将完全地视经济上的考虑而定。①

在这种情形下，区域分布的“层”或“级”会得以发展。这些级互相联系，彼此影响。很明显，一定存在工业的地方区位的第一级，此级将随着配置的地区（假定是有限的）一经选定，即成为所有进一步发展的基础和起始点。无论其他条件怎样，也不管城市是否随即建立，区位的第一级都必须是农业。这是因为，在任何情况下，农业用地必须充分配置，以生产供给全民的必要的农产品。为了实现这一目的，人口中必要的一部分必须分配到与农业生产相
215 适应规模的地域上，而被赋予自然环境、技术和组织等主要条件的

① 这些问题最近已经由汉斯·里彻尔提出的一个新颖有趣的观点中讨论到。参阅“生产部门区位的纯动力和历史动力”（Reine und Historische Dynamik des Standorts der Frzeugungszweige），载《斯摩勒年鉴》（*Schmoller's Jahrbuch*），1927 年，第 813 页以下。也可参阅前文导言部分。——英译者

农业提供必要数量的农产品。[①]

这个地方布局的第一级——人口及其定居地农业级——代表其他所有分级的地理基础。首先，它代表部分直接为之服务的工业生产（可称之为初级工业级）的基础。农业级内部的地区布局为初级农业级的各个阶段的消费地已经给定了。假如我们回忆到我们的规则，就显而易见地方布局的第二级（初级工业级）是在农业的影响下指向的。农业决定了消费地，原材料产地以及区位图。

但是，在我们的区位布局结构中，还必须为其他许多大规模的集团找出立身之处，它们是：(1)生产工业产品的初级工业级所需要的工业人口；(2)通过贸易、运输从事商品流通的人口；(3)那些 216
只消费、不生产的阶层，以官僚、无业游民以及靠其私人方式生活的人；最后还有(4)满足后二级需要的工业人口。[②]

提供初级工业级的工业人口阶层，决定于初级工业级，恰如初级工业级由农业级所决定一样。初级工业开创了消费圈的地理格局，从而创造了区位基础的结构框架。然而，应该注意到，从严格

① 原文中，此处插入下述短评："现在我们不关心该区域人口密集的多少，进一步划分区位级可能多少要根据这种密集的程度（例如，城市中的集中，等等）。根据杜能提出的众所周知的定律，即关于农业生产密集度的差异与农业生产到消费地距离的关系的定律，上述两种情况都可能发生。（参阅 J. H. von. 杜能的《孤立国》以及本书前言——英译者）。很明显，在想要定居在一个孤离经济系统中的人口数量和为农业生产所必须的地域（一定的自然环境、生活标准及其技术和组织的发展）之间存在某种联系。这个比率只能在刚才讨论的限度内摆动。当然有可能部分地从有利于其他工业生产，如原料生产的观点出发去选择这一农业生产区域，而且也经常如此。但它并不改变该区域规模是整个区位级结构的基础这一事实。况且，整个经济系统对农产品的需求使区域规模成为必要"。此段文字被稍作删减并作为脚注插入原文。——英译者

② 可能马上要我们把家庭佣人作为一个特殊区位级对待，但是以区位分析的观点来看，他们属于消费级的一部分，不必区别对待。

意义上讲，初级工业级影响而指向的该工业级并非一个整体，其自身又可分为大量的亚级。要是我们假定劳动分工高度发达，我们就会首先找出直接提供初级工业级需要的一个亚级；随之，我们可以找出提供上述亚级需要的亚级；其余以此类推。大量的亚级和层（互相套叠，逐级减小规模），各自拥有其亚级和层的消费圈，并以前一级作为一般区位基础。例如，我们假定，50％的人从事农业，另外50％从事工业（并且，这一地域内只有迄今我们所讨论过的那些区位级），那么，既然有50％的工业人口满足于提供整个区域内人口的需求的话，其中就会有25％的人口去提供农业人口所
217 需要的工业产品①；换言之，这个在农业影响下而指向的初级工业级中包含50％的工业人口。而对于这50％，其中就必须有25％的人口为之提供工业产品的需求。这个25％就是在初级工业级的影响下而指向的第二工业级的第一个亚级。依次，另外12.5％必须满足比第一亚级的需要，即为第二亚级。必须提供第二亚级需求的6.5％，即为第三亚级。这个例子展示了工业人口是如何缠结在逐级减小规模的亚级和层内，以及每个亚级又是如何成为下一个亚级的区位基础的。然而，我们没有必要进一步关心这种相互关系。整体结构以初级工业级的地区布局作为基础，初级工业级受农业影响其指向，我们把亚级系统看作第三个大级，即“第二工业级”，它是在初级工业级的影响下指向的。

假如我们现在将此第三级与前二者结合为一体而加考虑，经

① 这似乎预示着，每个人具有同样的消费量，即，就工业产品而言，具有一个等同的生活标准。否则，前面的论述就不准确了。——英译者

济系统就展现在我们面前了，其余大部分的区位布局仅仅依赖于该经济系统这样的组合的角色，我们还没有讨论过。它只是这一经济系统的各不同部分成比例的强化。

所有那些参加原材料货物从一地到另一地的实际运移（零售商品和运输代理）[①]，从而掌握流通过程的人们，展示了现有结构的这种强化。类似地，大批具有地方功能的官僚纯粹是现存区位 218
布局的强化的代表。这些官僚在很大程度上依据一般人口分布情况而分布，因而以区位的观点来看，官僚只是人口分布的注脚而已。完全不必把这群地方商人、官员同我们先前所讨论的区位级作不同看待。然而，假如有人希望区分他们，则可以出于分级的目的，把他们认作区域组织级。

真正独立的级是由从事流通过程的人和纯消费阶层部分组成的。前者包含所有那些从事货物交流组织管理的人，货物则可以是原材料，也可以不是；后者包含那些不具备地方组织功能，但是具有一般组织功能的官僚们，无业游民及依靠个人方式谋生的人。所有这些人都表现出与地方组织级完全不同的分级趋向。他们选择自己的区位，看来是十分自由的。他们呈现为经济系统的要素，却又很少在选择区位时受制于经济原因，因为此类人依赖他们的个人方式，知识与智慧及艺术为生；或者，如果他们受制于经济原因的话，这些原因作用于他们的方式又十分复杂并混有其他原因（诸如下述情况中，中央政府的官员、批发商）。但是，可以说最初使我们在这里发生兴趣的正是这一类要素的区位布局是分离的、

① 参阅上文导言部分。

独立的这一事实。假如它们全然依赖于经济系统的关系而指向的话,则它们的指向与经济系统的关系视为一个整体,此时的经济系统是由前述3、4个区位级假造就的。虽然它们的分级有许多不同的类型,且服从于完全不同的规则。但是,它们的分级只能建立在上述讨论过的所有其他分级的基础上,就这个意义上说,它们属于
219 同一个阶层,这个阶层,我们以下称之为“中央组织级”。

剩下的那部分人口提供最后两级的需求,即我们所称的组织级。这部分人口,部分属工业级,部分抑或是地方组织级,抑或是中央组织级。工业和其他亚级附加在组织级上,并为我们已提到的各阶层提供所需。如前所述,各级依次拥有其相依赖的亚级,这些无限套叠的阶层与我们关系不大。因为依赖且追随地方组织级的亚级只对现有的区位布局起作用,对于这个区位布局,则正如我们所见,恰恰是地方组织级所为。但是依属于中央组织级的级构成了第五级,我们称之为“中央依属级”。它的亚级由散布于地方和中央组织阶层中的工业单元组成。但是,当认为地方组织因素将进一步强化工业单元时,我们可以因其数量上并不重要而忽略中央组织阶层。为了实际分析的目的,我们可以把这整个阶层总括为单一的一级,其区位是其所包含的工业决定的,且依赖于中央组织级。

我们现在已建立了:(1)农业级,(2)初级工业级,(3)第二级工业级,(4)中央组织级,(5)中央依属级。地方组织级寓于前三者之中并作为一个强化因素。这些区位级提供我们对整个分级结构的
220 系统的认识——一种足以用于实践目的认识。

连接不同级的区位力从上层区位级到低层区位级,抑或从下

而上来回作用。以非农业级为基础的区位中心，开辟了服务于农业生产的消费地；正如杜能所指出的[①]，农业生产围绕着这些消费地自我分层为环状。

这种环形格式不仅造就了各类农业生产确定的地理分布，而且也造就了农业人口的分布，因为农业人口自身依据生产的强度而安排。这些环发展到某种程度，成为整个分级金字塔的基础。这便产生了那些相互依赖的力和环，那些相互依赖的力致使我们对经济生活的分析工作变得非常棘手。当我们着手经验分析时，就不得不重视由这些区位级金字塔基础的变化以及定量重要性的变化而带来的这个问题了。我现在的全部希望是要说明这些变化无伤于我们已经树立起来的区位结构的理论评价。请注意，这样的变化毕竟只是一种反作用。环的形成仅仅取决于经济系统沿我们设计的路线所确定的现有的分级。更严格地说，作用经济系统基础的某些地域选择可能要优先于它。这个基础可能已经被选定为农业基础，非农业人口的定居随后而定[②]。尽管杜能把城市假 221
定为农业区位分布的无须解释的基本现象是准确无误的，但是我们只能想象这种“反作用”是次要现象，除此别无其他。另一方面，我们希望竭尽可能澄清城市究竟是在哪儿以及如何发展。出于此目的，我们必须超越依托于农业人口分布的城市成长的反作用；我们被迫用先前的方式来分析区位分级进程。

---

① 参见本书前言。

② 如前所述，可能这些非农业居民的经济优势已经在地域的选择中被确定了。但是，那不改变这样的事实，即总的看来，在选择地区时，仅仅决定于一种偶然因素，而不是分级过程中的基本因素。

三

区位结构在多大程度上以真实数据取代解析数据，从而毫不含糊地根据我们建立的规则决定工业的布局呢？有三个解析数据必须被代之以真实数据：有关消费地的，有关原料地的；以及有关劳动力区位和在恒定支出（同等工资水平）条件下劳动力的无限供给。

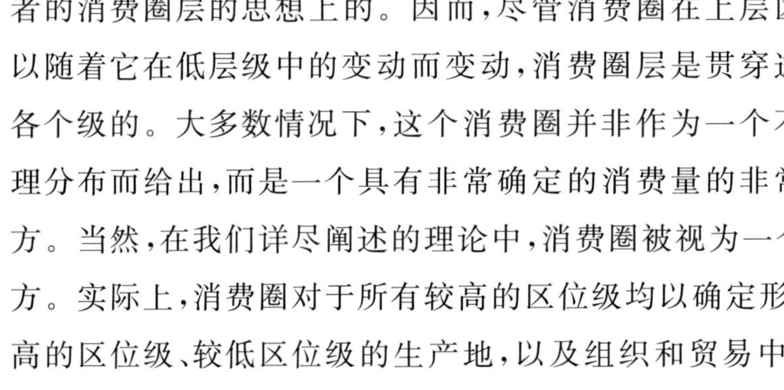

1.分级框架的全部分析是建立在将不同的级看做是它的后继者的消费圈层的思想上的。因而，尽管消费圈在上层区位级中可以随着它在低层级中的变动而变动，消费圈层是贯穿这些已知的各个级的。大多数情况下，这个消费圈并非作为一个不确定的地理分布而给出，而是一个具有非常确定的消费量的非常确定的地方。当然，在我们详尽阐述的理论中，消费圈被视为一个确定的地方。实际上，消费圈对于所有较高的区位级均以确定形态给出，较高的区位级、较低区位级的生产地，以及组织和贸易中心，都成为具有非常确定量的消费地。并且，我们对高级区位所言的，事实上对建立在农业区位级之上的初级工业级也是正确的。当这一点成立的时候，就必须坦白地承认，多种农作形式使得消费基础和结构
222 发展多样化；而且，也必须进一步坦白承认，初级工业级与其基础——农业消费圈之间的联系也难以被察觉，因为相当分散的农业消费非通过工业生产（城市）所创造出的集聚能力提供不可。所有这些事实都增添了分外的复杂，它干扰我们理解在此的一个系统（一个非常复杂的系统），一个具有给定消费量的消费地系统。

工业自身的指向将按照这个系统的完全相同的方式(不考虑我们前面讨论过的“反作用”)决定。正如它们在较高的区位级中那样,消费布局的形态在高级区位级中更加清晰可见。

2.根据区位规则——基于消费地为起点建立区位图——原材料地的布局按照消费地系统而确立。至少这对大部分已经实实在在开发利用了的原材料地,如矿井等一类者来说是正确的。在这种情况下,选择原材料地就是全部要做的事,这一点业经理论阐述过。然而,剩下的问题是,农业性质的原材料如何区位。因而在这种情况下,“原料地”本身必须被“造就”,自然条件是唯一给出的因素。

如果没有独立的力量涉及农业生产分布,那么,对这个问题的解答是简单的。在这种情况下,我们就可以说原材料生产的自然条件是决定因素。现存的矿井或多或少有利的位置决定它们的与 223
生产率关联的就业情况,同样道理,或多或少的“自然条件”连同它们的位置,可以决定这个“原料地”的发展。在这两种情况下,假如消费地给定的话,这些原材料地也就给定了。事实上,当自然条件给定时,工业区位级肯定试图以与矿产原料地相类似的方式形成它的农业原料基地。然而,工业的这种努力将受到农业布局内在倾向的阻挠。这个倾向当然影响农业生产的发展,尽管农业是工业区位级的基础。换言之,如果农业生产的作用像工业原料地那样纳入讨论的话,农业生产的经济条件将成为某些决定性因素之外的另一个决定因素。特别是这将牵涉其区位与消费地的关系,与劳动力区位的关系以及与原料地竞争中所占据的地位。这些条

件当然就是杜能分析过的那些[①]，并且，如我们所见，它们部分是工业分级本身的次要现象。在这种情况下，他们接触到了初级基础。这表明，倘若这个循环进程被引入我们的分析，即经验分析的话，实际上农业原料地的发展就只能被认作是已知的。然而，重要的是，我们了解这些规则，认定它们毫无疑问。如前所述，农业生产中经济条件的干预意味着杜能提出来的法则在起着作用。每个农业原料地都处在利用土地，生产不同原材料的农业经营者的竞
224 争之中。最有效的农业利用将被实行。出于我们的目的，这一事实可以作下述表达：每个工业会拥有和它占据的区域一样多的它所需要的潜在的农业原材料基地，这些原材料基地通过自然条件提供的能力生产原材料。但是，这些潜在的原材料地有非常不同的“原材料地价格”。在每个原材料地，某种原材料的“当地价格”由其取代据杜能定律其次有利的部门的必要性而定。因而，这些潜在的原材料地按“原材料地价格”被排列成等级，其自身类型与矿产原材料地很相像。它们将作为区位基础而得以发展，并依我们所认识的规则服务于生产。

正如我们所作的分析，经济系统的区位结构决定了消费地和原材料地。决定的规则有时相当简明扼要，有时稍微复杂，但在各种情况下，他们都是相当清晰的。这就意味着，假如工业指向独立于劳动力区位和工资水平差异，并且仅仅基于运价条件，是建立在这运输指向上的“纯粹”的集聚，那么，工业指向图可以由我们发现

① 参阅本书前言部分。——英译者

的区位规则所描绘[①]（处于我们所分析的区位结构的框架内）。至于这些区位力决定指向的程度，只有消费地和原材料地两个领域作为已知的实际结构的地理基础而置于考虑之中。假如实际人口，农业人口定居的分布以及“中央组织级”的主要分布已知的话，对于每一个地理框架以及一般的经济与技术发展的每一个阶段，计算工业区位图如何形成是有可能的。至于特定的经济制度（如
资本主义、社会主义或其他制度）对基本区位指向的影响在此并无 225
用武之地，因为至少这一“纯粹”的规则确定工业区位为一般方法。理论工作即告完成，更“现实”的理论尚不必要。

四

然而，假如我们考虑到由依赖于区位的劳动力和劳动力指向引起的偏差，那么，将会怎样呢？对于这些偏差的讨论至今仍以劳动力区位给定，其工资水平差别恒定的假设为基础的。对于确定此类工资差别的地方分布，对于产生劳动力区位的原因，以及最后，对于它们发展的规则——业已被无限提供不变成本劳动力的假设所废弃——我们迄今所研究过的地方分布的机制，提供了任何思路吗？显然丝毫都没有。这在我们做过的分析中是一个大缺陷。在这个决定劳动力区位成因和发展的规则中暗藏着为进一步理论分析而保留的问题。这个问题必须被“现实的”理论解决。此时，研究特定的经济制度就成为必要。我不想断言劳动力区位的

---

① 参阅第 135 页（中文版第 128 页）之后。

成因和发展可以用经济原因来解释；但是，如果可以这样解释的话，这些原因将与特定经济制度所赋予劳动力的地位有关。除了有人（松巴特，Sombart）称之为“经济制度”之外，即除了特殊决定的组织形式外，全部经济关系也都被考虑在我们对一个“纯粹的”经济制度的一般分析之中。一个给定时期的特殊的社会观念将所有的经济关系烙印在组织形式上，这些组织形式因此而作为社会
226 秩序的一部分出现[1]。因而，更现实的理论必须考虑到在我们所研究的特定经济制度中，劳动力是怎样被管理的。倘若我们彻底研究了当今工业区位的理论，倘若我们完满解释了经济力量的地方组合和人口的集聚，我们就必须发问，对于劳动力的地方组合而言，劳动力被当作商品意味着什么。将会看到这一情形决定了大约半数的我们现今社会制度中的地方布局。

① 感兴趣的读者不妨查阅陶科特·帕森“德国现代文献中的‘资本主义’：佐姆巴特和韦伯”（Talcott Parsons，“Capitalism”，in Recent German Literature：Sombart and Weber），载《政治经济杂志》（*Journal of Political Economy*）第 XXXVIVII 卷，以及它所引用的文献，也可参阅上文，第 10 页的脚注，关于经济制度的概念——C.J.弗雷德里奇。

数学附录[①]

227

乔治·皮克

引言　根据本文作者的建议，本人梗概出一些对理解区位问题来说很必要的普通数学公式。关于第Ⅰ、Ⅱ部分，本人提到了舍弗尔[②]在最近的论文中的解决这类问题所提供的数学帮助。构成第Ⅲ部分主体的集聚公式的建立可用以分析不同应用领域的同样问题。我希望对多于三点的特殊区位图的研究将得到进一步的公式，但现在仍有某些实际的困难[③]。

Ⅰ.最小运输成本值点的轨迹

§1　区位三角形。附图中，A_1 代表原材料地，A_2 为燃料地，A_3 为消费地。我们假定生产 a_3 吨产品需 a_1 吨原料和 a_2 吨燃料

---

① 鲍尔先生认为，整个情况与电静力学中的某些部分，特别是等势面相当一致。参阅 J. H.琼斯：《电磁学中的数学原理》（J. H. Jeans, *The Mathematical Theory of Electricity and Magnetism*）第 54 页以后。——英译者

② G.舍费尔：《来自固定点的距离函数》（G. Scheffers, *Funktionen der Abstände von festen, Punkten*, 1900）。

③ 作为对此问题的一个未必成功的、尝试性的解答，读者可以查阅劳恩哈特的“确定工商业建设的合理区位”（Launhardt, Die Bestinmung des zweckmässigsten Standorts einer gewerblichen Anlage），下文中我已给出有论述的摘要，见第 238 页（中文版 227 页）。——英译者

(假设 a_3 恒为 1),若产地位于 P,它距 A_1 为 r_1 英里,距 A_2 为 r_2 英里,距 A_3 为 r_3 英里,a_3(=1)吨产品需要:

$$K = a_1 r_1 + a_2 r_2 + a_3 r_3$$

吨英里的运输成本。

228 P 处在哪个位置上,运输成本最少呢?显而易见,只要 P 落在区位三角形 $A_1A_2A_3$ 之外,任何邻近 P 并较 P 更接近三角形边的点,都会缩短 r_1,r_2,r_3 的距离,从而减少运输成本。因此,最小值点的轨迹不可能落在三角形外。它或者落在三角形内部,或者是边上。我们先来探讨第一种情况。

§2 区位三角形内部的最小值点,力学模型。必要条件①或最小运输成本值点的数学分析显示如下结果。我们设想一下,一个可变点集 P,在力 a_1 作用下趋向 A_1,在力 a_2 作用下趋向 A_2,在力 a_3 作用下趋向 A_3,则此三力平衡时 P 点的位置就是最小值点。

我们可以用一个带有自动装置的力学模型来演示一下 P_0(最小运费成本点)的位置。我们用一架范力农发明的演示力的平行四边
229 形的老式仪器。这架仪器在划有刻度的圆盘边上可以固定三个带有水平轴的小滚轴。滚轴上绕有细线,细线的三个内端点连接在某一点。外端下垂可以坠小重物。为了实现所给出的情形,我们首先利用圆盘上的刻度放置滚轴,使其形成区位三角形的角。然后,我们按照运输重量 a_1,a_2,a_3 的比例,代之以较小的重量单位,如 10 克,给细线外端拴上重物,该连接点就会自动移到最小值点。

---

① 这种情况的必要条件可以叙述如下:轨迹 K 的函数在最小值点的各个方向(s 的各个方向上),微商为零:$\frac{dk}{ds}=0$。这个公式为在文中指出其意义的必要条件提供了两个等式(参阅舍费尔著作,见上页注)。

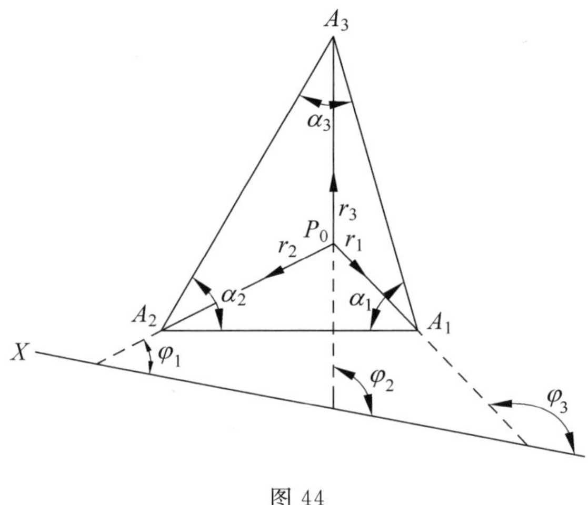

图 44

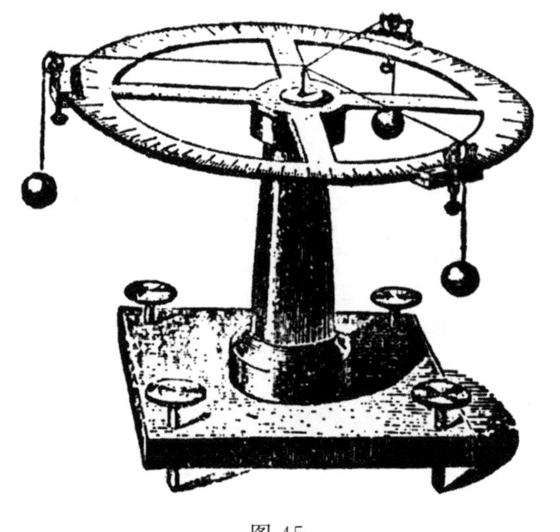

图 45

§3　P_0 的几何结构，重力三角。图 46 表示力 a_1，a_2，a_3 沿直线作用于 P_0，线段长度与力的大小成正比。根据力的平行四边形理论，如果存在平衡状态，则从 P_0 点向其相反方向划出的线段将

构成由其他两条线段形成的平行四边形的对角线。假如按照各自相应的方向和长度，划出这三力平衡图（直线段），其结果形成一个封
230 闭三角形（图中的 $G_1G_2G_3$）。三角形的三个角 $r_1r_2r_3$ 是角 $\beta_1\beta_2\beta_3$ 的补角，β_l，β_2，β_3 由连接 P_0 与顶点 $A_1A_2A_3$ 的直线构成。由图 46 可见一斑。这个完全由其三边 $\alpha_1\alpha_1\alpha_3$ 预先确定的三角形 $G_1G_2G_3$ 称为重力三角形。重力三角形给出角 $\gamma_1\gamma_2\gamma_3$，从而给出 $\beta_1\beta_2\beta_3$。为了找出 P_0 点位置，我们将不得不从接连 $A_1A_2A_3$ 和 P 点构成这些特定角的关系之中寻找 P 的位置，或者，有时我们也称 A_2A_3 从与 P 点的联系中构成了 β_1，对应于 $\overline{A_3A_1}$ 是角 β_2，对应于 $\overline{A_1A_2}$，是角 β_1。

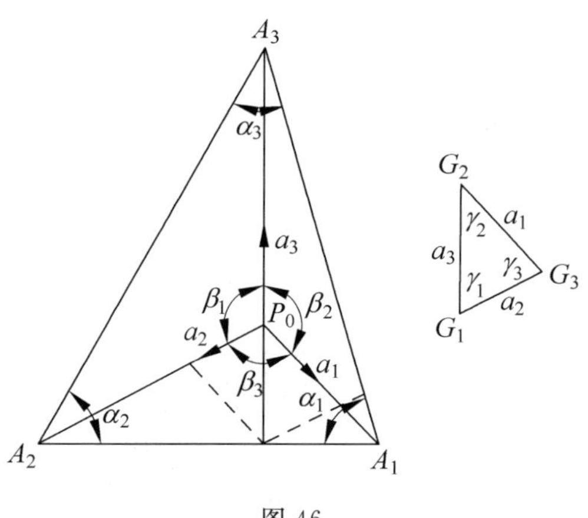

图 46

§4　连续性，三圆结构。为了使角 $A_1P_0A_2$ 有一个给定的大小 β_3，P_0 必定存在（根据圆周角理论）一段通过 A_1 点到 A_2 点的弧上。但是，P_0 必定落在相应的弧 A_2A_3 上，因为 $A_2P_0A_3$ 构成 β_1；最终 P_0 还必定落在弧 A_1A_3 上，因为 $A_3P_0A_1=\beta_2$。因此，为了得到其交点 P_0 的位置，我们需且仅需构造这些弧（两条弧足够）（图 47）。

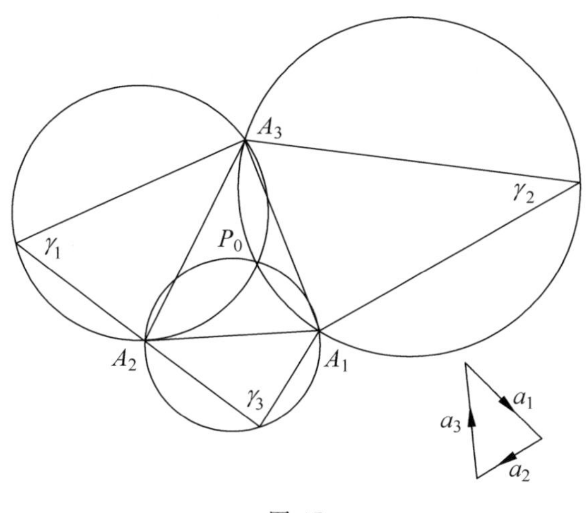

图 47

为了构造通过 A_1A_2 的弧，我们必须应用以 A_1A_2 为顶点与 A_1、A_2 成 $\beta_3-90°$ 的角，形成一个等腰三角形，顶点为 C（图 48）。这个顶点 C 即所要求的圆心，从而可以立即构造该图。实际上， $\angle A_2CA_1=180°-2(\beta_3-90°)=360°-2\beta_3$，结果，在 C 点的凸角等 $2\beta_3$，正是所求①。

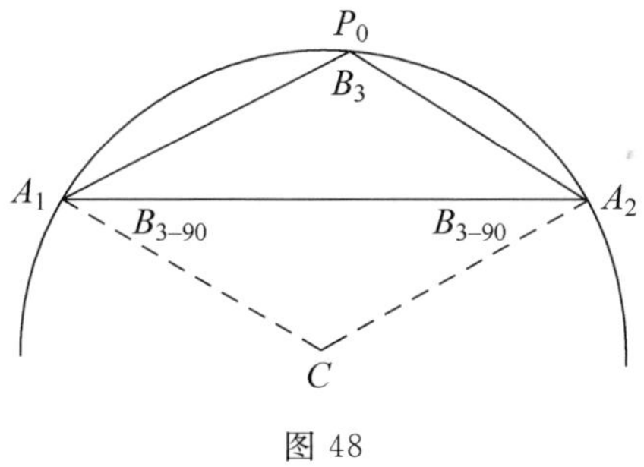

图 48

① 可以陈述下列法则取代这种构造法：在区位三角形的每条边上作一个重力三角形的相似三角形，这些相似三角形的外接圆即为所求。

§5　最小值点对区位三角形的边或顶点的逼近。P_0 何时落在靠近区位三角形中某一边附近的位置呢，例如 $A_1A_2A_3$？很明显，就此时 $A_2P_0A_3$，即 β_1 将近 180°，而 γ_1 接近 0°，从而重力三角形有一个很小的角，其对边 a_1 也很小，另两边 a_2，a_3 几乎相等。假如 a_1 变成零（$a_2=a_3$），P_0 落在 A_2A_3 上。显然 A_1 已消失。区位三角形萎缩为一条区位直线（图 49）。

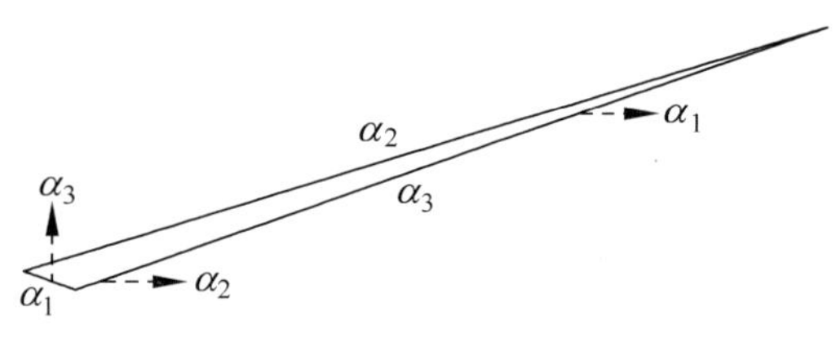

图 49

P_0 何时逼近区位三角形的顶点，例如 A_1 呢？显然，在这种情况下，角 $A_2P_0A_3$ 向角 $A_2A_1A_3$ 逼近，也就是，几乎等于区位三角形的角 α_1。而 P_0 更位于区位三角形中心一点的话，β_1 就要明显地大一些。同样，β_1 的补角 γ_1 现在就几乎等于 α_1 的补角的（区
232 位三角形 A_1 的外角）了，而通常 γ_1 要比此外角小得多。因而，只要重力三角形的角比其区位三角形相应的外角小，P_0 就落在后者之内；但是，如果 $G_1G_2G_3$ 其中之一，例如 γ_1 等于相应的 $A_1A_2A_3$ 的外角，此时，$\gamma_1=180°-\alpha_1$，则 P_0 落在相应的顶点 A_1 之上。

§6　P_0 的位置在一个顶点上，重力三角形消失的情况。现在我们设想重力三角形在经历变化，来看看它导致了 P_0 点位置怎样的变化。当 α_1 逐渐增大，导致其对角 γ_1 也逐渐增大时，α_2，α_3 将保持不变。我们刚才看到当 γ_1 达到 $180°-\alpha_1$ 时 P_0 到达 A_1。假

如 α_1 和 γ_1 进一步增大，会怎样呢？显而易见，P_0 将留在 A_1 点上。因为，假如 α_1 的份额大到了为了实现最小运输成本就必须避免从 A_1 到 P_0 的运输，那么相关的 α_1 值进一步增大时，P_0 落在 A_1 就更有必要了。

当 α_1 的值变成与 $\alpha_2+\alpha_3$ 等值时，γ_1 就变到 180°，换句话说，重力三角形即萎缩为一条直线（图 50），假如 α_1 进一步增大，以至于达到 $\alpha_1>\alpha_2+\alpha_3$，则 α_1、α_2、α_3 就不能构成三角形，重力三角形 233
也就荡然无存，然而 P_0 仍然留在 $A_1$①。

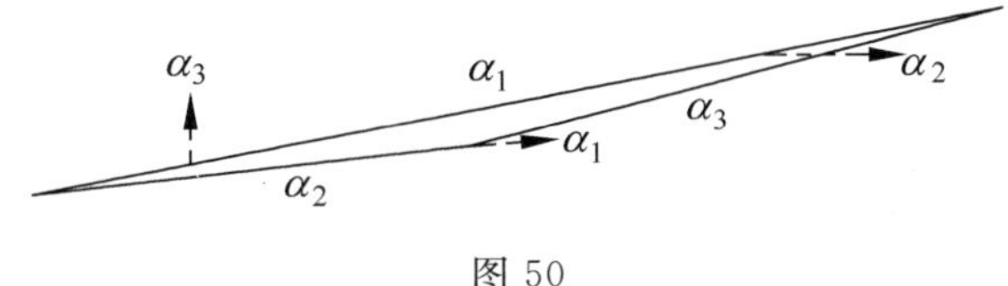

图 50

若是已经采取措施阻止三根细线的连接点滑过滚轴，那么，在§2 中描述的那种模型会演示这些情况下 P_0 的正确位置。

§7　概述。不同情况的特点。我们可以区别对待这三种不同的可能性，其特点可以表述如下：第一，重力三角形存在，P_0 落在区位三角形之内；第二，重力三角形存在，P_0 落在区位三角形的一个顶点上；第三，重力三角形不存在，P_0 恒落在某一项点上。然而，因为已经不能构造重力三角形，所以第三种情况可以立即被认识到。为了区别前两种情况，需要给出另外一个特征，我们回顾一下§4 中的结构圆。只要 P_0 落在区位三角形的中心，这些圆交汇

① 这些例子中，P_0 落在一个顶点上，其他条件优于英文版脚注④（中文版第 218 页注①）中所指的那些，则 $\frac{dk}{ds}$ 从 P_0 点向各个方向取正值，并且在 P_0 通常其值不为 0。

在区位三角形内部，每个圆都不包括相应的第三个角。假如 P_0 接近 A_1，通过 A_2A_3 的弧在 A_1 附近通过。假如 P_0 到达 A_1（因为，如同我们在§5中所见，$\gamma=180℃-\alpha_1$），该弧便通过 A_1，并与其他两圆在此交汇。假如 γ_1 进一步增大，弧 A_2A_3 将超出 A_1 之外，以至于 A_1 落于其内。三圆的交汇点现在完全落于区位三角形之外。同时，这一点已经不是我们问题的解。因为 P_0 保留于 A_1，后一种情况可以认作，这些结构圆之一包含第三个角（即底边的对角）；这时，此被包含的角的顶点恒为最小值点。

§8　重力 $\alpha_1,\alpha_2,\alpha_3$ 不变，而区位三角形改变时 P_0 的行为。我们已经研究了当区位三角形保持不变时，改变运输重量 $\alpha_1,\alpha_2,\alpha_3$ 而导致 P_0 位置的变化。我们现在假设 $\alpha_1,\alpha_2,\alpha_3$ 恒定，当我们改变区位三角形的形状时，来观察在这些情况下 P_0 如何运动。
234 此外，再假定两个角 A_1,A_2 不变，只有第三个角 A_3 变动。

我们首先处理没有重力三角形，也就是，三个重力 $\alpha_1,\alpha_2,\alpha_3$ 之一超过其他两者总和的情况，根据§5，当 α_1 极重时，P_0 落在 A_1，同理，对于极重的 α_2，P_0 落在 A_2，对于极重的 α_3，P_0 落在 A_3。因而，P_0 或者在两个固定的角 A_1,A_2 其中之一上，保持不动，或者参与 A_3 的全部运动，且总与 A_3 一致。

§9　连续。重心落在通过 A_1A_2 的圆上。假如重力三角形存在，我们可以从角 γ_3 和构造如§4中所示的那种通过弧 A_1A_2 中得到它（图51）。有必要区别 A_3 是落在弦 A_1A_2 之间还是之外。第一种情况与在§7中提到过的第2种情况是相同的：P_0 与 A_3
235 一致。然而，如果 A_3 落在此区间之外，则是现§4中所示的结构，正如我们事先所知，P_0 将落在弧 A_1A_2 之上。P_0 和 A_3 的连线与

P_0 和 A_1,A_2 连线形成角 $180°-\gamma_2$ 和角 $180°-\gamma_1$(参见§3 和§4)。其反向延长线与 P_0 和 A_1,A_2 的连线包含固定的角 γ_2,γ_1。此时,无论 A_3 落在何处,P_0 将落在弧 A_1A_2 上,A_3P_0 的延长线与 P_0A_1 在 P_0 点总包含相同的角 γ_1。根据圆周角理论,P_0A_3 将与过 A_1A_2 的圆交于一固定点(图 51 中的 M)。该点很容易求得,我们只需在 A_2 向 $\overline{A_2A_3}$ 的下方作角 γ_2,该角的另一条边与圆的交点即所求的 M 点。

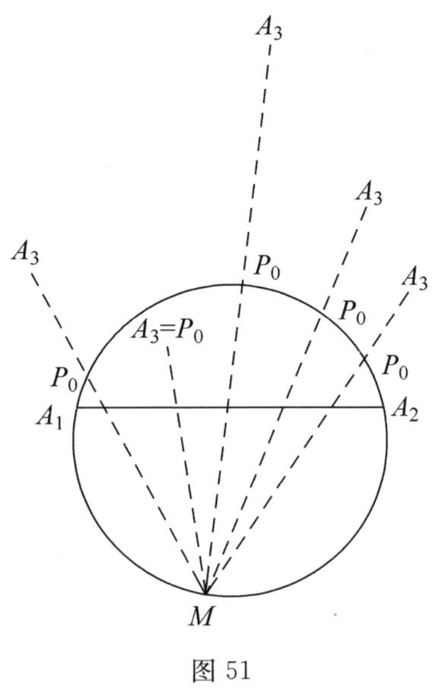

图 51

只要 P_0 不与 A_1,A_2 其中之一一致,这个原理就是正确的。因为要是那样的话,A_3,P_0 和 M 不再有理由落在一条直线上。的确,很明显,如果 A_3 落在由 $\overline{MA_1}$ 在 A_1 外的延长线与 $\overline{A_1A_2}$ 在 A_1 外的延长线所构成的三角形区域内,则 P_0 恒且仅落在 A_1 点上。关于 A_2 的情况与此类似。

让我们设想 A_3 从远处沿着过 M 点的任何直线接近 A_1A_2,假如该直线与过 A_1A_2 的直线交点落在线段 A_1A_2 之外,则 P_0 固定落在 A_1 或 A_2。但是,假如交点在 A_1A_2 之间,且 A_3 未及于 A_1A_2 所对应的圆缺,则 P_0 落在 A_3M 和弧的交点上。然而,一旦 A_3 进入此圆缺内,则点 P_0 将恒与 A_3 重合。

当 A_3 在过 A_1A_2 的直线之上的全部半平面内变动时,P_0 恒

限制在 A_1，A_2 对应的圆缺内部和边界上。

§10　A_3 位置变化时，运输成本变化的图示。P_0 的一个位置及同一位置可以对应 A_3 非常不同的位置，正如上文所示。但是总的运输成本是随 A_3 的位置而变化的。我们如果用曲线连接所有具有等运输成本值的 A_3 位置，就能对此情形有一清晰的认识。这些曲线（图 52）在过 A_1A_2 的直线之上的半平面内各个不同
236 区域，呈现为极不相同的形状。在前文所述 A_1 或 A_2 外的角形区域内，等运费线明显是分别环绕 A_1 或 A_2 的圆心弧。而位于此两部分之间的主要区间，我们得到的是椭圆曲线，但在其外部，假如我们沿着每条过 M 点的直线，移动相同距离，那么，等值线由一条曲线得出，在直线划分的 4 个区域内，曲线出现转折。

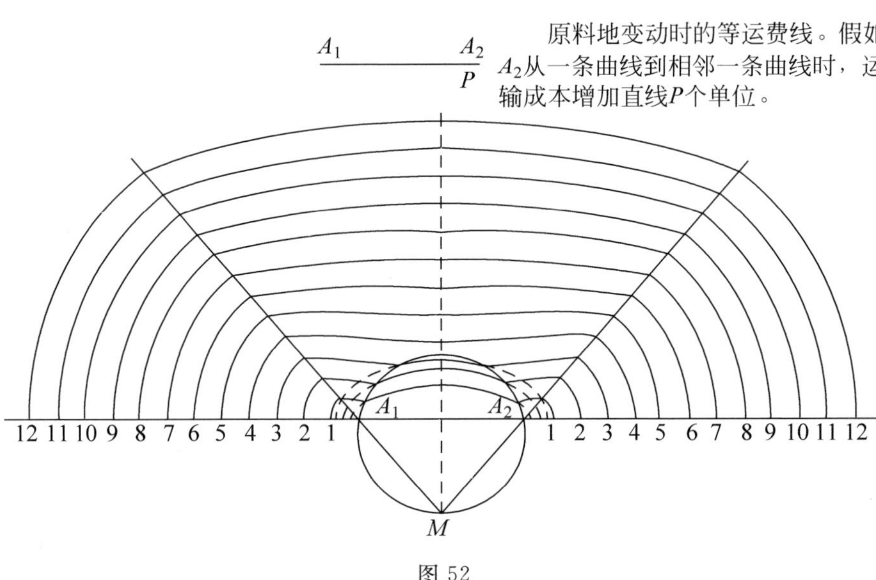

图 52

§11　两个相互关联的区位三角形。两个区位三角形 $A_1A_2A_3$ 和 $A_1'A_2'A_3'$ 按照一定的方式相关联，A_1' 同时是第一个区位三角形的生

产地，A_3 同时是第二个三角形的生产地。为了便于区别，将这两点分别定为 P_0 和 P'_0。我们假定 A_1A_2 和 $A'_3A'_2$ 的位置以及两组重力 a_1, a_2, a_3 和 a'_1, a'_2, a'_3 是给定的。要求得点 $P_0 = A'_1, P'_0 = A_3$ 的位置。在这个位置，总的运输成本值最小。两个区位三角形其中之一不存在重力三角形的情况是个特例。若那样，例如对于第一组重力 a_1, a_2, a_3，则有 $P_0 = A'_1$，必定与 A_1 或 A_2 重合，或
者与 $A_3 = P'_0$ 重合。因而我们可以立 237
即得出 A'_1，或者 2 个生产也合二为一，那便意味着，必须为 4 个已知点找出一个生产地。假如 2 个重力三角形都存在，那么，生产地分别位于 2 个地方，在这个条件下，$\overline{A_1A_2}$ 和 $A'_3A'_2$ 对应的圆缺存在，如同我们在 §9 讨论过的那样，我们得到两个点 M 和 M'。如果连接 M 和 M'，此连线与两圆相割于所求的点(图 53)。

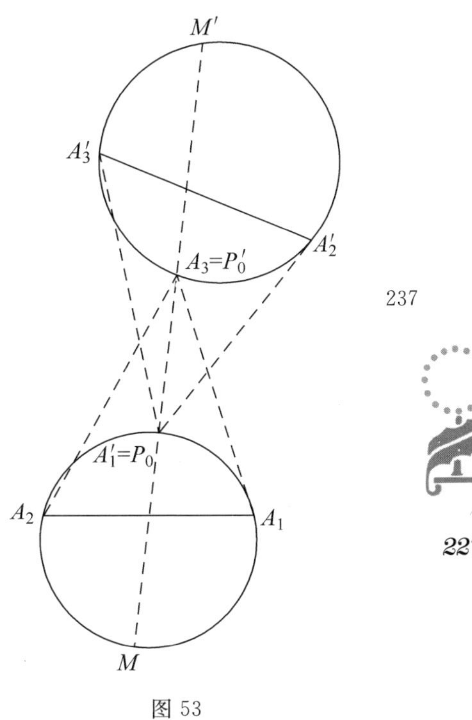

图 53

但是，这一法则有几条限制。假如两个圆缺部分重叠，且 MM' 横贯共同部分，则 P_0 和 P'_0 合二为一(据 §9)。且不落在 MM' 上。我们又得到四个给定点连同一个产地的情况。另一方
面，假如 MM' 与两圆缺不相交，则 P_0 和 P'_0 将各自落在两角之 238
A_1A_2 或 $A'_3A'_2$ 之一上(参见图 52)；换言之，P_0 或 P'_0 可立刻得出，所剩的都化为基本问题了。因而，这个例外比图 53 所示解决的普

遍情况要具有更简单的性质。

§12　多于三个角的区位多边形。尽管总的来说，在区位图多于三个角的情况下，问题的本质方面和处理原则都不改变，然而，还是不可能给区位多边形，甚至只是四边形以同样简单的规则。在多边形的情况中，注意力学模型的功能是值得(如果适当改造)的。因为，如果让对应于一系列运输重量的重力，牵引任何一类区位图各个角上的细线，把这些细线连结在一起的点都将自动走向最小值点①。

① 请参照劳恩哈特的“确定工商业的合理区位”(1882年)，第107页，第110—111页。(Launhardt，Die Bestimmung des zweckmässigsten Standorts einer gewerblichen Anlage)，载《工程师协会期刊》(*Zeitschrift des Vereins Deutscher Ingenieure*)在这篇短文中，劳恩哈特推测出只利用本地原材料的独立生产过程的最佳区位。虽然这只是对工业区位同题的管窥之见，但是似乎需要给出他的几何论证一个简短摘要，因为从那些论证中，他得出一个结论：对于任意多个角的多边形，构造最小值点总是可在得出“里程运费在生产的区位中必须互相保持平衡”的结论后，他通过在区位三角形的边 A_1A_2 上作重力三角形的相似形找出最小值点，作出相似三角形后，他然后作一外接圈，并连接此三角形的第三个顶点 O 与区位三角形的第三个顶点 A_3(可以看到，这是对假设的一种简化，即认为 A_3 恒为消费中心，而匹克的论断则是完全独立于这三点中，哪一个是消费中心的问题的)，连线与圆周交点 P_0 就是所求的最小值点。劳恩哈德特称上述点 O 为区位三角形的“极”。

用普托莱姻定律，劳恩哈特依助于他所构造的“极”，进一步分析区位多边形(参见图53A)。从而他替换 A_1 和 A_2 极 O 替代 A_1、A_2。成为他为四边形 $A_1A_2A_3A_4$ 构造最小值点的基础。在此四边形中，A_3 再次被定为消费地。他这样做，为的是易于为 A_2 和 A_4 构造一个“极”。然后为 A_1 和 O 构造另一个“极”。劳恩哈特相信，连接此第二个极 Q 与 A_3 的直线与三角形 A_1QO 的外接圆的交点，即最小值点 P_0。劳恩哈特无以证明他的论点。它是错误的，它忽视了(相当重要)圆周并非恰好就出现在所构造的两极上(因为，在这个三角形情况中，此二点是通过构造一个重力三角形的相似形而得出的，重力三角形并不存在于此，因为我们正在讨论的是四边形)。对此，明显的反驳是它牵扯到一段迂回弯路，从而增加了原材料从 A_2 和 A_4 至 P 的额外运费。

鉴于这一事实，很难以相信，劳恩哈特怎么就能不注意到他真的根本并没有找出最小值点。况且，他自己居然还看到了第二种不同的解答也是可能的。据他说，是这样得出的。先为点 A_1 和 A_4 构造一个极 O，然后为其余的点 A_3、A_2 和 O' 通过它们的极“Q”

(接下页注文)

即使区别最小值点 P_0 落在多边形内还是落在区位多边形的 239
顶点两种情况，我们也找不到曾利用于区位三角形的那样简明的准则。假如某一顶点的重力等于或超过了其他各角的合力，则足以证明 P_0。显然落在该顶点上（图 54）。

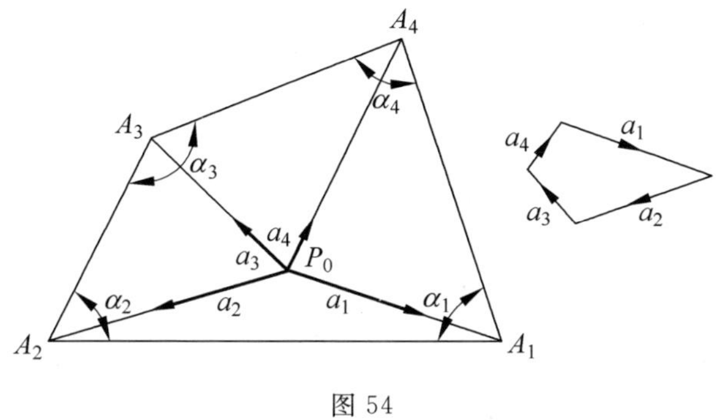

图 54

（续前页注文）[HT6"SS][HJ＊2]

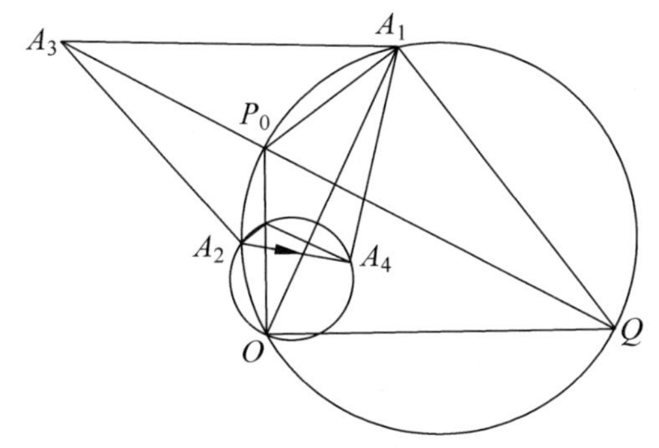

图 53A

决定 P_0 的位置。这个事实本身不说明真正的最小值点就落在此二者中间的某处吗？事实上，还有其他第三种可能，即从 A_1 和 A_2 开始。

令人吃惊的是，鲍提克威茨在他的对韦伯理论评述中（载《社会经济和社会政策档案》（*Archiv fürsozialsnissenschatf und sonalpolitir*，1910））不会不注意到劳恩哈特论文中这些基本的局限和错误，同时却断言劳恩哈特已经做过匹克在此附录中所做的工作。——英译者

240 Ⅱ.等运输成本曲线

§1　等运费线的概念。——假如任一区位图中，运输重量 a_n 已知，最小值点 P_0 确定，而生产地没有位于 P_0 处，则运输成本将高于最小值。可以想象生产地从 P_0 向任意各个方向逐渐移动。如果我们把生产地从 P_0 移到足够远处，那么，在各个方向上，运输成本将逐渐上升，并可能达到任何数值。当然，我们不可能找出任何一处比 P_0 运输成本更低的地方，但显然我们能找出运输成本高于 P_0 的任何一点的轨迹，并且在各个方向上都能找到。结果，这样的轨迹不但存在，而且是一条环绕 P_0 的闭合曲线，该曲线上各点含有等量的运输成本值。只要运输成本高于最小值，这样的曲线（等运输成本曲线，运输成本水平线，等值线）就存在。这些曲线的总体给运输成本依生产地区位而变化的方式以明晰的图示。假如最小值为 M 吨英里，我们可以绘制间隔为 10 吨英里的等值线；换言之，那些曲线所表示的运费为 $M+10$，$M+20$，$M+30$ 吨英里等等（参见图 55～58）。

§2　很高运输成本的等运费线近似圆形。很高运输成本值点的轨迹离 P_0 和区位图很远。假如这个距离大到区位多边形的
241 维数已显得毫无意义，则距离就成为唯一决定因素。因而那些对应于非常大的运输成本的曲线就与以 P_0 为圆心的大圆没有差别了。假如这样的大圆半径是 R，生产地的区位在圆周上，那么，运费约等于：

$$R(a_1+a_2+a_3+a_4\cdots)\text{ 吨英里}$$

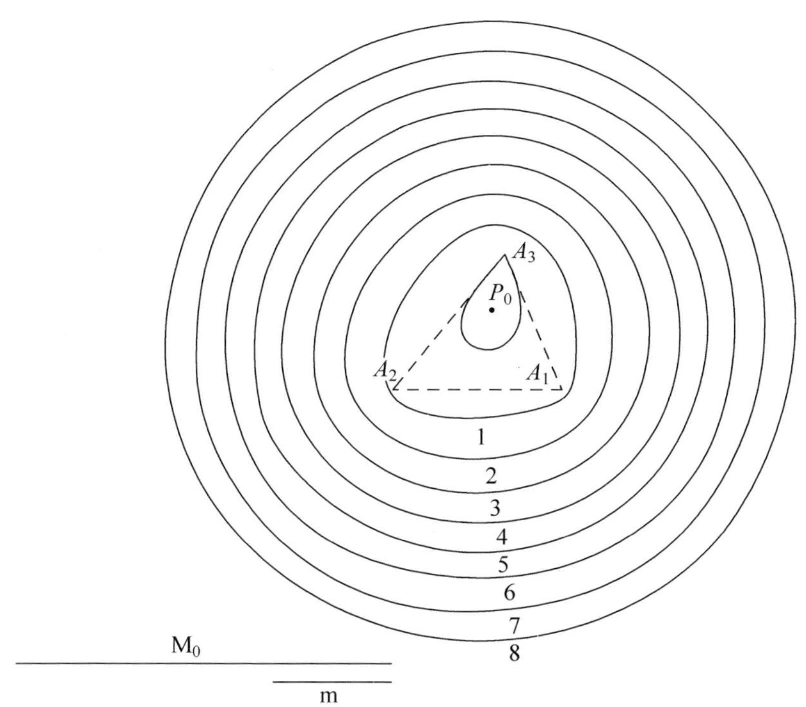

图 55　等运费线 I

重量比为：3，4，5；M_0 代表最小运输成本，一条等运费线到下一条等运费线的增量为 m。

因为可以假定所有的区位点都集中在 P_0 而忽略微不足道的误差。如果我们指定总和：

$$a_1 + a_2 + a_3 + a_4 \cdots$$ 242

是为了生产和分配一吨产品所要运移的总重记作 G（区位重），那么，我们能得出下列规则： 243

远距区位图的生产地，其运输成本等于区位重乘以最小值点到生产地的距离：$G \times R$。

假如等运费线按一定的运输成本级差绘制，如 I（图 55）中所

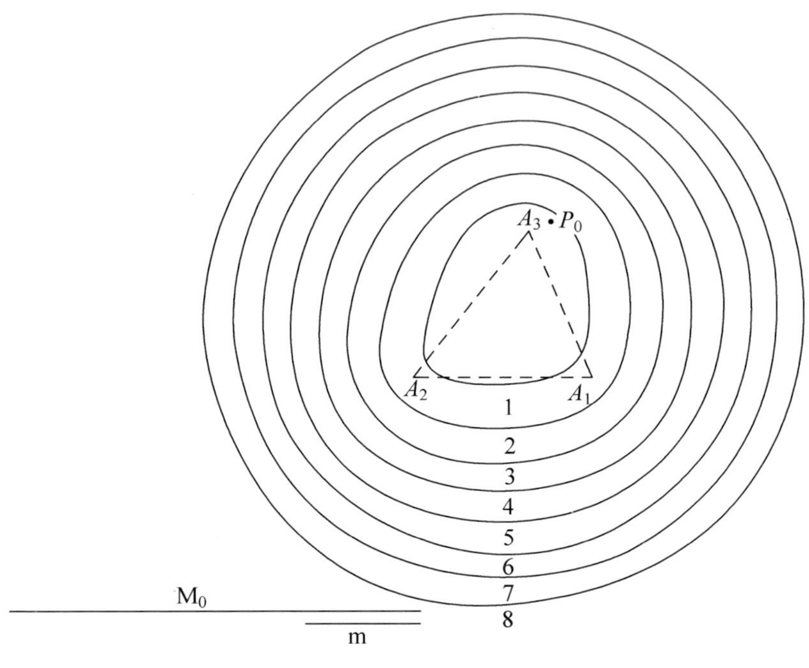

图 56　等运费线Ⅱ

重量比为:3,4,6

指出的那样,则区位重越大,这些大圆越密,因为 G 越大,导致相同的 $G \times R$ 增量所需的 R 的增量就越小。

§3　较低运输成本值,运输成本梯度。现在如果我们考察较低运输成本值,相应的等运费线较靠近区位图。同时,区位图的形状和几个顶点上的重力 a_1,a_2,a_3 的分布加强了对等值线形状的影响。即等运费线越接近 P_0,其形状与圆心差别越大,运输成本超过最小值越少。我们在各种情况下绘制的曲线体系,都将指示我们如下事实:如果我们将生产地从一条等运费线处移到远离 P_0
244 的下一条等运费线处,就增加运输成本 10 吨英里。如果沿正交方向远离 P_0,则下一条等运费线离得越近,运输成本增加得越快。

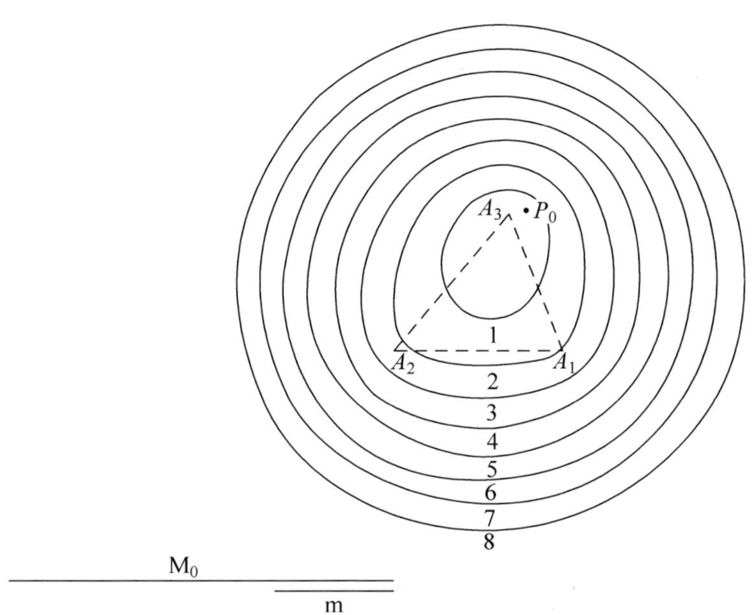

图 57　等运费线Ⅲ

重量比为:3,4,8

例如,假设离下一条等运费线距离 5 英里,这 5 吨引起运输成本增加 10 吨英里;假如这个距离是 10 英里,我们运移 10 英里后才增加同样多的运输成本。前者的运输成本递增率是 1 英里增加 2 吨英里。如果我们把沿着正交方向,把生产地移离 $P_0$1 英里时,运输成本的增加量称为运输成本梯度,我们可以派生出下列规则来决定其值:用相邻两条等值线的距离除以 10。[①] 等运费线相互间距离越近,运输成本梯度越大。

① 这里提供的是不甚严谨的解释。老实说,它所包含的是运输成本 $\frac{dk}{ds}$ 所得的商,只是 K 增加得很快而已。

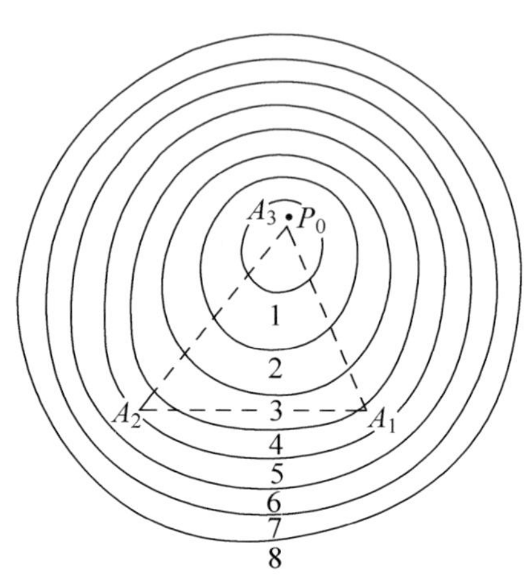

M_0

m

图 58　等运费线Ⅳ

重量比为:3,4,12

§4　空间模式的说明(运费面)。我们想象在一个平面内,每个可能的位置 P 引出一条垂直于平面的射线,使其长度对应于该射线出发点处运输成本的总量。如此,我们可以在空间范围内得出每一个 P 点上方的点的位置。所有这些点连接起来成为一个面,这个面的最低点在 P_0 点,环绕此点,该面上升,并且在离 P_0 点一定距离处,虽然形状还不大规则,但它已与一个圆锥面相差无几,此锥面的垂直轴过 P_0。假如我们在底平面之上以不变的高度沿着该锥面走,便可以得到等运输成本值曲线。任何一特定点处最陡急的上升是由与等运费线垂直的平面与锥面和交线所给出。假如我们沿一个正交方面从等运费线上移动,锥面上升越陡,运输成本增加越快。锥面的陡度给运输成本梯度一个直观的图示。

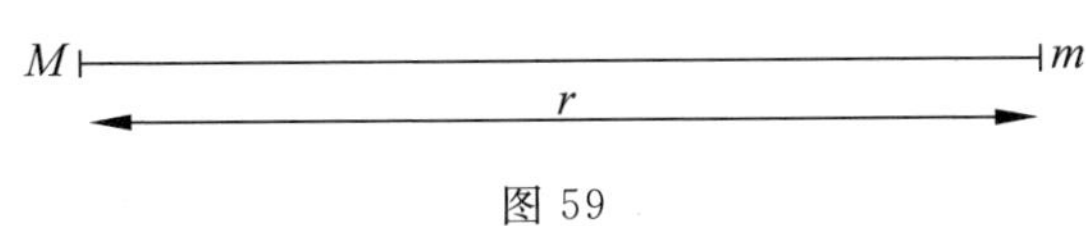

图 59

§5　紧邻 P_0 的等运费线体系图示。在紧邻 P_0 处，等运费线的分布以及与此相关的运输成本面的形状，由其在第Ⅰ部分§7中给定的主要情况不同而相差甚远。假如点落在区位图之内，紧 245
挨 P_0 的第一条等运费线（给定级差，例如，按 10 吨英里递增），其四周离 P_0 相当远，因为严格地讲，P_0 运输成本梯度其值是零。P_0 落在某一个顶点上，也有相同结论成立，只要该顶点的重量不超过其他重量之和很多。但是第一条等值线只要落在区位图之外，就立即出现比落在区位图内更大大接近于 P_0 点的情况。但是假如某一特定顶点的重量非常大，第一条等值线就相应地从四周接近 P_0，以至于当该顶点的重量与其他各顶点处重量的总和相比而增大时，它更紧密地环绕 P_0 点。第一种情况下，运输成本面呈一个很浅的凹陷状，区位图外部的凹陷比内部的凹陷更陡些。然而，在一角拥有很大重力的情形中，该锥面或多或少呈现一个陡急的漏斗状凹陷。图 55～58 清晰地展示了相应于我们所有不同假设的全貌。

Ⅲ.集聚

§1　经济函数及其图解。假如来自集聚的节约大于运输成本增长，那么拥有日产量 M 的大生产单位将吸引（集聚）位于距离 r 处拥有日产量 m 的小的生产单位。运输成本容易求得假如 A 是

生产的区位重，很明显，对于每吨产品，附加运输成本为 Ar 吨英里，总的附加运输成本为 Arm 吨英里或 $Arms$ 货币单位，这里 s 是运价。

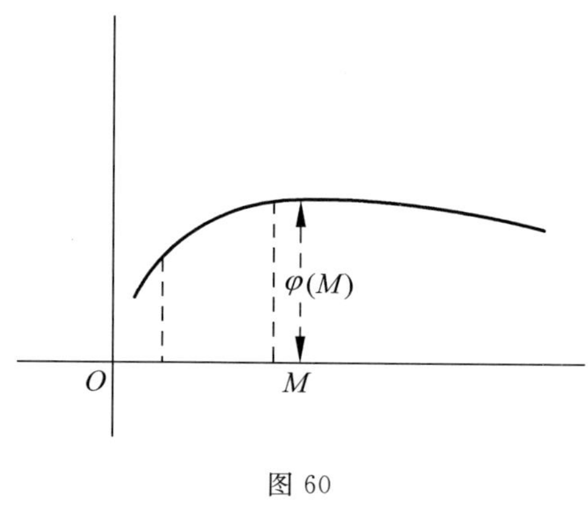

图 60

产生于集聚的节约依赖于生产的类型。对每一种生产类型，设想我们把每一个或任一个集聚量产生的每吨日产品的节约记入
246 表格中。这些节约是由集聚量 M 产生的；节约是 M 的函数：$\phi(M)$。我们可以用直观清晰的解析形式取代上述列表方法。我们以两个相互垂直的轴线的交点划定 M 值。线段 M 称为横轴，在每个横轴端点竖一条垂直线，给出与其节约函数中 $\phi(M)$ 相应的长度。这些直线称为纵轴。以此，我们在平面内得到一些点，它们构成一条曲线，该曲线表示了节约函数的全部过程。

§2　集聚的基本公式，集聚函数。假如 M 是大生产单位的日产量，集聚产生对单位产量的节约是 $\phi(M)$，因而，对于日产量的总节约为：

$$M\phi(M)$$

假如拥有 m 生产量的小生产单位被大生产单位合并，则总的节约量达到：

$$(M+m)\phi(M+m)$$

据此，集聚产生的节约增量为： 247

$$(M+m)\phi(M+m)-M\phi(M)$$

只要此值大于运输成本的增量 $Arsm$（参见上文），集聚就会实实在在地发生。我们从而得出下列用于计算大生产单位吸引力延伸的最大距离范围的公式：

$$ARS=\frac{(M+m)\phi(M+m)-M\phi(M)}{m}$$

等式右边包括 M 和 m。如果 m 相当大，它确实要对 R 的值产生影响，但是问题的实质是在 m 远小于 M 的情况下讨论的。等式右边变得与 m 完全无关，它只是 M 的函数；我们首先设等式包括 m，然后是 $2m$。我们从图 61 中看到，三个互相套选，显然其面积分别为：

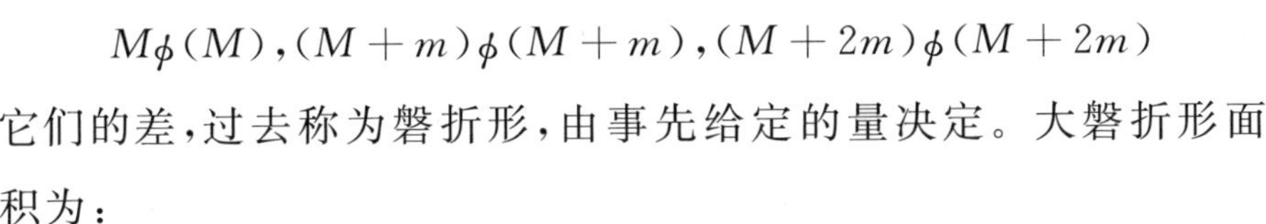

$$M\phi(M),(M+m)\phi(M+m),(M+2m)\phi(M+2m)$$

它们的差，过去称为磐折形，由事先给定的量决定。大磐折形面积为：

$$(M+2m)\phi(M+2m)-M\phi(M)$$

显然当 m 减小时，它接近与其中之一部分的 248

$$(M+m)\phi(M+m)-M\phi(M)$$

两倍。于是有：

$$\frac{(M+2m)\phi(M+2m)-M\phi(M)}{2m}=\frac{(M+m)\phi(M+m)-M\phi(M)}{m}$$

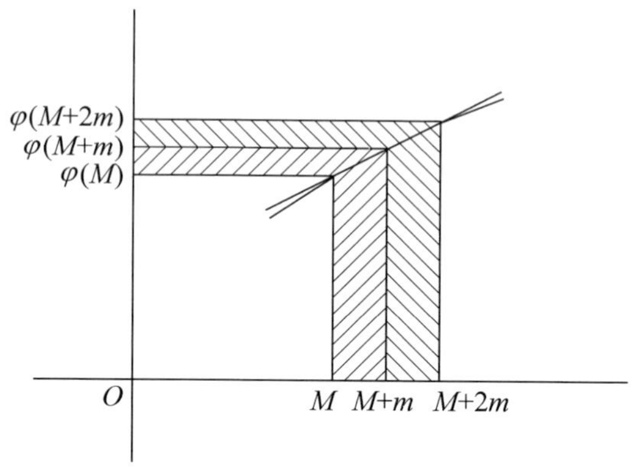

图 61

这一等式基于我们已作声明的可以不计 m 和独立性而成立。

$$\text{函数 } f(M)=\frac{(M+m)\phi(M+m)-M\phi(M)}{m}$$

被称为集聚函数。先前的分工现在演变为：

$$AsR=f\ (M)$$

这是集聚函数的基本公式。它表示量值为 M 的生产单位，其有效集聚力的半径与集聚函数成正比，而与区位重，运价成反比。

§3 集聚函数的图示。为了得以清晰地了解，我们将集聚函数如同前边的节约函数一样，用解析图表示（图 62）。在此图中，垂直于极值点 M 引出的轴的线段长度为 $f(M)$，从极值点 M 划出的小线段长度为 m，它们构成一个狭条状平面，此平面两侧上于纵轴 $f(M)$ 和 $f(M+m)$，顶端是函数曲线。我们可以将此条状平面看作底为 m，高为 $f(M)$ 的矩形计算其面积，m 越小越精确。条形的面积为：

$$mf(M)=(M+m)\phi(M+m)-M\phi(M)$$

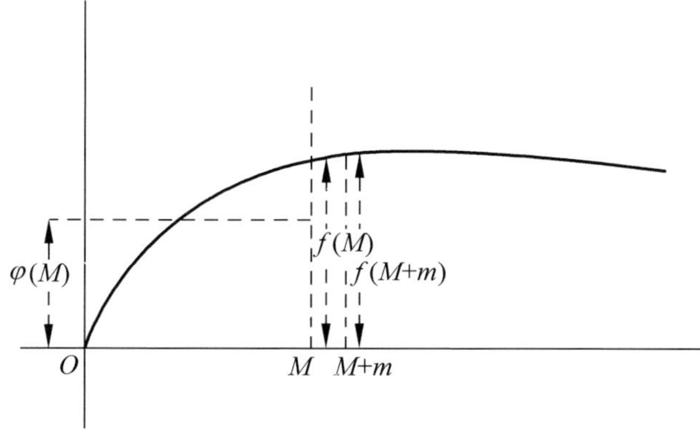

图 62

它表示当集聚值从 M 到 $M+m$ 时，引起的日节约量的增量。如果我们现在看一下横轴 M 上方的整个平面，它以解析曲线和纵轴为 249
界。可以分成一系列的窄条状，从而这个平面的值就是从集聚过程的开始到 M 值时全部节约增量的总和；换言之，它是在 M 点的总集聚节约。它等于：

$$M\phi(M)$$

最后，我们便可得到 $\phi(M)$ 本身的概念。我们想象（图 62）两个坐标轴和 M 点处的纵坐标是不透性壁，上述平面正背两面置以两块不变形的金属夹板。假如使金属夹板之间充满液体，液面自动调节为一个水平面。既然所形成的矩形面积为 $M\phi(M)$，且以 M 为底，所以高就是 $\phi(M)$。①

§4　均一分布的小规模生产单位的集聚。让我们设想小规 250

① 我们所讨论的经济函数与集聚函数之间的数学关系用高等数学表示为：集聚函数是节约函数 M 倍的微商：$f(M)=\dfrac{\mathrm{d}(M\phi)}{\mathrm{d}M}$。

模的生产单位均一遍布在某一区域。假如大规模生产单位在此区域内发展，它将吸引一定半径范围内的较小的生产单位。假如我们要想借助集聚公式算出这个半径，就必须牢记 M 自身在集聚过程影响下的改变和增长。我们设 P 为在初始的均一分布下每一单位面积生产的日产量，并称此为生产密度。则如果（图 63）于 G 点的一个大规模的生产单位吸引所有生产的能力恰达到半径为 R 的圆周，那么就必须达到如下大的量：

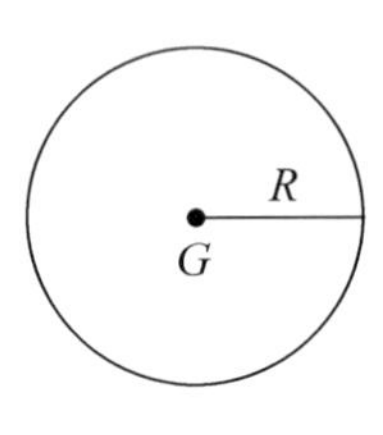

图 63

$$\pi R^2 \rho$$

从而 M 值引入此集聚公式，或者说 R 必须这样求得：

$$\pi R^2 \rho = M$$

$$R = \frac{\sqrt{M}}{\pi\rho}$$ ①

然后，推导出：

$$ARS = f(\pi R^2 \rho)$$

或

$$AS\frac{\sqrt{M}}{\pi\rho} = f(M)$$

我们必须从这个等式计算 M。这当然只有在集聚函数 $f(M)$ 已知时才有可能。但是假如我们找出集聚量 M 的值，则很容易指出所研究的区域中已存在的适量的大生产单位的数目。因为如果以 Ω

① 恐有误，此处原文如此。——中译者

表示全区内日生产总量,此数目明显就是:

$$\frac{\Omega}{M}$$

§5 用集聚函数解析图确定集聚量。 根据所述的方法,M 251
用下列公式决定:

$$\frac{AS}{\sqrt{\pi\rho}}\cdot\sqrt{M}=f(M)$$

我们设想在图中作第二条曲线,它代表 $f(M)$ 的几何图形,对于每一个横坐标 M,纵坐标为:

$$N=\frac{AS}{\sqrt{\pi\rho}}\sqrt{M}$$

(图 64)。我们得到的这些点构成一条著名的曲线,叫抛物线。

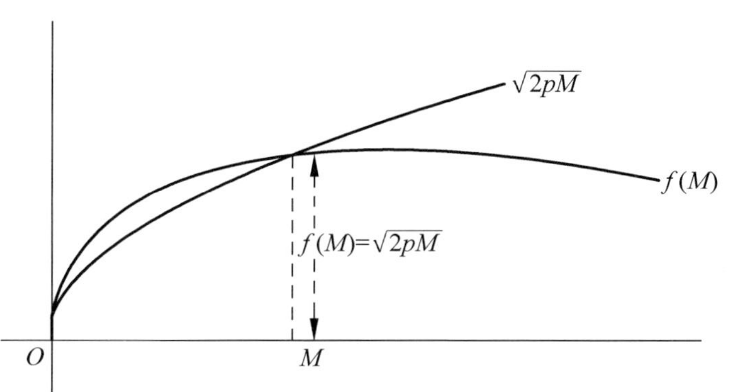

图 64①

现在所求的是曲线 $f(M)$ 和上述抛物线具有相等的纵坐标时的横坐标值。换言之,是上述两条曲线的交汇之处。

① 为简便起见,指定 $2p=\frac{A^2s^2}{\pi\rho}$,用作所谓的抛物线参数($2p$)。

存在着几种可能性。$f(M)$曲线可能恰好从起始点在抛物线之下延伸并保持在其之下。这种情况下等式不成立，恒有：

$$N > f(M)$$

252 其含义明显是运输成本的增量永久不能被任何集聚量的集聚节约企及。这种情况下，集聚是不可能的。

第二种情况，曲线 $f(M)$可能开始在抛物线上方，然后在某一点与之相交，该点之后保持在其下方。这种情况下，集聚将在两条曲线的交点的横坐标所指明的量值之前发生。

第三种情况，曲线 $f(M)$自始至终都落在抛物线之上，这看来，与任何现实情况都不相符合。

索　引*

*　数字表示页码，罗马数字表示英文版序言的页码，阿拉伯数字表示英文版正文页码，数字之后的"f."，"ff."，"n."分别表示"英文版××页以下"，"德文版××页以下"，"名字"之意。——译者

B

C

D

E

F

G

H

I

J

K

L

P

R

图书在版编目(CIP)数据

工业区位论/(德)阿尔弗雷德·韦伯著;李刚剑,陈志人,张英保译.—北京:商务印书馆,2017
(汉译世界学术名著丛书:120年纪念版:珍藏本)
ISBN 978-7-100-14350-9

Ⅰ.①工… Ⅱ.①阿… ②李… ③陈… ④张…
Ⅲ.①工业区位—研究 Ⅳ.①F419.9

中国版本图书馆CIP数据核字(2017)第153369号

汉译世界学术名著丛书
(120年纪念版·珍藏本)
工业区位论
〔德〕阿尔弗雷德·韦伯 著
李刚剑 陈志人 张英保 译
朱立新 校

商 务 印 书 馆 出 版
(北京王府井大街36号 邮政编码100710)
商 务 印 书 馆 发 行
北 京 通 州 皇 家 印 刷 厂 印 刷
ISBN 978-7-100-14350-9

2017年12月第1版 开本 710×1000 1/16
2017年12月北京第1次印刷 印张 17
定价:88.00元